追寻教育的脚步

Zhuixun Jiaoyu De Jiaobu

唐兴爱 著

光明日报出版社

图书在版编目（CIP）数据

追寻教育的脚步 / 唐兴爱著 . — 北京：光明日报出版社，2014.4（2025.4重印）

ISBN 978-7-5112-6344-5

Ⅰ . ①追… Ⅱ . ①唐… Ⅲ . ①教育工作—研究 Ⅳ . ① G4

中国版本图书馆 CIP 数据核字（2014）第 069462 号

追寻教育的脚步

著　　者：唐兴爱

责任编辑：朱　宁　　　　责任校对：刘晓红

封面设计：凤凰树文化　　责任印制：曹　净

出版发行：光明日报出版社

地　　址：北京市东城区珠市口东大街 5 号，100062

电　　话：67078244（咨询），67078870（发行），67078235（邮购）

传　　真：67078227，67078255

网　　址：http://book.gmw.cn

E - mail：gmcbs@gmw.cn　zhuning@gmw.cn

法律顾问：北京天驰洪范律师事务所徐波律师

印　　刷：三河市宏顺兴印刷有限公司

装　　订：三河市宏顺兴印刷有限公司

本书如有破损、缺页、装订错误，请与本社联系调换

开　　本：880 × 1230　1/32

字　　数：219 千字　　　印　　张：10

版　　次：2014 年 9 月第 1 版　　印　　次：2025 年 4 月第 3 次印刷

书　　号：ISBN 978-7-5112-6344-5

定　　价：45.00 元

做学者型的好校长

凉州区教育局局长　苏万俊

陶行知有句名言：“校长是一个学校的灵魂。”的确，一名好校长就是一所好学校，校长在办好学校上起着举足轻重的作用。面对教育改革的大潮，教育对校长角色的期待也发生了极大的改变——校长必须实现传统型向学者型的转变。

凉州区武南铁路第二小学唐兴爱校长无疑为我们做出了示范。唐兴爱长期扎根于教学一线，潜心教育，严谨治学，本着问题即课题、教学即研究、成果即成长的愿景，将学科教学研究、反思总结、行为研究融为一体，勤奋进取，从一名普通教师成长为一名校长，并且将自己在当教师时的习惯继续保持下来，笔耕不辍，将所行所为、所感所想进行整理和提炼，实属不易，十分可贵。

唐兴爱是一个学者型的校长，勤于读书，善于思考，从而获得了别样的人生感知。他说：“人生需要反思，生命需要坚守；反思是一种进步，坚守是一种美丽；在反思中改变，在坚守中求索。”他一直恪守这样的人生理念，在教学之余，他用“更多的时间去读书，用知识去武装自己的头脑”，并且做好“剪贴笔记”和“摘抄记录”，用忠实的文字记录着教育的点点滴滴，开阔了视野，启迪了思维。这也使他的专业素养和能力得到了有效的提升。

这本《追寻教育的脚步》文集，是唐兴爱校长教育理念的集中体现，是他多年心血的结晶，更是他专业成长心路历程的最好见证。这本集子，从管理方略、教学实践、教苑话题、教研成果、网研之歌五个不同的切入点，阐述了作者的思想、观点、理念和方法，彰显了一名教师的成长历程与一名校长应有的精神风貌。“管理方略”中有经验，有方法，有感悟，有思考；“教学实践”中，作者熟悉课堂教学的各个环节，对每个环节都有自己的见解和思考，具有一定的前瞻性和思想性；“教苑话题”体现的是一名校长没有把自己淹没在琐碎繁杂的学校管理中，而是对教育有一种理性思考和理想情怀；“网研之歌”则是用灵动的语言，展现了网络研修的广阔舞台，同时给枯燥的学习注入了鲜活的生命力。我们有理由相信，这本集子将会对学校管理工作提供一些有益的借鉴，也会对课堂教学具有一定的指导作用。

从唐兴爱校长身上，我们真实地感受到一位教育工作者对教育事业的执著情怀、无私奉献和创新精神，他的所作所为及他所追崇的教育思想和理念，正是一个好校长所必须具备的基本品质，也是广大中小学教师应该恪守和发扬光大的。

我们可以从唐兴爱校长身上看到，做一名好校长首先必须具有先进的教育理念和先进的教育思想，必须不断地加强阅读和学习，要让自己站在先进理念的至高点。我们必须清醒地认识到，当前中小学管理中，“庸”的情况仍然存在，怠于学习，对学校发展无思考无规划，不能有效地改进教育教学和教研工作。由于缺乏先进理念的引导，目前中小学教育多处于“名为素质，实为应试”的尴尬状况，“教学质量是生命线”简化成了“学生分数是生命线”。改变这种现状，需要我们的校长和教师加强业务学习，加强专业反思，让自己拥有先进的教育思想和理念。

其次，要做一名好校长，就要做教育教学的行家里手，不断构建学习型校园，以个人学养给师生勇气和力量，以勤奋耕读带动教师的好学上进。教育实践告诉我们，教育科研是学校改革和发展的源动力。在课程改革不断深化的今天，校长的科研意识、科研能力决定着课改的兴衰。一所学校，要在原有的基础上不断发展，不断创新，就必须把教育科研作为先导，而校长的科研能力是办好一所学校的关键。做教育教学的行家里手，让自己拥有扎实的业务素养，才能带领学校不断发展。只有业务精湛，专业冒尖，学术带头，才能更好地发挥表率作用，才会说话有人听，走路有人跟，才能服众。因此、唯有专业这棵常青树，才能承载学校的梦想，才能成就“学者型”的校长。

同时，对于一个立足三尺讲台、以教育为终身梦想的追求者来说，阅读、反思和实践，应该是工作和生活的常态。关注教育者的阅读状况，就是关注教育的未来。校长和教师在推进书香校园创建活动中承担着最重要的角色，因为我们是校园的第一阅读环境，是阅读的示范者，更是阅读的专业指导者。只有爱读书的校长和教师才能培养出爱读书爱学习的学生，只有会阅读的教师才能教出会阅读的学生，只有终身阅读者才有可能培养出终身读者。

一个民族的兴亡，一个国家的进步，一个地方的发展，关键在教育。一个地方的教育发展水平，取决于一个地方的办学水平，办学水平如何提升，关键在校长。校长是学校的灵魂，是学校办学方向的引领者和导航者,校长的办学思想、教育行为、管理风格等对学校工作产生直接的全局性影响是至关重要的。

有一位好校长，才有一批好教师；有一批好教师，才能办出一所好学校。办好人民满意的教育，需要一大批人民满意的好校长和好教师。目前，争当一位好校长，争做一位好教师，争办一所好学校，是深化教育内涵发展、办人民满意的教育的一个重要环节，也是我们每一位教师工作者自觉追求的目标和崇高理想。

是为序。

二〇一四年三月

Contents ▶ 目录

▶ 第一辑 管理方略

▶ 第二辑 教学实践

▶第三辑 教苑话题

▶ 第四辑 教研成果

▶ 第五辑 网研之歌

第一辑　管理方略

对于管理者来说，把容易的事做精，把手上的事做细，把精细的事做成规范，把规范的事做成制度，用制度约束行为，用理念引领思想，以真诚赢得尊重，以管理赢得效益，这就是管理的要义所在。

弘扬爱的旋律 强化师德建设

师德建设是学校永恒的话题，一个没有良好师德师风的学校不能成为一个好的学校。在具体的实践过程中，师德教育的内容要赋予新的内涵，需要不断激活师德教育的载体，要立足于学习不放松，不断强化教师职业道德形象教育，建设一支爱岗敬业、业务精良、乐于奉献的教师队伍，努力弘扬师德建设的主旋律。

一、创新学习内容，坚定终身从教的信念

在知识经济突飞猛进的今天，校园已不再是一方净土，受市场经济的影响，行风建设任重道远，教育腐败也在潜滋暗长。教师师德建设正在经受前所未有的考验，敬业精神淡化，进取精神弱化，行业风气腐化，是摆在我们面前的突出问题。作为教育工作者，我们首先要树立终身从教的坚定信念，树立为人民服务的思想，本着为社会负责、为家长负责、为学生负责、为学校负责的态度，在严格落实《中小学教师职业道德》的基础上，认真组织学习《中共中央关于教育改革和发展纲要》，认真领会《教育法》、《教师法》、《义务教育法》等基本法规的精神实质，使广大教育工作者切实做到依法执教、依德治

教、廉洁从教。要积极引导教师思考：我们做教师为了什么？我们为学生做了什么？我们要给社会创造什么？我们要洗涤教师思想中的灰尘，铸造师魂，锤炼师能，引导教师树立正确的人生观、价值观和世界观，以正确的舆论引导人，以先进的理念武装人，以高尚的情操感化人，以良好的师德教育人，使教师明确自己所承担的历史重任，使教师坚定自己为祖国的教育事业而献身的信念。学校要积极为教师创造良好的环境，要创建各种活动的载体，引导教师积极参加实践活动和体育活动，减少各种意义不大的评比和活动，减轻教师所承受的工作压力和心理压力，创设和谐的工作氛围，把教师从繁重的工作中解脱出来。因为教师心理压力过重，势必影响教师的心理健康，从而影响到师德建设的进程，所以，关注教师心灵的滋养，疏通和减轻教师的心理负担也应该作为师德建设的重要内容。

二、突出“爱”的主线，建立新型的师生关系

没有爱就没有教育，师德建设要突出“爱”的主线，健全教师的人格，人格上要尊重学生，感情上贴近学生，生活上关心学生，学习上关注学生，时刻牢记“以生为本”的原则，以心灵感受心灵，以情感赢得情感，以真诚换取真诚，使学生亲其师，才能信其道，才能逐步确立新型的师生关系。

首先，教师要自尊自爱。广大教师充分结合自己的教学经历，结合耳闻目睹的诸多教育违法案例，进行深刻的自我反省，查找自己在教学过程中是否存在有违师德的行为，是否在思想中筑起道德底线，是否树立了“育人先育己”的教育思想。教师要注重言传身教，以自己的言行感染学生，以实际行动教育学生，要像爱护眼睛一样爱护自己的荣誉，努力塑造好人民教师的形象，自觉抵制“黄”、“赌”、“毒”等丑恶的东西，

自觉抵制以教谋私、金钱至上的不良风气的毒害，要始终以人民教师的标准严格要求自己。

其次，教师要爱岗敬业。教师的岗位是崇高的，但工作是平凡而琐碎的。教师的社会地位虽然在不断提高，但报酬并不是很多，虽然教师在物质上并不富有，但在精神财富方面却是享用不尽的。通过春蚕般的付出，通过耐心细致的教育，通过自己艰辛的劳动，使得一批又一批的青少年成为国家的栋梁之材，我们就会体验到人生的乐趣，就会充满了成就感。所以说，我们的工作是平凡的，但创造的价值是无限的，我们要加倍珍惜自己的岗位，以全新的理念投入到课程改革中去，以全新的视角关注每一个学生，以全新的方法上好每一节课，在平凡的岗位上铸就不平凡的事业，将百倍的热情倾注到我们毕生的事业，生命不息，奋斗不止，为祖国的教育事业贡献自己的力量。

再次，教师要热爱学生。热爱学生是教师师德建设的灵魂。新课程改革已全面铺开，其主要理念就是“以生为本”。树立正确的学生观是热爱学生的前提。陶行知先生说得好：“我们必须变成小孩子，才配做小孩子的先生。”就是说教师要尽量关注学生的心灵，走进他们的情感世界，体验他们的情感。要正确对待学生之间的差异，不断更新教育观念和方法，鼓励学生人人获得成功。面对后进的学生，要倍加关注和爱惜，实行分层教学，设立分层目标，使每个学生都能找到自己的位置，从而获得成功的满足，催生不断进取的力量。尊重是热爱学生的基础，我们知道，一名教师只有尊重学生，才能热爱学生；只有热爱学生，才能依法执教；只有尊重学生，才能自觉自愿地约束自己，规范自己的言行。一句话，没有尊重，就不可能有真正意义上的教育。教育家马卡连柯说："我的基本原则永远是尽量多地要求一个人，同时也要尽可能多地尊重一个人。"尊重学生，教师就要进行角色的转换，要从传统的师道尊严中摆脱出来，要从家长式的威严中解放出来，要从唯一正确的师长的假想中醒悟过来，学会倾听，学会宽容，学会欣赏，懂得赞美，善于交流，成为学生成长的引导者和鼓励者。在学生心中栽下一棵尊重的幼苗，用伟大的师爱无私地浇灌，必将伴随生命的成长，成为人格的参天大树。雨果曾说："花的事业是尊贵的，果实的事业是甜美的，让我们做叶的事业吧，因为叶的事业是平凡而谦逊的。"我想，教师所从事的就是这种"叶的事业"——平凡而伟大。

（2010 年 10 月 14 日）

加强自我修养 献身教育事业

加强自我修养，是塑造人格的重要组成部分，是教师职业道德建设的奠基工程，更是一名新时期教师必须具备的素质。孔子说："其身正，不令而行；其身不正，虽令不从。"我们也常说：身教重于言教。这些都说明教师要以身立教、以德育人的重要意义。

一、加强道德修养，努力修身养性

胡锦涛同志曾指出：高尚的师德，是对学生最生动、最具体、最深远的教育。南京市特级教师斯霞说：“要使学生的品德高尚，教师首先是一个品德高尚的人。”我们通常所谓的“春蚕”、“蜡烛”、“太阳底下最光辉的职业”，并不是倡导教师自我毁灭，而是要求做一条生命不息奋斗不止的河流，不仅能给学生“一滴水”、“一碗水”，而且要经常保持着“新鲜水”；不仅让学生看到奔腾不息的壮观，而且应该有流向大海的憧憬和希望。从这个意义上说，教师是“源头活水”，教师的一言一行无不影响着学生。每个教师都应该重视品德修养，自觉抵制各种不良风气和诱惑，努力增强自身的“免疫力”，既要有良好的举止、文明的谈吐，又要恪守情操、诚实守信，因为“教师的人格对学生的影响是任何教科书、任何道德箴言、任何惩罚和奖励制度都不能代替的一种教育力量”（俄国教育家乌申斯基）。学生的眼睛是“录像机”，学生的耳朵是“录音机”，教师的言行对学生而言具有不可替代性。所以，教师要时时自省、事事反思、查找不足，通过“心智”磨砺自己、完善自己。“修犹切磋琢磨，养犹涵养熏陶。”教师要以职业道德约束自己，做到辨是非，明荣辱，分善恶，知美丑，以真情、真心、真诚教育和影响学生，以高尚的道德修养和人格魅力引导和陶冶学生，做学生的人生导师、道德表率。

二、加强思想修养，进行人格塑造

散文家朱自清先生说过：“教育者须对于教育有信仰心，如宗教徒对于他的上帝一样；教育者须有健全的人格，尤须有深广的爱；教育者须能牺牲自己，任劳任怨。”选择教育，就要有一种不屈的信念，就要有一种永恒的坚守。谭千秋以生命作支撑，守护着讲台下四个孩子，这其实是一种信仰，一种道德的力量。我们的生活虽然清贫，工作虽然平凡，但在实际教育工作中，不仅要关爱每一个学生，关心每一个学生的成长，而且在危难时刻要以学生的健康和安全为最高生命准则，以行动诠释生命的真谛。每一位教师，要有崇高的职业理想，要有坚定的职业信念，在平凡的工作岗位上努力学习，辛勤耕耘，用心服务。“春蚕到死丝方尽，蜡炬成灰泪始干”，这绝不是一个响亮的口号，而是教师忘我精神的一种写照。人生短短几十年，我们没有必要怨天尤人空空等待，我们没有理由渴望花天酒地肆意挥霍，我们更没有理由碌碌无为误人子弟。因为我们选择了教育，就选择了平凡，时刻以教育事业为己任，以“献身教育，甘为人梯”为毕生追求，进一步解放思想、转变观念，倾注自己的全部心血，创造性地干好本职工作，将为人民服务的思想融入血脉中，根植于精神信仰内。

三、调整好心态，做最好的自己

大哲学家蒙田说过：“世界上最重要的事情是认识自我。”解读心灵的秘密，了解自己，认知自己，才能调整好自己的心态，成就人生的事业。在非洲撒哈拉沙漠深处有一片美丽的绿洲，里边住的土著老百姓从来没有走出过沙漠。有一次，一位英国探险家只用了三天的时间就从外面走进了绿洲，他听到土著居民的话后感到不可思议。为了了解原因，他让土著人牵上骆驼，带上干粮，寻找走出沙漠的道路，而他只在后面观察。结果走了 15 天后，土著人又回到了原来的出发点。这位探险家终于明白，土著人之所以走不出去，是因为他们一进沙漠就迷失了方向，所以基本上是在绕圈，从大圈到小圈，从小圈回到原点。于是，他告诉土著人，白天休息夜里赶路，始终朝着北斗星方向前进，永远不要偏离那颗星星，结果土著人只用了三天就走出了沙漠。

其实，我们所从事的教学，每天的轨迹有着惊人的相似，每学期都是按部就班周而复始，无形之中形成了一个不敢轻易逾越的圈子，这样的圈子绕得我们失去了走出去的冲动，失去了生活的激情。我们很少去定位自己生命的高度和亮度，很少去呵护自己柔软的内心，很少去无怨无悔为自己活着的价值去奋斗，更不要说朝着生命中的北斗星去迈进。我们把人生的失败归于天，归于他人，归于命运……我们把工作上的不如意归于单位，归于领导，归于同事……但却没有静下心来想一想，自己为生命的理想是否尽了力，自己为学生的培育是否尽了心，自己的行为是否符合集体的规范，自己是否对他人常怀感恩之心。有一个比较平和的心态，有一种健康的生活状态，有一种以终为始的生命态度，我们就会平和地面对生活。踏上三尺讲台，就意味着“化作春泥更护花”，就意味着踏上了艰巨而漫长的“育人之旅”，就像那默默奉献的绿叶，时时刻刻衬托着鲜艳的花朵。做适合我们自己的工作，做最好的自己，每个明天都要比今天前进一步，这就是我们活着的价值。

四、加强文化修养，提升综合素质

胡锦涛同志在2007年教师节讲话中指出：广大教师要崇尚科学精神，树立终身学习理念，如饥似渴地学习新知识、新技能、新技术……殷殷希望，谆谆教导，说明了强化学习、精通业务、掌握规律的重要性和艰巨性。古语说：学而不厌，诲人不倦。学习要有恒心、信心和决心，每一位教师都应该有终身学习的思想，不断提升自己的文化素养。

首先，要重视政治理论学习。作为一名人民教师，要明确国家的教育方针，贯彻党的教育思想，学习毛泽东思想、邓小平理论，以科学发展观的思想指导我们的教育，认真贯彻党的各项方针、政策，以实际行动忠诚于人民的教育事业。

其次，要重视业务知识学习。在新课程改革中，要敢当排头兵，学习教育学、心理学、伦理学、社会学等知识，坚持教育专著的研读和运用，坚持信息技术和网络知识的学习，在教学工作中，勤积累，善思考，边工作，边思考，不断提高自己的教学技能，不断改进教学方法，提高工作能力和工作水平。要虚心向同行学习，积极参加网络研修、教学互助，共同进行课题研究，积极参加说课、评课、备课、授课等教学活动，取长补短，团结协作，成果共享，共同进步，共同提高。

再次，要重视“文化反哺”现象。“文化反哺”是指在急速的文化变迁时代所发生的年轻一代将知识文化传递给他们在世前辈的现象。进入网络时代，青少年获得文化知识、价值观念、行为方式的途径发生了根本性的转变。在学校，学生仍接受教师的指导，但在流行文化、时尚文化、网络文化等方面学生已经具有明显的话语权，在文化传承中具有明显的“文化反哺”。唐代思想家韩愈说：“弟子不必不如师，师不必贤如弟子，闻道有先后，术业有专攻，如是而已。”教师应该保持良好的心态，正视“文化反哺”现象，勇于接受客观事实和社会现实的挑战，不断调整自己在认知上的偏差，不断丰富自己，及时转换角色，把自己定位在“平等中的首席”，努力与时代合拍，跟上时代的潮流。在某种意义上讲，在信息时代，不向孩子学习就无法教育孩子，也无法适应时代的巨变。教师只有树立“能者为师”和“向学生学习”的思想意识，才能不断夯实教师的基本功，积淀文化素养，锤炼师能，铸造师魂，精心施教，科学管理，促进教师的专业成长和个人发展。

这就是说，新时期的教师不必以师德尊严为面具，不必自命清高，自我满足，要善于向学生学习，学习他们某一方面某一见解的高明之处，学习他们的学习方式和方法的独到之处。

教育的科学发展，离不开教师的发展；教师的发展，需要加强教师的综合素养。只有高素质的教师队伍，才能铸就明天教育的辉煌。

（2009 年 5 月 7 日）

师生关系是师德教育的生命线

师生关系的和谐是学校师德教育的基础，好的师生关系，才能“亲其师，信其道”；好的师生关系，才会产生“爱屋及乌”的效果。师生关系是教师人际关系的重要内容，建立良好的师生关系，是学校管理者的重要任务，也是每一位教师时刻关注和修炼的内容。那么应该怎样建立良好的师生关系呢？我觉得应该从以下四个方面入手：

一、关注自我，健全自我

著名教育家魏书生说："一个人面对太阳，眼中就是阳光灿烂；如果背对太阳，看到的将永远是自己的影子。"因此，一个人无论对待成功还是失败，都要有一个良好的心态。心态是命运的控制塔，心态决定我们人生的成败。无论是教师，还是学生，都应该重视自我的内心感受。自我健全应该是重建师生关系的重要环节。学生想什么，学生有什么要求，学生有什么烦恼等，教师应该要了熟于心，能够及时与学生沟通，做学生心灵的"抚摸者"，抚摸学生的伤害，让每一个学生感受师爱的温暖；抚摸学生的成功，让每一个学生体验成功的快乐，促进学生的内心和谐。而作为教师，要时刻关注学生的行为，要控制自己的言行，做到"偏爱后进生，厚爱特困生，博爱中间生，严爱优等生"，让学生享受快乐，让学生感染老师的微笑。微笑是关注心灵的灵丹妙药，因为你的微笑，融化了心灵的坚冰；因为你的微笑，你和学生就有了交流的钥匙。

二、平等交流，悉心呵护

平等是建立师生关系的基本原则之一，把学生看成是交流的对象，努力做到"心中有爱，眼中有人"。著名特级教师于永正老师有一双极其敏锐的眼睛，学生的点滴亮点都会被他发现，并大加赞赏。正如他说的那样："要把学生的优点放大，给大家一个启发。"当学生提出一个有价值的问题时，于老师总是走到学生跟前，握住学生的小手，注视他的眼睛，夸赞道："你有一双慧眼，总能发现别人发现不了的问题，多了不起啊！"当学生在作文课上主动描述某个细节时，于老师总是夸赞说：

“好啊，我看你的本事不亚于托尔斯泰……”在于老师的课上，真诚是前提，尊重是真谛，慷慨是灵魂，他的赞美就像雨露，滋润着学生的心灵，形成一种积极向上的良好氛围。教师喜欢以师道尊严自居，往往放不下架子，往往以“先哲”的身份进行交流，这无疑在学生中间树立了一种屏障，学生想说的老师不爱听，于是师生交流的大门关闭了；学生说的不恰当，教师进行嘲讽，于是学生交流的自信心没有了；学生的想法与教师的想法完全脱节，师生交流就不够真诚，当虚假的交流泛滥时，师生关系的创建就会成为一种空谈。

三、魅力课堂，激荡自信

课堂心理是师生重建的重要内容，课堂的情感交流是魅力课堂的重要环节，有人格魅力的教师，学生就会欣赏。这种魅力是一种无形的资产，是一笔不言而喻的财富，因为教师的人格力量是无可比拟的。李镇西老师参与制定《班规》时说：“我是这个班的普通一员，既是制定《班规》者之一，也是实施《班规》者之一。《班规》既约束学生的言行，也约束班主任的言行，一班之长不是班主任。”因此，他是受《班规》惩罚最多的一个，他的这种“平等意识”就像阳光，真正照进学生的心灵，老师的权威被民主的意志消解，同时也被放置到一个与学生同等权利的范围。好的教师就是课堂教学的优秀舵手，正是因为有了高超的驾驭水平，才会保证课堂的行船不偏离方向，才会引导学生遨游在知识的海洋。

四、立足现实，爱心融化

青少年正处在生长发育期，存在这样和那样的问题非常正常。因此，对于犯了错误的学生，不要轻易地发火，不要一味地讲大道理，而是要以爱心融化，动之以情，晓之以理，引导和启发学生明白自己的过失，唤起内心改错的诉求。特别是青春期的困扰，生理和心理的变化，使学生产生了一些不可思议或过激的行为，喜欢交友往来，喜欢独立独行，性意识开始萌发等等。教师应该做学生的知心朋友，帮助其解开思想上的疙瘩，帮助其解决成长中的困惑，引导其自觉、主动地向正确的方向发展。教师要给学生真挚的爱，给学生以亲近感、期望感，像关心身体一样关心学生的心理，像爱护眼睛一样爱护学生的人格，像关注焦点一样关注学生的自尊。古语说："爱人者，人恒爱之。敬人者，人恒敬之。"只有师爱的阳光照亮学生心灵的每一个角落，才能使学生对老师产生敬畏仰慕的心理，才能使学生敞开心扉，才能使师生关系融洽，共同成长。

（2010年3月8日）

注重习惯养成 提升自身素质

在一次诺贝尔奖颁奖大会上，有人问一位诺贝尔奖获得者："您在哪所大学、哪个实验室学到了您认为最重要的东西呢？"这位白发苍苍的获奖者回答："是在幼儿园。" 提问者愣住了，又问："您在幼儿园学到些什么呢？"科学家耐心地回答："把自己的东西分一半给小伙伴们；不是自己的东西不要拿；东西要放整齐；吃饭前要洗手；做错了事情要表示歉意；午饭后要休息；要仔细观察周围的大自然。从根本上说，我学到的全部东西就是这些。”这段对话是耐人寻味的。从幼儿园学到的基础的东西，直到老年时还记忆犹新，可见其留下的印象是非常深刻的。这说明从小养成的良好习惯会伴随人的一生。

习惯培养的重要性由来已久，在中国古代灿烂的文化中，如孔子的“学而时习之，不亦乐乎”，《三字经》中“人之初，性本善；性相近，习相远”，而《弟子规》中通篇贯彻的就是“习惯”二字。美国心理学家威廉·詹姆士有一句格言：“播下一个行动，收获一种习惯；播下一种习惯，收获一种性格；播下一种性格，收获一种命运。”我国著名教育家叶圣陶先生也说过：“什么是教育？简单一句话，就是要养成习惯。德育就是要养成良好的行为习惯，智育就是要养成良好的学习习惯，体育就是要养成良好的锻炼身体的习惯。”可见，一个成功之人的背后隐藏着一个天大的秘密，那就是具有良好的习惯。

有人说：习惯决定命运。教师从事的是培养人、塑造人的职业，教师的巨大力量在于做出榜样，教师应该知道能干什么和要干什么，能够正确认识自我、完善自我、发展自我，对自己、他人和社会有强烈的责任感；教师应该以良好的习惯和高尚的人格感染学生、激励学生。教师的一言一行，是学生效仿的榜样，教师在人格上赢得学生的心，学生就会产生仰慕之情，就会心悦诚服地接受老师的教育。被温家宝总理称为“把爱心献给教育的人”的霍懋征老师，20 世纪 50 年代曾受到毛主席、周总理的接见，被周总理亲切地称为“国宝”；90 年代又受到过江泽民等领导同志的接见；2004 年教师节，温家宝总理亲自看望了她并题了词。这样一位教师，陪伴她成功的人生的还是习惯。做老师60年，霍懋征从没有对学生发过一次火，从没有惩罚过一个学生，从没有向一个学生家长告过状，从没有让一个学生掉队。60年，这四个“从没有”的背后，包含着多少艰辛，付出了多少爱。对于一名普通的教师来说，这是不可思议的，甚至有点难以置信，但这四个“从没有”是实实在在的“习惯”，正是这样的“大习惯”、“好习惯”才铸就了一个平凡人的辉煌60年 。所以，作为教师要注重习惯的养成，养成了良好的习惯就形成了良好的性格，有了良好的性格也就有了健全的人格。可以这样说，抓住了习惯就抓住了人生。教师的工作是平凡的、单一的，相对来说，也是枯燥的、封闭的，怎样让教师的幸福指数有所提高，让教师享受工作之乐生命之趣，关键还是取决于教师是否养成良好的生活、学习和工作习惯。我以为，一位成功的教师可以从培养以下五个习惯做起。

1. 明确目标，扬起生命之风帆。人的一生有很多活法，有人为物质立命，有人为精神立身。精神立身是教师职业的终极追求，我们的物质保障由国家给予，虽然不是很富有，但安逸舒心的生活还是能够保障的。我们做教师这个职业，是为了寻找像金子一样珍贵的精神世界，做一次人生美好的精神之旅。在这个旅途中，方向至关重要，目标不可或缺。没有目标的人生，就会失去行动的方向，就像一艘盲目航行的船，无论刮什么风，对它来说都是逆风的。因为没有航行的目标，总有一天会在生命的港湾里搁浅。所以，对于一个教育工作者来说，目标对于成功有绝对的必要。一个人的目标可大可小，远期目标可以指引航线，近期目标可以产生动力。作为教师，我们虽不能做经天纬地的伟业，却可以培养经天纬地之才。远期目标像大山，看起来仿佛就在眼前，走起来却那么遥远。生命就是一种执着的行走，留下的脚印或深或浅，或直或弯，但过程都是在追寻生命的目标，所以“人无远虑，必有近忧”，只有我们踏踏实实地走过了，才知道行走的过程是多么美丽。近期目标是我们活着的支柱，每年应该有每年的目标，比如：发表一篇论文，进行一次旅游，落实一个课题；每学期应该有每学期的目标，如：写一篇经验论文，上一节大家认可的课，阅读一本专著，至少在学校评比中获一次奖，至少能多交一个朋友；每月应该有每月的目标，如：进行一次家访，写一篇自己满意的教学设计，制作一件上课满意的课件，举行一次有质量的主题队会；每周应该有每周的目标，如：上一节自己满意的课，写一篇有价值的教学反思，至少与一名学生进行交流；每天应该有每天的目标，如：今天我强调安全了吗？今天的事做完了吗？ 今天我快乐吗？一节课应该有一节课的目标，上完课了我们要问自己：这一节课我用心了吗？我与学生的相处快乐吗？因此说，我们没有能力使自己伟大，但我们有信心使自己崇高，只要我们用自己的脚印丈量了自己的生命之旅，我们在回首往事的时候，就会少了悔恨，少了埋怨，多了执着的脚步，多了一颗感恩的心。

2. 积极主动，享受工作之快乐。积极主动是人生的习惯之基，人性有两大弱点：知而不行，行而不恒。作为教师，我们做的工作相对比较单一，又有周而复始的规律，有的教师曾无限伤感地说：烦死了，年年重复，天天重复，没有一点乐趣。但静下心来想一想，我们在无数次的重复中，究竟进步了多少，感悟了多少，创造了多少。天才就是那个重复次数最多的人，成功就是在重复中敢于创新的人。对于幸福教育的教师来说，教育不是牺牲，而是享受；教育不是重复，而是创造；教育不是谋生的手段，而是生命的本身。教育者应该有梦，但这个梦应该与教学工作的点点滴滴结合起来，与教育的未来和发展结合起来。同样的一堂课，我们可以教得生动，也可以教得呆板；可以讲得精彩，也可以讲得烦琐；可以让学生在愉快中聆听，也可以让学生在压抑中充当木偶；可以享受一堂课的乐趣，也可以浪费一堂课的光阴。关键是，作为教师，你在追求什么，你在希望什么，你是否对这节课"有备而来"，你是否对这节课充满期望？人是要有一点精神的，课堂要用激情去点燃。苏霍姆林斯基说："如果教师不想方设法使学生产生情绪高昂和智力振奋的内心状态，就急于传授知识，那么这种知识只能使人产生冷漠的态度。"无论在课堂，还是在课外，我们要有等待花开的耐心和呵护，与孩子在一起，与孩子交流，以积极主动的工作热情，把爱的阳光洒向自己钟爱的事业，把爱的情怀献给每一个学生，快乐地工作，就会享受并愉快地度过每一天。

3. 设身处地，构建和谐之氛围。教师的协调沟通能力是指教师善于沟通工作内外各种关系的能力。教师在这样一个特定的环境中，要学会设身处地地为他人着想，学会缓和各种矛盾，解决冲突，善于与人交往，正确处理学校各方面、各层次、各环节的关系，达到相互协调的目的，并怀着健康、幸福的心态去面对学生，才能全身心地投入到教学工作中去。师生关系是师德教育建设的灵魂，作为教师，要学会尊重，学会热爱，学会真诚，学会欣赏，与学生换位，就会使我们回到自己的童年：我们多么希望老师的信任和鼓励，多么希望老师热切的注视，多么希望老师摸摸头摸摸脸……我们只有让自己蹲下来，才配做学生的老师。经常对学生发火的老师，必定是一个无能的老师，因为你面对的是懵懂，你面对的是少不更事，你的发火只能使你在学生心目中的形象大减。作为教师，还要注意协调与领导的关系，与同事的关系，与家长的关系，在处理这些关系时，只要我们基于尊重，学会换位思考，学会设身处地，站在对方的立场观察和思考问题，就会使我们交流的障碍烟消云散，就会让我们珍惜相遇的缘分。因为，作为教师，白天大多时间是在学校度过，能够处理好这些关系，就会使自己身心愉悦，就会以一种良好的、健康的心态投入到工作中，“爱人者，人恒爱之”、“遇上你是我的缘，守望你是我的歌”、“你们可以不成为朋友，但你们应该尊重对方”，这些平凡的话语，无不要求我们无时无刻地要进行自我改造、自我教育、自我修养、自我反省。“勿以恶小而为之，勿以善小而不为”，与学生平等交流，与领导和谐相处，与家长互相尊重，与同事和睦相处，不断地改善知识结构和道德修养，把自己应尽的职责尽到，把自己扮演的角色演好，学高为师，身正最美，以平和的心态面对身边的一切，以诚相待，以诚行事，以诚立信，以诚为本。

4. 强化学习，打造坚实之根基。我们下发的公休课教材《国学知与行》，大家看过了吗？我们曾经下发的《从和谐自我到和谐社会》，大家浏览了吗？我们的网络中有自己的心灵归宿吗？我们是否关注每天的《新闻联播》呢？“风声雨声读书声声声入耳，家事国事天下事事事关心。”作为教师，就应该有终生学习的习惯。有人说，当教师的，一年不学习，自己知道；两年不学习，同事知道；三年不学习，学生及家长都知道。这话是有道理的，在这样一个开放的信息时代，如果我们忽视学习，把学习当成累赘，那么最终你会被时代淘汰，与时代脱离，当教师的尤其如此。所以，我们必须把学习当成一种需要，把学习当作生命的一部分，把学习当作终生的事业。有不少青年教师问全国特级教师任勇："您成功的最主要的因素是什么？"任教授这样回答："是学习吧，是主动地学，用心地学，创造地学，做学习的主人。""学习对我们真有这么重要吗？"任教授说："教师的成长离不开学习，甚至可以说，教师最重要的任务就是学习，第一要树立大的学习观；第二要树立新的学习观；第三要善于学习；第四要终身学习。"古语说："学而不思则罔，思而不学则殆。"教师要养成边学习边思考的习惯，思考你的学校，思考你的学生，思考你自己的行为，思考你的课堂，让学习始终陪伴你、滋养你。请记住苏霍姆林斯基的名言："要天天看书，终生以书籍为友，这是一天也不能断流的潺潺小溪，它充实着思想。"一个人的精神发育实质上是一个人的阅读史；一名教师的成长，很大程度上取决于阅读水平，让我们在学习的长河中遨游，让我们今天比明天更有智慧，更有境界，更有力量；今天比明天更懂得人间真爱，更懂得珍惜时光，更懂得生活的美好。

5. 笔耕不辍，提升自我之素养。特级教师刘有开说："笔耕不止，是教师提高自身素质的有效途径，是造就教师杰出教育成就的熔炉，是壮丽教师辉煌教育人生的摇篮。"一名普通教师要成长为名师，最重要的就是要善于实践、思考并记录。因为当一名教师一边实践一边思考一边写作时，他就已经进入了教育科研的状态了，而这种研究带有鲜明的人文风格与个性色彩,这是一线教师结合自己的实践进行教育科研的最佳方式。每一位教师应当结合自己的实践，从现在做起，从点点滴滴做起，写教育日记，写教学反思，写教研论文，尝试建立博客，有效反思，经常审视，不断总结，提炼升华，提高自己。

现代教育的教育理念必须与时俱进，才能跟得上时代的步伐。写教育日记，应该是每个教师能够做到的，或长或短，或一点感悟，或一点收获，随想随写，可以反思，也可以絮语；可以是课堂实录，也可以是课堂疑问，“不是做不到，而是想不到”。经常写教育日记、教育反思，就会使思想得到升华，也会使教育之旅花香四溢，教育的天空更加精彩有趣。教师开通博客，是展示自己的教育方式和教学艺术的重要途径，也是向实践学习的一个非常好的平台。教师建立博客，不仅能够促使教师的专业发展，也能让教师的教育更加有的放矢，甚至开创教育的新境界和领域；不仅方便家长，与教师进行互动交流，有效做好教育工作，而且方便教师，与家长一起分享教育的酸甜苦辣；师生之间进行网络博客交流，是一个双赢的结局，无论对教师、家长和学生，还是教育本身，都是利远远大于弊的事。美国心理学家波斯纳提出了教师的成长公式：成长 = 经验 + 反思，你工作了 60 年的教学经验，也许只是 20 年的机械重复，缺乏从经验中反思，也就不可能有什么长进，每天对教学的反思，每节课后的反思，每一次教学活动的反思，每一个教育事件的反思，都会使僵化的思维疏通变得清晰，构建新的思维和理念，使教师隐藏在自己内心的教育思想得以激活，逐步积累丰富的原始素材，为自己的成长插上翱翔的翅膀。

记得希腊著名的哲学家亚里士多德说过：“我们每一个人都是由自己一再重复的行为所铸造的。因而优秀不是一种行为，而是一种习惯。”从某种意义上说，世界上不存在优秀的行为，习惯优秀才是真正的优秀。让我们共同培养一个好的习惯，让好的习惯陪伴我们走过春夏秋冬，走过生命的原野，达到人生的彼岸。

（2011 年 9 月 17 日）

学会尊重 塑造师魂

在新修订的《中小学教师职业道德规范》中，“尊重”二字出现了3次。作为教师，尊重应该是师德的基本内容，也是教师最基本的行为准则。

一、尊重学生是天职

教育家马卡连科说：“我的基本原则永远是尽量多地要求一个人，同时也尽可能地尊重一个人。”师爱的最高境界是友情，师爱的基础条件是平等；对学生来说，亦师亦友，民主平等，是好老师的重要特征。学生虽然小，但也有人格；学生再调皮，也有尊严。教师不能把学生当作监管对象，动辄撕碎学生的尊严，刺伤学生的心灵，漠视学生的感受，随口斥骂，随意动手，召之即来，挥之即去。教育需要严格，更需要慈祥和宽容，对学生的严应该严而有度，严中有爱，严慈相济。从某种程度来说，尊重学生比尊重成人更难。教师要与学生平等相处，走进学生的内心世界，体验学生思想情感，感受学生的喜怒哀乐，做学生的良师益友，教育才能真正有效。

二、尊重自己是本分

有人说：山自重，不失其威峻；海自重，不失其雄洪；人自重，不失其尊严。教师的职业是一个不平凡的职业，肩负着国家和民族的希望，承载着家长和社会的重托。面对来自各方的压力，面对琐碎繁重的工作，教师要有“减压阀”的精神，要经常呵护自己的内心世界，不为名利所累，不为压力所累，要始终以阳光的心态面对工作，做一名富有情趣、勇于面对的老师。教师还要有“防火墙”的功能，要像爱护自己的眼睛一样，维护自己的形象，做一名品格高尚、行为世范的老师。教师要做一名灵魂的歌者，做一名文明之火的传承者，做一名精神的守望者。面对金钱的诱惑，面对不良风气的侵蚀，我们不可能让自己变得伟大，但我们能够让自己变得崇高，自觉抵制那些精神的鸦片，自觉修炼自己的境界，自觉洗涤自己思想的尘土，明确自己所承担的历史重任，坚守自己的职业理想，坚定为教育事业献身的信念。

三、尊重家长是教养

千百年以来，孔子之所以作为圣人先师，备受推崇，世代敬仰，是因为教师是道德的楷模，文化的传播者，灵魂的塑造者。面对家长，我们应该学会尊重，学会平等交流，学会向家长学习。我们知道，家长是孩子的第一任老师，对于孩子的优点和缺点，对于孩子的喜好，都比较了解。教师只有从家长那里获得有效信息，才能取得更好的教育效果。对于家长的认识误区，要心平气和地指出来并帮助其改正；对于家长好的建议，要虚心地采纳；对于教育孩子的过程中存在的问题，要和家长共同探讨。不要把孩子存在的问题转嫁于家长，不要把家长当作情绪发泄的对象，不要因为一时的冲动而自毁形象。我们应该防止家长与教师的关系庸俗化、功利化，也要防止家长与教师之间矛盾化、对立化。家校和谐，家长和教师携手合作，才能达到最佳的教育目标。

四、尊重同事是美德

《中小学教师职业道德规范》中要求教师“团结协作，尊重同事”。同一学科的教师，可能毕业于不同的学校，教学时间有长有短，教学方法各有不同；他们的思想觉悟、道德修养、文化水平和业务能力也有高有低，有强有弱，这是正常现象。但在教学工作中，有教学资料，要公之于众，大家使用，不搞资料保密；有教学经验，要及时交流，切磋琢磨，不搞知识私有；有意见分歧，要展开讨论，共同探讨，不要互相攻击。尤其是在新老教师之间，要以老带新，以新促老，互尊互敬，不搞文人相轻。教师之间应该彼此尊重、相互学习、互相帮助，取人之长，补己之短，共同提高。说实话，能够在茫茫人海中相遇，是一种缘分；能够在一起学习和共事，更是缘中之缘。学会豁达，学会宽容，学会忍耐，以坦荡的心态交往，以友善的态度共处，在生活中真诚相待，在工作中真心帮助，就不会心存芥蒂，就不会有那么多的含恨不如意。

五、尊重领导是涵养

一个人要干好事业，就要敬畏这个集体；要热爱集体，就要维护领导的形象，维护领导的权威。尊重领导，不是讨好领导，不是逢迎领导，更不是巴结领导。作为部下，既要看到领导的职务，把领导看成是上司，又要把领导从职务中分离开来，把领导当作朋友；要深刻认识到领导从事的工作与单位的命运、个人的事业息息相关。在这个前提下，自觉和领导者在目标上保持一致，眼往一处看，把个人的奋斗目标和单位的工作目标结合起来；在思想上保持一致，心往一处想，围绕领导层的思路定计划、拿措施，为单位工作建言献策，对工作中存在的问题要真诚帮助；行动上保持一致，劲儿往一处使，不利于团结的话不说，不利于团结的事不做，齐心协力干工作，一心一意抓落实；情往一处聚，生活上相互关心，彼此间经常交心，真正做到共事时心情舒畅，分手后念念不忘。从这个意义上说，尊重领导，尊重上级，也应该是教师职业道德的必要补充，是我们每位教师的必修内容。

教育家徐特立说：尊己卑人是不好的，尊人卑己也是不好的。尊重是双方的，也是平等的，学会相互悦纳对方，学会从点滴中欣赏对方，学会在交往中适应对方，形成和谐共处的良好氛围，是人际交往的关键内容。作为人民教师，更应该学会尊重，提升人格素养，塑造良好师魂。

（2010年10月发表于《武威教育》第4期）

对学校教研活动的调查与思考

新的课程改革已全面展开,课程改革涉及的问题方方面面，诸如教育思想、教育体制、教育结构、教育内容等，要从理论上解决这些问题，教育科研无疑是最好的选择。在新课程改革的过程中，教育科研处于制高点，教育科研的真正落实，离不开教研活动。只有扎实开展教研活动、创新教研活动，才能使“科研兴校”的目标得以实现，才能促进学校和教师的科学发展。

一、学校教研活动的现状及分析

我校的教研活动应该是什么样子？新课改的理念在教研活动中运用了多少呢？带着这样的疑问，借学习和实践科学发展观活动的东风，通过参与式培训、“联片教研”、“专题教研”、组内集体备课和评课等形式，我对学校教研活动进行了调研，所涉及的方面既有对教研活动理念的探讨，又有对教研活动形式的研究；涉及的学科有语文、数学、英语、美术、音乐等，参与教研的教师既有经验丰富的老教师，也有近年成长起来的教学新秀；经过深入教研组的活动，深入课堂教学，与部分教师进行交谈，查阅相关个案，对教学效果评估，对教研活动评价，得出我校的教研活动的总体现状是：常规活动开展较好，专题活动举办得有声有色，课题研究缺乏深入，创新机制需要加强。

我校的常规教研活动能够科学推进，教导处能够有的放矢地组织好每周的集体教研活动，理论学习能够紧抓新课程改革的脉搏，集体学、组内学和个人学有机结合起来。教师的教育理念正在得到提升，能够认真抓好说课、备课、评课、上课等常规活动，做到有布置、有检查、有评比、有考核。特别在学校专题活动方面，学校结合实际，精心组织，取得良好的教学效果。如学校以新颖的教学形式开展的教学五佳竞赛，要求每个教研组选派最佳授课、最佳语言表述、最佳教学设计、最佳钢笔字、最佳多媒体课件参加评比，以教研组总分奖励教研组成员，激发了团队合作精神，丰富了教研活动。类似于这样的活动，学校每学期开展二至三次，旨在强化岗位练兵，提升教师素质，落实课堂教学中的素质教育，考查多媒体教学使用情况及实效，从而推进课堂教学改革。在教学课题研究方面，我校以“走出去，请进来”的方法进行实践和探索，目前有省级课题 5 个，市级课题 2 个，校级课题 4 个，没有区级课题，没有音体美等学科的课题研究，这说明我校的课题研究分布不均衡，缺乏系统性。省级课题研究，每学期有一次活动，资料比较齐全；市级课题研究活动开展不好，教学和教研几乎是两张皮，活动没有什么资料，效果也不敢恭维。在调查过程中，看到教师们对教研活动认识存在差异，全校 50 名教师中，认同教研活动、积极参与教研活动的人约有 40 人，约占 80%；参与校级以上课题研究的人数约有 18 人，约占 36%；学校的教研成果比较丰硕，近两年来，获奖和发表论文 61 人次，其中省级 16 人次，其中大多数是年龄在 30 岁以下的教师，越是老教师，对教研活动的积极性越不高。究其原因：第一是观念陈旧，对教研活动漠然视之；第二是知识老化，学习跟不上形势需要；第三是管理不够科学，以人为本的理念没有深入人心；第四是机制创新不够，不能完全调动积极性。

二、学校教研活动中存在的问题及分析

1. 教师教研观念淡薄。教师在教研中的“教书与教研关系不大”、“教研是专家的事”、“教研活动意义和作用不大”等思想，制约着教研活动的开展，影响着教研活动的成效；个别教师在教研活动中带有功利性，“为评职称搞教研”、“为追名利搞教研”的思想依然存在，没有把教研当作一种事业去

追求，没有完全领会教研活动对课程改革的指导、保障、深化的作用。

2.教研活动落实不够。无论是岗位练兵，还是岗位培训，离不开有效的活动组织。教研活动的创新，不仅仅需要从形式上下手，更重要的是要从质量上提升；不仅要求广大教师积极参与，更需要领导的协调和组织；不仅仅有教研成果的脱颖而出，更需要“十月怀胎”的过程体验。所以，学校教研活动创新，是教师专业成长的需要，更是学校可持续发展的需要。只有在教研活动中下大力气做足文章，才能扎扎实实推进素质教育。

3. 教研素养的缺失。调查显示，“缺乏专家指导”和“缺少教研方法”是影响教师参加教研发展的主要因素。这说明，“专家理论”可能脱离日常教学这块土壤，或者说“专家指导”远远不能满足教研活动的需要，再加上教研活动主体作用发挥不够，出现了“不是我不去搞教研，而是我不知道怎样去搞教研”的困惑，表现在对一些教研知识的一知半解，或对教研的顶礼膜拜。特别是专业引领方面，更是浮在面上，缺乏深度，表现在理性思辨氛围不浓，专业引导方法不新，行动研究落实不力等。

三、教研活动的今后努力方向及展望

根据以上存在的问题，管理者应该站在发展的高度看教研，以战略家的角度抓教研。学校要发展，科研要先行。科研要提高，教研活动是载体，只有创新了教研活动，才能顺应课程改革的历史潮流，才能为学校教育教学增添活力。我们将继续立足教研不动摇，不断创新教研活动的方式，积极实践新课改的理念，切实提高学校的教育教研水平。在总结和借鉴的基础上，在今后的教研工作中，拟从以下四个方面进行探索和尝试。

1. 科学管理，强化引领。在教研活动实施过程中，学校要完善校本制度，以教师为主体，以课堂实践为场地，以新课改中面临的各种具体问题为对象，不断完善运行机制，强化激励机制，抓实保障机制，形成“学校教研室——学科中心组——教科协助组——学科教师”的教科研网络，真正使学校教科室统筹协调引领教研，学科中心组（或课题研究组）攻难克艰带动教研，教科协助组思辨剖析突破教研，学科教师围绕目标实施教研，把教研活动规范化、常态化、系列化，形成民主、开放、科学、规范的校本教研机制，有效开展教师间的交流与合作、探讨与实践，做到互相切磋、共同提高、优势互补、分享经验。

2. 研训结合，网络交流。学校要制订切实可行的培训方案，既要引导教师自主学习，坚持写教育叙事，坚持写教学反思，又要创造条件外出培训，增长见识，开阔视野。既要强化“问题即课题”、“困惑即成长”的教研意识，又要脚踏实地，从日常教学中的点点滴滴做起，切实把研训做到有机统一。学校要积极为教师培训搭建平台，为教学研究提供舞台，与省市“名校”结对子，形成教研活动的互动态势，充分利用网络平台，进行教学案例讨论，发表个人观点，交流教学经验，带动学校教师的专业化发展。与各地先进学校进行网络教学联谊，进行课例研讨，以开放的心态向兄弟学校学习，以虚心的心态向兄弟学校展示，以协作的心态与兄弟学校交流，以民主的心态促进校校互动，共享资源，促进发展。

3 . 以人为本，重视思辨。学校的教研活动以解决实际问题为价值取向，必然是充满创新精神和实践意义的活动。一是要把专业引领抓紧、抓实、抓好。专业引领就其实质而言，是理论对实践的指导，是理论和实践的对话，是理论和实践关系的重建。可以这样说，抓住了专业引领，就抓住了教研的关键。二是要把同伴互助做强、做大、做好。学校要积培养教师的合作精神，在教研协助组内召开教学现场观摩会诊，在教研组内进行参与式专题研训，在年级组内进行集体备课思辨会，举办教师间的专题讨论，在教研活动中互相学习、彼此支持、共同成长。三是要把思辨和反思常规化、系列化。没有思辨就没有成功，没有反思就没有成长。思辨是发展的基石，反思是成长的摇篮，学校可举办以科研管理为主的“校长沙龙”，还可以组织以教科主任为主的“学术沙龙”，就某一案例、某一问题进行思辨，推动行动研究不断向前，引导教师在思辨中前进，在反思中成长。

4.改善评价，促进发展。新课程要求“建立促进教师不断提高的评价体系”，就学校而言，教师教研活动中的评价，要以促进教师专业发展为根本目的，强调教师的主体地位、民主参与和自我反思。所有的教研活动中，都应该结合教育实际和教师本人的情况，形成个体化的评价目标，选择合适的评价方法，尊重教师的个体差异，形成个性的评价，从而挖掘教师潜能，发挥教师的特长，更好地促进教师的专业化和主动创新。教研的评价要立足“有效”，要密切关注教育发展的实际，致力于有针对性地解决教育科研中的问题，激励广大教师自主、自愿地投入到教科研中去，只有这样，才能使我们的评价体系永葆生命力。

（发表于2013年《凉州教育》第1期）

关于学校德育工作的实践与思考

《中共中央关于进一步加强和改进学校德育工作的若干意见》指出："必须站在历史的高度，以战略的眼光来认识新时期学校德育工作的重要性。"同时，《中共中央关于加强社会主义精神文明建设若干重要问题的决议》强调："各级各类学校要全面贯彻党的教育方针，坚持社会主义办学方向，加强德育工作，努力培养德、智、体等方面全面发展的社会主义建设者和接班人。"因此，加强和改进学校德育工作，是教育改革的重要内容。学校有义务按照《意见》和《决议》的要求，加强和改进德育工作。

德育工作做得好，不但能体现一个学校的活力，还能培养学生健全的人格，对学生的个性发展及养成教育具有深远的意义。从心理品质的角度讲，健全的人格是个性发展的基础，是学会做人的先决条件，著名教育家诺尔特说过："如果孩子生活在批评里，他将学会谴责；如果孩子生活在敌意里，他将学会暴力；如果孩子生活在嘲讽里，他将学会害羞；如果孩子生活在羞耻里，他将学会罪恶；如果孩子生活在鼓励里，他将学会自信；如果孩子生活在赞美中，他将学会欣赏；如果孩子生活在公平里，他将学会公正；如果孩子生活在安全感里，他将学到信心；如果孩子生活在肯定中，他将学会自爱；如果孩子生活在接纳和友谊中，他将会喜爱这个世界。”因此，在实施德育的过程中，我们要走出以往的一些误区，只注重学生书本知识的培养，而忽略学生健全的性格的培养，如学生自信的品质、积极的情感、坚强的意志等等，要重视发展个性，开发潜能，真正实现各尽其能、人尽其才的理想目标，使每个学生学会学习，学会做事，学会生存，学会共存。我校遵循教育规律，结合学校实际，本着健康、有序、高效的目标，坚持不懈的努力和尝试，取得了良好的教育效果。

一、立足实际，践行德育，勤耘沃土育幼苗

古代孟母三迁，只为给孩子找一个能更有利于他成长的环境。今天我们在辛勤耕耘学校德育教育的沃土，只为肥沃的土壤中能长出茁壮的幼苗。社会在进步，人的观念在改变，德育教育的方式方法也应相应地改变。一成不变的德育环境是一块德育成长的盐碱地，只有不断培植的土壤才能生长出茁壮的幼苗。我们要在德育教育方面，我们不断创新，努力实践，力求德育方法的有效性和新颖性，确保德育教育能落在实处。

1. 永不褪色的记忆——宣传栏。“厚德、博学、慎思、笃行”、“讲普通话、写规范字”等标语在时刻提醒着孩子们，应以什么样的自律意识做合格的学生；“好习惯伴我成长”、“学习雷锋好榜样”等字样醒目地出现在走廊里、班级宣传栏里，它们如一双双眼睛时刻注视着学生的一言一行，是学生行动的指南；“踩前不思珍惜，踩后方悔可惜”、“不要让我们的眼泪成为最后一滴水——请节约用水”等，这些充满深情的语言在时刻提醒孩子们做事要多想一想，无形中教育着他们，影响着他们的言行，滋润着他们的心田。学校中无处不在而又

恰到好处的宣传标语，成为我们德育教育的第一功臣，为我们营造了一个育人的环境，一个积极向上的氛围。在这样的氛围中，学生接受着潜移默化的影响和教育。它是学生心中永不褪色的记忆。

2. 爱的絮语暖心间——广播站。“五十六个民族，五十六枝花，五十六个民族是一家……”这是广播站传出的悠扬的歌声。每当课外活动时间，广播站会准时响起优美的旋律，那动听的歌声流淌在校园的每一个角落，流淌在每一个学生的心田里。“他在为同学默默付出，却悄然消失在关注的眼睛里……”这是六一班学生的表扬稿。“谁丢了一串钥匙……”这是广播站在播失物招领。学校成立广播站，聘任师生为广播员，每天广播站的声音成为学生最期待的声音，成为老师与学生交流的平台，老师的谆谆教诲流入学生的心田，学生的声声祝福融化着老师的情感。广播站是老师和学生交流的天地，是老师和学生爱的絮语。

3. 赞歌在校园回荡——褒奖台。《坚守只待花开》、《课堂，因你而精彩》、《把爱的阳光洒给每个学生》……这是校长褒奖台用最真诚的语言在赞美老师。《清晨，四（1）班是最美的风景》、《谢谢你，王天伟》……这是红领巾褒奖台在表扬优秀的班级和学生。学校创造性地实施了校长褒奖台和红领巾褒奖台，每周定期对学校老师、班级和学生中的优秀集体或个人进行宣传和表扬。一纸简单的文章，一声轻轻的肯定，将信心植入了老师和学生的心底，将真善美传扬到了学校的空气中，使得学校处处充满爱意，人人心中充满上进，心底洋溢着真善美。

4. 爱的目光在期待——德育激励卡。为了强化德育效果，学校创造性地实施了德育激励卡制度。每学期开学初，学校向老师和家长发放适量的德育激励卡，由老师和家长根据学生在校和在家的表现，及时发现学生的优点，用德育激励卡予以肯定和奖励。学生积累德育激励卡，每学期评选一次，评出“班级德育之星”；每学年评选一次，评出学校“百名德育之星”。走进校门，赫然映入眼帘的宣传橱窗里，有“百名德育之星”的照片。德育激励卡制度，时刻提醒着老师和家长：用发现的眼光看待学生，用肯定的态度看待学生，用赏识的思想教育学生。无论是老师还是家长，始终不能忘记自己是教育者。学生有了德育激励卡的激励和肯定，更注意自己的言行了，对自己多了一份信心，对老师和家长多了一份期待。“刘洋同学，你能和同学友好相处，老师真为你的进步高兴。”“王一琳同学，你能及时捡起地上的纸屑，你是大家学习的榜样。”……一句句充满温情的赞语，既是老师对学生的肯定，也是源自老师爱的期待。

5. 榜样就在我们身边——红领巾示范岗。看！校长手里拿着废纸片和塑料袋走来了，后面跟着几个学生，一个拿着笤帚，一个拿着簸箕，一个拿着检查记录本，他们是干什么的？哦，原来是检查卫生的值周领导和值周学生。学校规定，校领导轮流带队值周，他们是检查组，更是示范岗，他们走到哪里，就将干净与整洁带到哪里。不仅如此，学校还专门成立了“纪律示范岗”、“活动示范岗”，他们是学校里流动的榜样，哪里有垃圾，哪里有争吵，哪里有困难，哪里就有他们的身影，他们为学生树立了行为的模范，学习的榜样，他们没有名字，只给我们留下了一片片飘扬的红领巾。

6. 没有规矩不成方圆——课堂内外。学校专门开设了“绿色环保课”、“安全教育课”、“心理健康教育课”、“法制教育课”等专门课程，针对学生的行为和心理，从不同的方面进行辅导和教育，帮助学生树立正确的价值观和是非标准，帮助学生排解困难，树立了学生的环保意识，增强了学生的安全意识，提高了学生的心理健康程度，培养了学生的法律意识，从不同的方面教育学生。所谓没有规矩不方圆，对学生的德育教育如果仅仅停留在说教上，效果往往很差，可通过系统的教育和培养，学生懂了，教育深入到了他们的骨髓和血液，使他们无论课内还是课外，都能做到严于律己。

7. 寓教于乐的载体——实践活动。“下面宣布一项表彰决定，经评委认真打分，严格审核，本次‘我与读书的故事’征文比赛获一等奖的是……”这是学校在表彰在“我与读书的故事”征文比赛活动中获奖的学生。像这样的活动学校每学期都有计划地组织和实施，“古诗文朗诵比赛”、“课本剧表演比赛”、“英语演讲比赛”、“党是阳光我是花征文比赛”……这些实践活动中强化了教育的效果，培养了学生的品德。那是学生在社区捡拾白色垃圾，那是学生在清理街道丢弃物，“雷锋小组在行动”，我们在组织学生用自己的双手美化我们的生活环境。这些活动形式多样、内容丰富，但离不开班主任、代课老师的辛勤指导，更离不开每一名学生的积极参与。每当看到广大学生像过节一样在课间活跃于教室、操场，自发地组织排练、制作道具，为班级表演出谋划策，为同学比赛伸出援手，我们都感到无比欣慰。每一次参与，都是综合能力的提高；每一次角逐，都是意志品质的锻炼。在活动中，学生的学习能力、动手能力、组织管理能力、自我约束能力都得到进一步提高，在活动中形成的互相帮助、团结协作的良好风尚在学校蔚然成风。广大学生将学习的课堂从教室移向生活，从书本转向活动，综合素质得到显著提高。

8. 盘活管理的钥匙——自我管理。一个学校的形象需要师生共同维护，落实常规教育，是树立学校形象的关键，仅仅依靠学校职能部门是不够的，还要发挥学生自己的管理能力。为了规范校内教学秩序，强化养成教育，促进良好校风的形成，我校在各班进行了“星级”达标活动，主要内容包括学习星、安全星、纪律星、卫生星及班级管理星。各班悬挂星级评比表，每周对学生进行评比，每月对班级进行考核。为此，学校成立了“一队两部”，成为学校养成教育的重要力量，发挥示范、维护、监督、服务的功能和作用。“一队”指礼仪队。礼仪队每天在校门口站岗，以饱满的热情、整洁的着装、文明的问候，迎接师生入校，在重大集会上，礼仪队通过言行举止、文明礼仪的示范为学校增添了生机和活力。课余或课间，礼仪队检查早操、眼保健操、卫生、纪律等，开展文明礼仪评比，每星期公布评比结果，优胜者得流动红旗。礼仪队在校内维护校誉、校风的作用是不可替代的。“两部”指维权部和检查部，维权部设立维权箱，目的在于加强学生的自我保护意识，积极向学校反映各种违纪行为，学校每天由大队部牵头，教导处配合处理各种违纪事件；检查部设立表扬箱，目的在于及时表扬和发现各种好人好事，树立学校正气，维护学校形象，营造良好的育人氛围。通过“一队两部”的设立，学生能自觉遵守纪律，维护自身权益的意识增强，好人好事层出不穷，学风校风有了明显改善。

9. 个性的发展空间——艺术教育。在不断提高学生综合素质的同时，学校始终不忘对学生个性发展的关注。为此，学校以艺术教育为龙头，不断拓宽办学思路，充分发挥现有人力、物力资源，先后开办了美术、书法、舞蹈、二胡、电子琴、小提琴、葫芦丝、计算机、剑桥英语、作文、看图说话写话、足球等艺术教育特色班，利用周三和周五下午课外活动时间进行专门授课，全校同学 100% 自愿有选择地参与。学校不断加大艺术教育的管理力度，配备专业教师，选用专业教材，加强日常管理，切实提高办学效率，努力做到上课有计划、课堂有特色、学生有发展、教学出成果。特别是在艺术课程开发和艺术课程教学中，要求各艺术教师努力渗透艺术教学理念，认真备课，精心安排，结合课程内容和学生生理年龄特征开展丰富多彩的各类实践活动，将“发展学生个性特长，提高学生综合素养”作为培养学生的最终目标。结合学校实际，我校先后在低年级各班开设了“经典诵读”、“健康形体”、“手工制作”等科目，有针对性地进行校本课程的开发和尝试。学校每年举办“六一艺术节”文艺汇演，各艺术教育班级成为活动的主人。近 3 年来，学校先后利用“六一”展演向广大家长和社会展出了学生作品 1000 余幅，艺术版报 36 幅。在由教育部主办的“双龙杯”、“曙光杯”等全国少儿书画大赛中，我校先后有 400 余名同学获得金、银、铜奖，学生指导老师 9 人次获得“优秀指导奖”，学校也多次获得“优秀组织奖”。

二、潜心思考，守望德育，为有源头活水来

十年树木，百年树人。学校要确定“以人为本，以德为先”的德育理念，加强人文关怀和人文教育，把人的发展作为德育的根本出发点，充分认识和把握人的需求和本性，遵循人的认知规律，引导和满足人的正当欲望，做到理解人、尊重人、关爱人，最终赢得人心，取得人的信任权和主动权，真正解决人的精神激励、灵魂塑造和品格提升问题，真正实现“通其情，达其理，导其行”的目的。作为一名教育工作者，一所有着近千名学生的学校，我们的工作在取得了良好的教育效果的同时，也给我们留下了深深的思考。

1. 德育任务化硬为软。《中共中央、国务院关于深化教育改革，全面推进素质教育的决定》指出：“实施素质教育，必须把德育、智育、体育、美育等有机地统一在教育活动的各个环节中。学校教育不仅抓好智育，更要重视德育……”小学德育是社会主义精神文明建设的奠基工程，是提高全民族思想道德素质的奠基性教育，是培养造就中华人民共和国合格公民的起点，也是学校实施素质教育的重要组成部分，对青少年学生的健康成长和学校工作起着导向和保证的作用。学校必须把德育工作摆在重要的主体位置，教师要认真学习德育工作政策文件，提高认识，树立教书育人、管理育人、服务育人的思想。但德育不需要硬性的规定动作，如某校为了进行所谓的“感恩教育”，要求学生做“德育作业”：要为父母倒一杯水、洗一次脚。类似的“德育作业”、“孝心作业”并不少见，无论作业是什么内容，出发点毋庸置疑，但学校如果以行政命令的方式，把教育当作一种“作业”，把感恩当作一种“作秀”，并生搬硬套地规定了动作，那么教育本身就失去了应有的功效，显得简单、呆板，缺乏艺术。所以，要做好德育工作，必须要做得“巧”，而要想“巧”，就必须树立“整合的意识”。要整合教育内容、整合教育资源、整合教育时间、整合教育人员。不要让学生疲于奔命地参加一个又一个活动，更不要让班主任老师忙得头昏脑胀。德育是人人的德育，德育是处处的德育，德育是时时的德育，在我们的学校生活中处处包含着德育的价值、包含着德育的机会，关键是我们是否能够挖掘出来，并传达出去。我们要让德育教育真正融入到学生的学习、生活当中，融入到学生的心田当中。我想，只有做到了利用自己的资源，更要利用别人的资源；用好自己的时间，更要用好别人的时间；完善自己的队伍，更要壮大自己的队伍，德育才会迸发出勃勃生机。

2. 德育目标化大为小。学校德育工作在贯彻中共中央宏观目标的基础上，要制定符合学校实际的具体工作目标。目标要明确具体，能与每个学生的思想、行为相结合，可以改变完全由教师制定的常规方法，让学生参与制定，征求学生代表的意见和建议，从中了解他们的思想状况和关注的问题，共同确立德育主题，共同设计活动，使之能融合在每个学生的具体行为之中。无论是教育理念的确定，还是教风、学风的制定，都要贴近生活实际，贴近学校实际，贴近学生的需求实际。“把每一天过得愉快，把一件事情做好”应该成为学校今后德育工作的基本目标，因为把一件事情做好，需要细致、耐心的意志品质，需要认真、踏实的做事习惯，需要把一天安排得井井有条。我们有必要引导学生进行每天“三问”：今天，你学业完成了吗？今天，你有进步了吗？今天，你过得愉快吗？而作为德育管理者，要从基本目标出发，从细节入手，把细节管理落实到极致。特别是学生养成教育方面，要抓细、抓严、抓实。把学生的行为习惯养成教育作为学生的必修课，从写字习惯的“三个一”培养，到《日常行为二十条》的落实；从纪律监督岗的检查督促，到自我约束、自我管理；从加强学生的礼仪、礼貌、礼节教育，到培养学生良好的文明礼仪习惯，都应该善于捕捉他们的闪光点，让我们以照相机的精准，记录每一个学生精彩的瞬间；着眼于全面提高学生的思想道德素质和文明礼仪素养，加强与改进学校德育工作，提高德育实效 。

目前学校正在建设中的“德育走廊”即将成为德育的一道风景，“让学校的墙壁也说话”，实现在潜移默化中的德育效果。特别是“德育走廊”中的“心理健康教育”和“爱国主义教育”要突出具体内容，要立足于解决学生心灵的困惑，立足于健全学生人格，在探索心理健康教育的同时，强化心理引导和疏通，把爱国教育内容具体化，运用生动的图片、活动的影视和互动的话题，让学生体验真挚的情感，激发爱国主义的思想感情。

3. 德育内容化虚为实。学校德育教育要根据青少年学生的身心发展规律，寓教育于活动之中。积极开展课外活动。一要以养成教育为基础,注重培养学生良好的行为习惯和学习习惯，注重知、情、意、行和和谐统一，加强中小学生日常行为规范，促进良好的校风、学风、教风。二要高度重视学生的心理健康教育。要实施发展性和预防心理健康教育，培养学生良好的个性心理品质，教育他们不断地认识自我，增强他们的自控能力、心理承受能力和环境适应能力，提高学生的心理健康水平。三要培养学生的民族精神，以爱国主义教育、传统美德教育、革命精神教育、民族主义教育为主题，不断增强学生的爱国主义激情，发扬革命精神和民族精神，自力更生，立志为振兴中华而努力。四要加强法制教育，积极引导，争做文明学生。学校要坚持上好法制教育课，教育学生知法、守法，从小树立正确的法制观念；要高度重视校园宣传媒介，让学生从身边可以感知的事物开始，充分挖掘本地德育资源，创建文明、健康、积极向上的校园文化环境，教育学生要正确应用网络、媒介，提供优质的绿色文化。

对以上的德育内容，我们习惯于滔滔不绝讲道理，习惯于三番五次的说服教育。高速发展的社会和日益强大的祖国是我们每个炎黄子孙共同的家园，是我们共同的精神沃土。我们的生活富裕了，国力强盛了，奥运金牌榜位列第一了，这些无一不给我们的教育注入活力。高速发展的社会为德育工作注入了无穷养分。比如，每个孩子都有自己的 QQ 号，网络已走进了每个孩子的生活，成为他们生活中不可分割的一部分。学生在尝试利用网络学习，利用网络资源，可他们的运用方法不够科学。我们作为教师，可以尝试和指导学生上网，可以尝试将网络带进课堂，可以创建专题博客教育学生，可以辅导学生进行网络交流。信息化的优势突显，为德育教育工作注入了新鲜血液。学校德育要注重调动学生的积极性，让学生的愿望得以实现。我校要继续坚持好“德育影视教育”和“网络德育导航”两大特色，把德育内容进行优化组合，以影视为载体，寓教于乐，让学生在有形的教育中得到启迪。学校将加大网络德育建设，突出发挥网络德育的作用，把学校教育、家庭教育和社会教育有机结合起来，形成完整的德育网络系统，落实德育教育的内容。

4. 德育的方法要化粗为细。学校德育工作虚化现象日益严重，大会小会讲德育，但德育的实际效果是有目共睹的。校园内缺少必要的文化氛围和人文素养，让人感受到只是庸俗和无奈，学生养成教育规章制度健全，但“白色垃圾”却没人捡拾，让人脸红羞于启齿，学校红红火火进行所谓的感恩教育，却没人搀扶上课晕倒的老师……这种粗线条的管理，这种大而全的要求，只能使德育渐行渐远。作为学校，德育的方法应该是细致入微的，是持之以恒的，只有在不断的坚持和学习中，才能使德育之花开遍每个学生的心灵。我们要改变“大而全”的德育思路，把德育方法降低到落实在具体的活动中这个层面。通过学习，我觉得在学校开展“鼓励卡”活动，是对学生进行德育教育简单而有效的方法。“鼓励卡”的基本理念应该是：让100% 的学生获“卡”，让 100% 的教师写“卡”，让 100% 的家长关注“卡”。学校设计比较新颖的卡片，把“鼓励卡”分发给所有的老师、所有学生的家长，通过家长和老师的观察，可以给每一个学生某一个闪光点进行鼓励，可以是家务劳动方面，可以是纪律方面，也可以是交通安全方面；可以是使家长感动的一件事，也可以是课堂中的精彩回答，内容可大可小，教师或者家长都在为谁获“卡”而观察，让人人参与管理，让人人都关注孩子的成长，每月在每个班级评选“最佳班级之星”，并进行张榜公布，每学期根据学生获得“鼓励卡”的数量，评选学校“百佳之星”。这样一张小小的卡片，只需要老师们随手即可做出，但获得卡片的学生就会成为一种荣耀，让学生体验快乐的同时，养成良好的行为习惯，在简单、平凡的活动中，让学生的灵魂得到升华。

“没有最好，只有更好。”当前，学校德育工作要求我们以新的眼光去观察，以新的观念去审视，以新的方式去育人，所以我们必须高度重视，认真研究，立足现实，关注长远，创新工作，提高德育工作的实效性，正确引导和帮助青少年学生健康成长，使他们能够成为社会主义的建设者和接班人。

（2012 年 4 月 7 日）

带着感悟和收获 用心做好教育

——国家教育行政学院培训心得体会

2012年6月中旬，我受教育局指派，参加了国家教育行政学院“76期基础教育动态培训班”。这次培训给了我很多感悟和启发，其中最重要的是：高规格，大手笔，全景式。

国家教育行政学院，是国家三代领导人关注和视察过的教育最高培训机构，是培养教育干部的权威专业学院，所聘专家均为当代教育的名家，他们之中既有像魏书生等那样的教育改革家，又有像北京小学校长李明新等那样的教育实践家，课程设置紧紧围绕当代教育的焦点、热点问题，对教育进行深度的研究和理性的思考，从这个意义上讲是为“高规格”；每一专家的讲授以自己研究的领域为着力点，以大量的事实作为依据，对教育中的难点问题进行了深入的剖析，如北京小学李明新校长，无论从学生的培养目标，还是课程设置的内容，无不体现了大手笔，大视野，大气度。学校的办学目标是：基础扎实、学有所长、中华底蕴、国际视野。学校所有的工作都围绕这一办学目标，每一学科都有各自的培养目标，每一支队伍都有具体的培养目标，学校一校九址，寄宿制办学，联邦制组合，在国内乃至国际上有很好的声誉。学校目前有特级教师4人，国家级个人工作室 10 个，这难道不是大手笔吗？本次培训的课程设置内容丰富，既有国家教育中长期规划的翔实解读，又有薄弱学校办学的成功经验；既有课程改革的焦点、难点问题的探索，又有课堂教学改革的具体做法；既有关于学生心理问题的研究和应对，又有教师心理问题的救治和探索；既有北京小学的“个性教育”的展示，又有北京史家小学“和谐教育”的成功案例。每一个领域，每一个方面，每一所学校，无不浸透着成功的汗水，无不体现以生命为教育的精神。参加培训的人员聚精会神，不畏酷暑，潜心学习，没有人随意请假和缺席，因为大家都懂得，错过了这样的“精神大餐”，就错过了提升自己业务和素质的绝好机遇。

通过十几天的学习，我至少在五个方面学有所获：一是教育视野更加开阔。本次培训共聆听了国内教育专家 13 场专题报告和讲座，12 场“校长论坛”经验交流和展示，2 次参观交流学习和考察，共写学习心得体会 4 篇，写学习笔记 16000 余字；我校德育方面的经验材料《坚持四化措施，提高德育实效》在大会做了经验交流。通过参加这样高端的学习，我对国际教育的发展趋势有了一定的了解，对国内教育的发展有了比较明确的认识，对当前课堂教学的改革更加坚定了决心。二是教育理念更加成熟。在教育观方面，对“适合的教育就是最好的教育”有了新的体验；在管理观方面，对“一套好制度就是一所好学校”有了新的认识；在教师观方面，对卓力校长的“铁的纪律、活的机制、柔的方法”有了深刻的理解；在学生观方面，对“因材施教”、“因性施教”等教育原则有了深刻的反思，对“犯错是学生的基本权力”等观点有了比较深的感受；在家庭教育观方面，建立了“与学生零距离，与家长等距离”的家校教育观念。三是教育管理更加理性。教育不是跟风，人云亦云，照猫画虎，必然导致肤浅；教育不是折腾，一年一个提法，一年一个变化，必然沦落庸俗。北京市特级教师王建宗告诉我们，管理最大能量的思考是“向心力”，提倡“立足课程办学校，依靠教师育人才”，以理性的精神催生科学的管理，以理性的方法调动教师的积极性，做到“以勤工作，以情驭人，以理服人”。四是教学方法更加坚定。清华大学附属中学校长胡新懿和中国教育学会副会长郭振有先生，都是国家中长期规划的参与者、制定者，从国际乃至国内看，“启发式、探究式、讨论式、参与式”教学方法，是世界通用的教学方法，我们没有必要去怀疑，也没有理由去懈怠，学生以生命进入课堂，教师就要全身心地投入，以提高学生的生命质量。五是教育理论更加拓展。如英国（4 岁起）、美国（6 岁起）就引导孩子制定“生涯规划”；通过“人生规划”让学生早点懂得：我是谁？我要去哪儿？我怎样到达那儿？只有经过精心设计，才有可能闯出精彩人生。再如“学习金字塔理论”，即 24 小时后，讲授、阅读、视听结合、示范、讨论组、实践练习的保持率分别是 5%、10%、20%、30%、40%、50%、75%，而最高的是向其他人教授，对所学的内容立即运用占 90%。还有现代智能理论的相关研究，美国学者加德纳把人的智能分为八种：语言智能、数学逻辑智能、空间智能、音乐智能、身体运动智能、人际关系智能、自我认识智能、自然观察智能。他认为智力没有高低、好差之分，只是结构不同。传统智能理论关注的是“你的智商有多高”；多元智能理论关注的是“你的智能属于哪种类型”。这些理论使我的教育理论得到补充，有利于更好地指导教育教学工作。

培训有期，学习无涯。任何培训，最终落脚点在学以致用，在实际工作中贯彻落实。经过学习，我认为在今后的工作中，要从以下三个方面加以实践和探索：

一、继承传统，发扬优点，让学校管理成为一个生命体

在学习的过程中，我一直在不断地思考，我们曾经的优点，为什么被我们一点点地丢弃，我们许多好的做法为什么缺少坚持不懈的动力？西湖教育集团、北京小学、北京史家小学等，他们的先进理念，超一流的设备，使我们望尘莫及。但纵观这些学校，我们就会发现，任何一所学校都在进行个性化的教育，特别是特长教育，也就是社团教育。我们的特色教育，十余年的发展，十余年的积累，现在发展的又是怎样的一种现状呢？在课堂教学方面，在十几年前就提出“讲课时间最多不超过 20 分钟”，并且对课堂教学提出了结构性的改革，这样的提法和要求，现在各个学校都在倡导，而我们又落实了多少？我们曾经为青年教师开展的每周“五个一”和学生“每天四个一”活动，都是我们曾经的品牌，曾经的骄傲，但随着时间的推移，我们是否坚守了，是否落实了？“不识庐山真面目，只缘身在此山中”，其根本原因还在于我们的理念，在于我们的管理，外国的月亮不一定比中国的圆，外面的世界不一定都很精彩，管理需要科学的制度规范人，但我们把制定的东西始终如一地坚持下去，不折腾，不动摇，就会养成习惯，就会形成制度。“学校管理无小事”，这绝对不是口号，学校安全是学校工作的重点，也是学校工作的难点，尤其是卓立校长提出的“三最”处理办法，值得我们深思：最好的医疗，最好的态度，最好的照顾。有了这样三条，做实这样三条，做细这样三条，我们就能把安全事故处理好、协调好。因此，对于管理者来说，把容易的事做精，把手上的事做细，把精细的事做成规范，把规范的事做成制度，用理念引领思想，用制度约束行为，用真诚赢得尊重，用管理赢得效益，这就是管理的要义所在。

二、养成习惯，注重心理，让每一个学生获得成功

在本次培训中，心理健康教育是培训的重点，其中，中国青少年发展中心主任孙云晓做了《良好习惯缔造健康人格》的讲座，北京教育心理研究会主任陈纪英做了《重视学校心理健康教育促进学校教育教学管理工作》的讲座。两位教授就儿童心理问题进行了认真的反思和总结，信息化时代动摇了教师的权威，“网络教育胜过了爹和妈”、“焦裕禄（焦郁碌）”、“贝多芬（背多分）”、“蛋白质”等网络语言，让教师和家长不知所终；社会上的升学压力，致使学生心理问题不断，衡阳市的“吊瓶班”，某校的“只要学不死，就往死里学”的标语，高三的宿舍里“生时何必久睡，死后自会长眠”等现象说明，应试教育成为中国教育最大的违纪。就是这样的教育，才使考了一百分的学生还要流泪，因为班里还有两个一百分的学生；正是这样的教育，学校里面的好学生彼此之间互相保密，互相拆台，形成了非常危险的畸形的竞争关系。在这样的情况下，学校心理健康教育显得刻不容缓。作为学校，一是建立科学正确的“人才观”，不要过早地把学生拴在应试教育的战车上，把学生当口袋，当标准，当考试机器，使教育畸形发展。我们应当树立“人人有才，人无全才，扬长避短，人人成才”的观念。二是开设心理健康教育课，定期组织观看心理健康教育影片，学校要逐步满足学生的心理咨询、心理疗养、心理辅导，为此，我校将要开通悄悄话信箱和“心灵栖息园”，逐步健全心理健康教育的系统，形成全员、全程、全方位的心理健

康教育网络，以德育人，以心护人，使青少年健康成长。三是积极建立健全心理健康教育队伍，班主任应该是心理健康教育的第一人，学校将通过不同的措施，为教师搭建平台，使教师积极获得心理健康培训，将其作为今后评定职称等的一个先决条件，强化教师去获取“心理咨询师”、“心理辅导员”等专业资格，熟悉“全人教育模型”（百度搜索），努力做好心理教育，引导学生养成良好的学习习惯，因为“没有什么比习惯的力量更强大”。

三、立足课堂，改革教法，让课程改革锦上添花

当前中国社会的四大变化：知识不断更新——饱读史书不能终身受用；科技飞速发展——“一招鲜”不可能吃遍天；工作不断变动——“从一而终”已不可能；观念不断变化——“一劳”不可能“永逸”。中国教育有三缺少：缺少做人的教育，缺少历史传统教育，缺少创新教育。而基础教育改革正是为了解决教育中存在的问题而进行的改革，我国的基础教育改革是符合国际标准的，这一点毋庸置疑。课程标准的实施，最终的落脚点仍然在课堂。课堂教学改革总的趋势是：突出以人为本，突出信息化。课堂教学改革一是要彻底改变“老师无所不知，学生一无所知”的观念。教师不是园丁，而是医生，医生是不挑病人的，病人成就名医；教师不是火柴，而是打火机，不必燃烧自己，只需要点燃学生思想的火种。胡新懿教授说：中国教师最大的缺点是上课说话太多，“满堂灌”是最糟糕的课。教师要脱离课堂的霸权主义，永远记住自己面对的不是一个集体，而是一个个有鲜活生命的个体。二是要改变我们的提问。一问到底已经让学生深恶痛绝，教师应该问能激起学生思维火花的问题，应该问徘徊于知识十字路口的问题，应该问牵一发而动全身的问题，教师不再是驾驶员，而是副驾驶员。“你懂了吗？”“你们知道吗？”已经变为“我讲明白了吗？”“我阐述清楚了吗？”看似简单的提问，其中包涵的意义是深刻的。三是要改变教学方法。我们从学习效果金字塔中可以看出，教师不管讲得多么精彩，一天后学生的效果保持率也只有5%，既然互动、合作，学完即教的保持率有90%，我们为什么不去尝试呢？我们所有的各学科，可以在学生中间设立助教，也就是我们所说的“小老师”，让他们在课堂中进行交流、辅导；我们的合作学习的力度明显不足，合作学习的研究专家胡新懿的研究证明：合作小组最佳组合为4人，分别担任组长、记录员、协调员、报告员，因为5人以上总会有一个“客人”；同时在柳州市推行的“胸卡佩戴上岗”的做法，在小组合作中师生用拳头法等进行汇报的做法，都是在实践检验中受到了肯定，我们没有必要鹦鹉学舌，但只要遵循教育规律，我们就有必要去探索，有意识去创新，努力去做最好的自己，以理性的思考辉映课程改革的天空，去实现自己教育人生的价值。

教育就是一场心灵的对话。德国的哲学家雅思贝尔斯说：“教育就是一棵树摇动另一棵树，一朵云推动另一朵云，一个灵魂唤醒另一个灵魂。”而我还要说的是，教育是一颗心对另一颗星的包容，教育也是一滴水和另一滴水的相融，让我以孙云晓教授的忠告天下教师的四句话作为今天汇报的结束语：教育的核心是培养人的健康人格；好的关系胜过许多教育；习惯决定孩子的命运；儿童健康成长需要因性施教。

（发表于2012年7月《凉州教育简报》）

骨干教师在学校工作中的作用

骨干教师是学校教学中的中流砥柱，骨干教师在学校中是否发挥真正的作用，直接影响到学校教育教学能否健康发展，直接关系到学校教师队伍建设的质量。学校管理者要重视教师劳动特点的把握，提高教师管理工作的有效性，以实际行动去带动学校管理工作，聚集名师群体，产生名师效应，充分发挥骨干教师的示范和辐射作用。

一、热爱学生，做师德育人的榜样

爱是师德教育的核心，也是教师工作的根本。只有爱孩子的教师，才可以教育好孩子。骨干教师更应该以身作则，做到关爱每一名学生，生活中关心学生，感情上贴近学生，学习中帮助学生，决不因他们的个性、美丑、贫富、学习成绩的高低而有所偏爱。在实际工作中，要认真观察每一名学生，关注他们的心理健康状况，了解他们的性格特征，掌握他们的兴趣爱好。通过日常的观察，及时疏导他们的思想；通过家访，了解他们的家庭背景、生活习惯；通过耐心细致的思想工作，化解他们心中的疙瘩；通过平等的沟通和交流，走进他们的内心世界。用自己的言行，将爱点点滴滴地渗进学生的心田，让他们时刻得到师爱的浸润，感受到师爱无处不在。

二、创新方法，做管理育人的榜样

在班主任工作中，骨干教师应坚持认真学习，虚心请教，注意总结，摸索出适合自己的管理班级的方法，并用先进的方法影响和带动其他班主任，共同取得良好的教育效果。播种习惯，收获希望。良好习惯的培养要讲求方法，这种方法必须是来自于实践，结合本班的实际情况，要制定切实可行的班规，让学生明确该做什么，不该做什么。工作中，注意观察，发现榜样，带动其他同学。根据实施的情况，进行阶段性总结，通过教师评价、学生互评、家长评价等形式，选出执行各项规定的标兵，在班内树立他们的威信，形成正确的集体舆论。要特别重视后进生的管理、教育、转化，对后进生良好习惯的养成不是一蹴而就的，总有一个反复的过程，要善于走进后进生的内心世界，蹲下身子看后进生，俯下身子为后进生，用发展的眼光看后进生，反复强调“磨”后进生，促使其养成良好习惯。只有学生具备了各种好习惯，才能形成比学习、比纪律的良好班风。

三、争优创先，做建设新型班集体的榜样

骨干教师要重视学习，不断“充电”，更新自己的管理理念，在管理方法上要与时俱进，要动之以情，晓之以理，以真诚赢得真诚，以爱心赢得尊重，积极主动与家长联系，争取他们的支持和配合，从而形成教育合力。每接手一个新的班集体，首先应对学生的家庭进行普访，了解他们的家庭情况，看哪些孩子听父母的话，哪些孩子能自觉学习，哪些孩子自理能力差……然后，针对不同的学生，采取行之有效的教育方法。其次要重视学生的自我管理的培养，要引导学生辨是非、明事理，利用

班队会进行主题教育，教育内容可以是行为规范的辩论会，可以是集体主义教育的影视观看，可以是关于《三字经》的故事演讲，也可以是感恩社会感恩父母的诗歌朗诵，把班会教育的内容形象化、具体化，使学生学有所依，行有所规，做有所成。另外，要珍惜社会实践活动、创新活动的内容，重视“家长学校”内容的改革，让学生交流学习方法，与家长交流教育孩子的方法，与家长讨论典型事件，和家长及时沟通，共同教育学生，争取理想的教育效果。即使是假期，也决不放松对学生的管理。放假期间，可以将学生分成若干个学习小组，以优带差，互相帮助，同时以组为单位，开展有意义的社会实践活动。

四、率先垂范，做教学工作的榜样

骨干教师必定是教学的行家里手，骨干教师在教学工作中的辐射作用和带动作用是不言而喻的。学校应按照培训目标和各层培养的具体要求，每个周期都要对骨干教师的职业道德、业务素质、科研能力和教育教学实绩等进行考核，并将考核结果与评先评优、晋职晋级、科研津贴挂钩，做到培训、考核、使用与待遇相结合。积极创造有利条件，鼓励骨干教师积极进修、研讨，不断充实和超越自我，自觉进行终身教育。要实行“导师制”，举行“拜师会”，帮助“结对子”，坚持实行“导师”审课、议课，坚持集体备课，坚持“双向”听课，积极为培训搭建平台，为教学研究提供舞台，使以老带新工作扎扎实实地开展，带动学校青年教师的专业化发展。学校要鼓励教师之间进行网络教学联谊，建立网络共同体，形成人人互动、课课互动、校校互动，着力拓展骨干教师的视野，提升骨干教师的影响力，推动学校教学工作不断向前迈进。

骨干教师的成长，需要学校丰富的教育土壤；学校的发展，需要骨干教师的引领和带动。重视了骨干教师，就积聚了学校发展的后劲；培养了骨干教师，就坚定了学校发展的方向。只要我们有效地培养和使用好骨干教师，就会使“名师”效应进一步发酵，就会促进学校教育的可持续发展。

（2011 年 7 月 20 日）

关注 · 关心 · 关爱

——浅谈后进生的转化

对于后进生，我常听到一些老师说：“我一点办法都没有了。”其实，办法总是有的，只是你不太注意后进生的长处，没有发现这些孩子的闪光点，没有走进这些孩子心灵深处。我以为，后进生转化要掌握以下几个原则：

一是“月光效应”原则。我们看月亮，通常看其发光的部分，如果一味地盯着所缺的阴暗面，怎么会有“小时不识月，呼作白玉盘”的意境呢？事实上，追求完美本身就是一个错误，一个完整无缺的月亮能有几次给世人展示。所以，对后进生，更应该抓其“闪光点”，不要一味地放任、责骂、惩罚。

二是“学会欣赏”原则。后进生做错事，如果主动向你报告，你一定要表示感谢，感谢他的勇气，欣赏他的诚实。好孩子是夸出来的，后进生更是夸出来的，夸孩子是一门艺术，需要有平和的神态、欣赏的目光、阳光的心情。

三是“糖衣包装”原则。教师不妨学会制作糖衣，因为药再好，如果难以下咽，孩子喝不下去，也不会有什么效果。我们不妨学习糖衣药片的原理，给苦药装上华丽的外衣，让孩子接受你的教育方法，让孩子接纳你，才是最好的教育方法。

四是“不去比较”的原则。比较是门科学，但不恰当的比较，往往会挫伤后进生。本来就后进，本来就怕被同学看不起，而老师往往比的是那些优等生，所以，越比越差，后进生也越比越灰心，最后是老师失望，学生伤心，更谈不上转化了。

教师转化后进生，除了运用上面的原则，更应该用发展的眼光看学生，蹲下身子与学生交谈，让学生体会到师爱的温暖，享受到童年应该有的欢乐。

一、关注心灵，让后进生抬起头来走路

现代教育对教师提出新的要求：教师不仅仅是人类文化的传递者，也应该是学生心理的塑造者，是学生心理健康的维护者。分析后进生的内心世界，我们会发现他们存在着自尊与自卑的矛盾心理。在行为上，他们有时盲目自尊、任性，听不进老师和同学们的劝告，所以经常犯错误；在学习上，由于基础差，又充满着自卑和自弃，不能抓紧时间，又不能抓住机遇，以至于学习越来越跟不上；在思想上，有迫切改变自己的需要，有渴望老师关注的需求，有喜欢和同学们平等共处的愿望。可见，后进生的问题，其实更多的是心理问题，教师要针对后进生的心理特点，一方面加强心理预防，包括家庭环境、膳食结构、性格调节等，通过预防性知识教育，提高学生的理性认识；

另一方面要通过多种形式的心理训练，对学生学习过程中出现的心理问题，要以宽容之心对待，查明发生问题的根源，找准解决问题的突破口，适时对症下药。如后进生中发现打架的情况，可能是因学习过程中产生的烦恼和急躁，也可能是因在人际交往中出现被人欺负、嘲笑而郁闷，还可能是因缺少心理疏导和训练。所以，教师要善于用一把钥匙开一把锁，帮助他们提高认识，减轻他们的心理压力，采取有效的干预措施，消除他们的心理障碍和矛盾，纠正他们的偏激行为，引导健康的生理状态和心理状态，树立他们的自信心和自尊心，使其心态平和、情绪稳定、思维灵活、精神振奋。

二、关心学习，让后进生体验成功的快乐

“让每个人的个性得到充分自由的发展”是马克思主义学说中的重要观点。教育必须尊重学生的差异，教师必须多一把评价的尺子，“多一把衡量的尺子，就会多出一批好学生”，“相信人人能成才”，这是转化后进生必须有的教育思想。“没有教不好的学生，只有不会教的老师”，这话虽然有些偏激，但还是有一定的道理。爱迪生小时候被班主任看成是最“笨”的学生，但他的母亲相信自己的孩子，认为老师无能。她把爱迪生接回家，按照儿童的心理特点进行教育，并千方百计地鼓励爱迪生做实验。在母亲的精心教导下，爱迪生成为闻名世界的大发明家。“没有最好，只有更好”，对后进生而言，“更好”是我们教育过程追求的目标。如果教师善于把后进生带入一个力所能及的探究活动和学习环境中去，给后进生一些权力，让他们自己去选择；给后进生一个平台，让他们自己去展示；给后进生一些问题，让他们自己去找答案；给后进生一片空间，让他们自己向前走；给后进生一点温暖，让他们享受阳光的灿烂，那么后进生成才肯定不是梦想。

三、关爱生活，让后进生享受爱的阳光

爱因斯坦说：只有爱才是最好的老师，它远远超过了责任感。后进生的生活是灰色的，它需要教师去充当“调色师”，扮演多种角色，促进学生心智的成熟。后进生的作业没写完，可能是受母亲打麻将的影响，这时候教师就需要扮演母亲的正面形象，给学生以关爱；后进生迟到了，可能是父亲贪杯所致，这时候老师就应该具有父亲的责任感，给后进生力量；后进生和其他同学打架了，可能是因为他人的嘲讽而伤害了自尊，这时候教师就需要扮演“法官”的角色进行公正评判，耐心疏导；后进生一直表现得像一只沉默的“羔羊”，可能是因为家庭原因和性格原因，这时候教师就要扮演朋友的角色，进行平等的交流。教师要及时和后进生家长进行沟通，与家长进行交流，对家长进行必要的培训，让家长配合学校“反复抓”、“抓反复”，动之以情，晓之以理，施之以爱，满足学生期望家长赏识的需要，满足后进生渴望老师赞许的需要，让他们体会到激励和关爱，使他们在爱的阳光下茁壮成长。当然，关爱后进生的生活，并不是课上课下和他们打成一片，并不是和他们称兄道弟的“作秀”，而应该做到宽中有严，爱而有度，正如《美国优秀教师行为守则》中规定的那样：“不要和学生过分亲密，但态度要友好，记住自己的目的是尊敬，而不是过分随便。”

（发表于2011年11月《教育革新》）

教案改革之忧思

新课程改革正如火如荼地进行着，教师倾情投入，学生兴趣盎然，社会反响强烈，先进理念正在根植于心，但传统的教案“如鲠在喉”，越来越影响新课改的推进。新课程需要新教案，新课程呼唤新教案，由此，教案改革进入人们的视野。

一、传统教案：想说爱你不容易

传统意义上的教案形式统一，内容雷同，其弊端归纳如下：

1. 重“教”轻“学”。我从事教学多年，参加了各类教案展，进行了各种教案检查，举办了各种教案评比，同学科的教案总是有种似曾相识的感觉，教案中“怎样教”占了很大比重，有的甚至备成师生的对话，仿佛不是教案而是实录；有的细到教师对学生思维的绝对控制，备到了“灵魂深处”。教师在教案中的主导不容更改，权威不容置疑，而学生则是配角，通篇教案中关于学生的活动只字不提，课堂训练不见踪影，学习方法的指导更是无从谈起。看着这些教师“付之心血”的教案，我们不禁要问：新理念何在？

2. 重“形式”轻“实效”。教学考核沿用多年，教师对其条条框框熟知于心，为了应付上级领导检查，为了应对学校领导的抽查，为了自己的教案考核不居于人后，终日拆东墙补西墙，“抄”得整齐划一，“抄”得“多多益善”，形式上看起来着实叫人感动，但内容却让人不敢恭维。有的学校甚至对教案规定了统一的格式，教师只需要简单地填充。诸如此类，我们不禁还要问：如此备课意欲何为？

3.“教案”与“教学”两张皮。很难想象，我们的教师花费时间去“备课”，但“备出来”的是否“讲出来”了呢？听听老师们叫苦不迭的声音，看看老师们日常的课堂，翻翻老师们日常的教案，我们就会理解什么是“案”浮于事，备一套，讲一套：没有备的，讲得头头是道；备了的，讲得糊里糊涂。真不知道，如此的恶性循环，备课还有什么功效？知识和技能、过程与方法、情感、态度和价值观靠什么实现？我们的新课程改革深入推进岂不是一种奢谈！

二、教案革新：敢问路在何方

因为多年传承和延续，因为诸多的条条框框在束缚，笔者深感目前教案中存在的问题确为顽症，若不下重药，不从思想上解决问题，只能是“带着镣铐跳舞”，使广大教师继续日复一日地“抄写”重荷。敢问教案改革的路在何方？

1.改革评价机制，让“指挥棒”不再混淆视听。教案作为一种教学资源，作为体现教师的一种基本能力，理应纳入到教师考核之中，这毋庸置疑。但怎样去考核，却需要我们去审视，去反思，去改革。评价这个“指挥棒”，我们应该服从于课改的理念。作为学校，应该结合实际情况，不可搞“一刀切”，一切不可为形式而形式。我们的评价重心应该转移到课堂教学的落实上去，转移到提高课堂实际效果上去，不断解放教师沉重的思想负担，解放教师机械地重复，解放教师有限的时间，让他们不再为应付检查而忙忙碌碌，不再为完成任务而抄抄写写。对于教案的评价，我们可以采用集中评价和课堂评价两种形式，从评价内容上、形式上去改革，使我们的评价更科学、更公正、更理性。

2. 转变教育思想，让“课改理念”不再游离于边缘。课堂教学应该是一个开放的过程，教案就应该是一个开放的系统，要体现开放和生成，努力构建充满生命力的运行体系。教师在备课过程中，要紧紧围绕“情感、态度、价值观”的目标，使其有机渗透到课堂教学中去，成为课堂教学的血肉，成为教学过程的灵魂。重点在指导学生如何参与、如何合作、如何实践方面下功夫，把学生当作教案的“主人公”去设计“剧本”，让学生在参与中形成互动，在交往中达成共识，在实践中能够共享。使“知识与技能”、“过程与方法”的目标在实践中得到落实。所以有人主张把“教案”改为“学案”、“预案”等不是没有道理，这是一种教学思想的变革。就拿教学方法的选择来说，一节课很难用一种方法进行下去，我们就没有必要按照《教育学》中常用的六种方法去要求，“教无定法，贵在得法”，每节课的教学方法应该允许教师去创造。再如课堂教学的几个环节问题，传统的“五环节”只是一种形式，一种常态。对于初上讲台的教师来说，这样要求本也无可厚非，但对于一个教学经验相对丰富的教师来说，在上课的过程中可能会按照自己的预案随时去调控课堂。因为从生命的高度来看，每一节课都是不可重复的激情与智慧综合生成过程。我们需要有创意的教师，更需要有创意的课堂，只要在课堂教学中能够有效合作、合理探究，只要能够创造出具有生命的课堂，我们就不必

——苛求。

3. 有条件地循环使用教案，为教师“减负”买单。“循环使用教案”，这种有悖常规的做法有点“大逆不道”，需要教育管理者及时“洗脑”，有效调控。我们知道，教材一经选用，就可能周而复始地使用下去，教师每年（或隔年）就要进行重新备课，但绝大多数教师只是对教案进行“复制”，对教案进行深入思考的寥寥无几。事实上，伴随着新课改的实施，教师备课的内容在逐步地增加，小到教具的准备，大到课件的制作，甚至教学资源网站的创立，都需要花费教师大量的心血，教师的负荷已经很大，他们没有时间（也不可能有时间）去为“备课”而枉费心思，所以，“备教案”说成“抄教案”更为合适。为了改变这种现状，我们不妨大胆地提出“有条件地循环使用教案”。这里的“有条件”指对教师的教案进行等级认定，认定的依据、方式和方法要和新课标相适应，在全校范围内评定为“优秀”的教案可以“循环使用”；从教多年，经验丰富，形成特色的教师教案也可以循环使用。甚至对“某一节课”认定为优秀教案的也可以循环使用。当然，“循环使用教案”的“有条件”需要各校根据实际情况去补充、去完善，让教师们从“抄写员”的角色中解放出来，把更多的有效的时间运用到课堂教学、学生辅导、多媒体运用、教学研究中去，给他们留点时间、留点空间，到新课改的洪流中实践锻炼。在“循环使用”的过程中，教案的形式也可以进行改革，文字式的教案在每一环节处应留有一定的“空白”，以便在循环使用过程中及时修改、完善、补充。而表格式填写的教案，不妨鼓励教师在首次备课中写出设计意图，在教案的右侧面留“备注栏”，备注栏和设计意图为“循环使用”提供更好的参考价值。表格式的教案还可以用“回”字形的格式，中间为首次备课的内容，四周的空白处则为教师今后备课栏，以便为今后“循环使用”打下基础。“有条件地循环使用教案”的好处有：一是调动教师出“精品”、创“优秀”的积极性；二是为教师减轻负担，给教师卸下包袱；三是有利于教师更好地钻研教材，提高课堂效率；四是为教师提供自主空间，更好地投入到课程改革中去。

教案改革的路途并不遥远，但改革的形式、方法需要再商榷、再论证、再思考，因为任何一项改革，都会触及“官本位”的制度，都会牵动传统教学的“神经”。但实践告诉我们，改革才有出路，变化才有发展，越早丢弃旧“奶酪”，就越有可能得到新“奶酪”。相信新“奶酪”离我们不远，教案改革的未来不是梦想。

（2009 年 8 月 12 日）

开展教师评价的探索与思考

《基础教育课程改革纲要（试行）》中指出：“建立促进教师不断提高的评价体系，强调教师对自己教学行为的分析与反思，建立以教师自评为主，校长、教师、学生、家长共同参与的评价制度，使教师从多种渠道获得信息，不断提高教学水平。”基础教育新课改已实施近3年，直面我校教师队伍，中老年教师逐年减少，青年教师已成为学校的生力军。相对封闭的教学环境，使广大教师对新课改理念并没有根植于心。科学开展教师评价，不断提高教学水平，为改进教学提供方向，最大限度地提高教师综合素质，调动教师的从教积极性，鼓励教师投身到课改之中，这对学校的长远发展和教育教学质量的提升都具有非常重要的现实意义。我们在教育教学管理中应坚持实施教师评价制度，逐步完善教师评价标准，规范程序，激发教师不断改进教学，发挥教学创新的主动性和热情，促进教师自我价值的实现和提升。

一、建立较为完善合理的教师评价制度，使评价有章可循

我们学校早在2000年就出台了《关于教师评价与考核办法》，明确指出，教师评价，即以“教师的工作”为评价对象，将“教书育人、为人师表、发展创新”作为评价总目标，再将这个总目标具体细化，把它分解成以下几个方面：1. 工作态度；2. 工作能力；3. 工作质量；4. 工作量；5. 教育教学效果。这些具体目标又涵盖了教师的思想政治素质、师德修养、思想教育工作能力、从事学科教学的基础理论、专业技能、教学思想、方法和学历、业务进修、教育教学效果、管理工作、教案质量、劳动纪律等多项具体指标。根据这个考核办法，又分别制定了《教学五项考核办法》、《青年教师岗位成才实施目标》、《班主任量化考核》、《二课活动管理考核暂行规定》等具体评价制度，完善了教师业务档案，建立起纵横到位、立体交叉、公平竞争的新格局。在评价过程中，注重考评的客观、公正、科学，奖惩严明，使一些能力平庸、责任心不强的教师有危机感，不再感觉是“皇帝女儿不愁嫁”。2004年，结合新课程改革的不断深入，学校不断改进教师评价制度，制定并修改了《武南铁二小教师评价方案》，本方案包括“师德评价”、“教学评价”和“负激励评价”三个部分。评价坚持把定性和定量相结合，把终端评价与过程评价相结合，坚持单项评价和综合评价相结合，体现评价的开放、多元、公正的特点。这标志着一套相对完整的教师评价系统已初步成形。此外，还将考核纳入竞争，奖优促劣，彻底改变“只要进校园，不愁没饭碗”、大锅饭、平均主义等现象。一股向名师学习，争做名师之风已在学校蔚然形成。

二、注重教师评价工作的执行过程，做到评价有章必依

一旦有了制度，必须严格遵守，以体现制度的严肃性。怎样才能体现出制度的严肃性呢？这就要看执行过程和落实情况是否到位。几年来，学校坚持开展教师评价活动，重视具体评价过程，以体现教师评价的透明度。在评价过程中，我们将教师评价的几个具体目标分解成硬性评价和软性评价两个方面（当然这个提法不一定合适）。所谓硬性评价是指那些可以用数字、百分比等量化的具体内容，如师德修养、业务进修、教学质量、管理工作、劳动纪律等，其他的如思想政治素质、教学思想等用等级评价的均可归为软性评价。对于较为模糊的软性评价内容，我们采用各种形式的论辩、演讲、报告会以及评议座谈等活动，达到明辨是非、统一思想、提高认识等目的。比如在新课改实施之初，我们有相当一部分教师就感到迷茫和无所适从，因为他们所受“应试教育”的影响还很深，只是在学校读书时接受过一些教育理论，而有些已经很过时了，从教以后由于各种原因，很少有系统学习教育理论的机会，因此，他们的教育理念、教学思想以及教学方法就很不适应新课改这个大形势，更谈不上教学创新了。用他们的话说就是：用过去的教师教今天的教材，培养明天的学生。针对教师在新课改中的地位与认识问题，以及有些教师盲目模仿的“拿来主义”，学校于2003年下半学期组织了一次以“‘主导’与‘主体’——新课改中教师的职能定位和角色转换”为主题的大辩论，有的说，“皮之不存，毛将焉附”，教师没有基本的课堂教学素养，谈何角色转换，因此，应多给教师提供更多的时间、机会加强学习，进行岗位培训；有的认为，教师的教与学生的学是双边的多元化运动，它们是对应的关系，忽视其一，都很难取得最佳的教学效果，因此教与学如何进行有机结合，实现和谐共进，充分调动教与学的积极性和主动性，是我们必须首先解决的问题；还有的认为，教师在新课程中最大的变化是角色的变化，教师不再仅仅是知识的传授者和管理者，而是学生张扬个性、发展创造的促进者和引导者，因此，学生的主体地位和教师的主导作用任何时候都不应该忽视，也不应该颠倒。理念决定行为，行为促进过程，过程决定结果。我们始终把过程评价摆在首要位置，从备课、上课到批改作业、辅导学生；从日常教学到教育科研；从课堂评价到教学质量评价；每一个环节，每一个过程，既有评价小组的量化评分，又有学生、家长的定性分析；既有促进教师竞争向上的激励性措施，又有促进教师发展的发展性评价，努力把评价的原则坚持到底，把评价的方法优化到位，把评价的目的贯穿始终。学校在每学期的教学工作计划中，有侧重地安排教师岗位练兵活动，将岗位练兵与每学期的教师评价相结合。如我们面向全体教师组织了教学“五佳”

竞赛：最佳教案、最佳课堂实录、最佳钢笔字、最佳课件、最佳语言表述。最佳语言表述是给出一个教学案例或一个论题，按抽签顺序选手上台答辩，当场打分，评出优劣。又如学校在每学期组织全校学生评价教师、家长评价教师、教师评价教师等活动，每项评价都有具体的评价标准，学生的评价侧重于教师的日常教学的一言一行；家长的评价侧重于教师的敬业精神和教师形象方面：而教师的评价则侧重于教师的劳动态度、劳动纪律和工作成效方面。所有这些评价都非常重视资料的收集、发放、汇总和分析，把评价过程做细、做实，使终极性评价能够经受得起过程评价的检验，真正起到以评价促管理，向管理要质量。

三、注重教师评价方法科学合理，体现评价的公正性

1. 经常性考核与定期性考核相结合。经常性考核要做到有制度、有实施、有记录、有奖惩；定期性考核要成立考核小组，能量化要尽量量化，以事实为根据，以成绩为杠杆，进行公正评价。在实践中我们认为：加强平时经常性考核，不仅能有效地发挥考核评价的积极作用，而且能使教师的结论性评价建立在有足够依据的基础上。

2. 定性考核与定量考核相结合。有的评价可用精确的标准，如数字、百分比等；有的则采用“模糊”评价，如等级、语言表述等。

3. 学校的考核评价是由校长评价、教师自我评价、教师互评、学生对教师的评价以及家长对教师的评价相结合而成的。对这几方面的评价必须以客观、公开的形式，加以综合分析，不可偏废任何一个方面的评价意见，以期评价科学合理，公正

客观，真正发挥评价的功效。

教师评价制度的健全和完善，有利于新课程改革的不断深入，有利于教师队伍建设的提高和加强。面对新课程改革的紧迫形势，我们对开展教师评价进行了深入思考：一是开展教师评价要结合新课程，结合实际，吸收和利用传统评价中的精华，注重实效性，强化权威性，突出科学性，切不可弃本逐末，华而不实。二是发展性的教师评价，是生成性评价，需要一个系统而完整的体系，不是临时抱佛脚，更不是一种时髦，需要扎扎实实，脚踏实地。特别是教师成长袋的建立和记录、教师业务档案的管理和使用等突出性的问题，更需要我们在实践中不断探索和实践，否则教师的发展性评价将流于形式，评价的效果将大打折扣。三是虽然我们对学生评价教师、家长评价教师进行了探索和实践，但怎样把评价纳入到量化考核中，怎样让家长、学生和社会更好地了解教师教育教学工作，怎样使家长评教、学生评学真正落实到位，还需要我们认真地探索，还有很多工作需要进一步完善和细化，因为我们的评价对象是“人”，人是有思想的，思想是有千差万别的，又是不断发展变化的，这就要求我们高度重视教师评价工作，使之真正成为推动学校教育教学工作的“助推器”。

（发表于 2006 年 5 月《凉州教育》）

试论教导主任的素养

教导处是学校管理的中枢系统，教导主任则是这个系统的当家人。不当家不知道柴米贵，不搞教导不懂得心累，也许当过教导主任的人都会有所感触吧。但正是因为这种磨砺和锻炼，才使一个个搞教育的人成长为行家里手；也正是因为这个小小的舞台，才能产生出众多的名角名旦。当教导主任难，当称职的教导主任更难，当优秀的教导主任更是难上加难。那么，教导主任究竟需要哪些基本素养呢？

一、领得正，谋得准

教导主任既是校长的参谋，又是学校的中层领导。双重角色于一身，教导主任更应该以身作则，率先垂范。作为中层领导，要有一颗公心，树立一种正气，“公生明，廉生威”。要做到心中有教师，心中有集体，心中有工作，不为一点私心拿学校工作当筹码，不为一点私欲拿所谓的权力做诱饵，教导主任的威信树立，需要自身检点和约束，需要有海纳百川的胸怀，只有教师拥护，领导信任，教导主任才能服众。教导主任对待工作要有一颗忠心，对学校的决策要不折不扣地执行，要做到表里如一、言行一致、诚实守信；但忠诚不是盲从，对工作过程中的问题要敢于直言、善于谏言，要本着为学校负责、为校长负责、为学生负责、为自己负责的态度，只要对工作有利，就要畅所欲言，建言献策，当好校长的助手，做好校长的参谋。当参谋要坦坦荡荡，当主任要堂堂正正，做事要干干净净，这是做教导主任的基本素养。

二、管得好，理得清

要做好教学管理，要能管、善管、会管。能管，就是要讲原则。俗话说，不讲原则就是大恶，在实际的教学工作中，不忽悠下属，不糊弄上级，不拿工作做人情，工作中要敢抓敢管，敢于决策，勇于执行，对工作中的缺点和错误，要敢于批评和指正，只要是为了工作，群众一时的不理解很正常，但“路遥知马力，日久见人心”，只要你真诚待人，公正做事，最终会得到人们的支持和拥护。善管，就是要善于处理工作中的关系，包括与领导的关系、与下属的关系、与家长的关系、与学生的关系，这是教导主任关系学的基础，教导主任要以真诚赢得真诚，以尊重赢得尊重，对领导不献媚讨好，对教师不蛮横刻薄，对学生不呆板教条，逐步在师生中间树立威信。面对领导和教师、教师和教师、教师和家长、教师和学生之间的矛盾，教导主任要敢于面对、善于疏导，要着眼于工作，服务于大局，让问题在桌面上解决，让矛盾在萌芽中化解，不断促进人与人之间和谐共处，形成团结协作的工作氛围。会管，就是要懂得领导的艺术，讲求工作方法。一个群体，因为年龄不同、经历不同、认识不同，所以个人追求不同、价值取向不同，因此工作方法也应该不同，所谓“一把钥匙开一把锁”，什么时候当机立断，什么时候曲径通幽，应该因人而异，因事而异，要懂得移步换景式的处理问题的思维，还要学会换位思考的工作方法，以己之心，度人之心。在工作中多一点和谐，多一点理解，切切实实做到尽职尽责，无愧于心。

三、干得多，说得少

欲强人者先强己，欲达人者先达己，欲悟人者先悟己。作为教导主任，首先要有实干精神，学校工作千头万绪，教导主任要深入一线，抓具体，抓落实。对比较大的活动，要有计划、有思路、有条理、有方法、有检查、有效果；对比较小的事，要一抓到底，不留尾巴，不留死角，不走回头路。教导处的工作，你干了，别人不一定看得着；你不干，人人都能看得见。所以，不能靠指手画脚做工作，不能靠发号施令树权威，要勤勉务实抓工作，细致入微干事业，“少说多干”应该是做教导主任的原则。其次是要有大雁精神。作为教导主任，要注重自己知识的更新，加强业务知识的积累，做业务工作中的标兵。教学工作是学校的中心工作，教导主任的教学水平要过硬，无论是备课、上课，还是教研、撰文，都应该拿得起、放得下，教学工作必须拿实力说话，来不得半点虚假。一个有能力、有水平的教导主任，就是学校教学的一面旗帜，不需要过多的说教，不需要过细的指导，因为“你站在窗前看风景，街上的人已经把你当作风景”，所以身体力行往往比规章约束更重要。再次要有创新精神。管理创新，能够使学校教学似一池春水，孕育希望，激流涌动。学校的发展离不开创新，新时期的教育呼唤管理创新，教导主任更是责无旁贷。教学改革，能够使课堂教学趣味盎然，推陈出新，提高效率，质量的提高离不开创新，教导主任站在课改的潮头，更是职责所在。不为具体事务所累，不为因循守旧所困，要敢于跳出管理看管理，跳出课改看课改，真抓实干，务求实效。

四、听得进，忘得快

教师这一群体，由于职业的特点，自尊心强，责任心强，荣誉感强，相对来说是突出自我的一个群体，对社会中的不良现象看不惯，常常发一些牢骚；对学校中的一些举措，也有这样或那样的看法；对管理中存在的问题，也有不同的意见；特别是牵扯到个人利益的事情，也表现出不满。而教导主任处在管理的第一线，面对的是教师，倾听的是他们的意见，要真正做到容人、容言、容事。一个教导主任，应该是一个具有良好心态的人，一个善解人意的人，一个能够进行批评和自我批评的人。面对老师们的怨言，要学会聆听；面对老师们的苦恼，要善于疏导；面对老师们的批评，要虚心听取，切实做到“有则改之，无则加勉”，即使对老师们一时的误解，也要善于接纳，要有“忘得快”的本领。只要以开阔的胸怀对待事，以高尚的人格感染人，就一定能够做一个用心、用情、合格的教导主任。

（2008 年 3 月 12 日）

新课标下的教研要务实

新课程实施以来，新课标的理念是否深入人心，新课改的实践是否扎扎实实，新课改取得了哪些效果，这些主要取决于学校的教研工作，教研工作是教学活动的关键环节。我校主要从五个方面入手，取得了较好的效果。

一、以“理论”为先导

学校图书室为教师订阅教学杂志，引导教师博览书刊，及时把握新课改科研动态，扩展理论学习的广度。学校创造机会，让教师参加新课改现场会，聆听有关专家讲座，举办相关内容的讲座、报告会、普及教科研知识。教学自学业务理论不放松，每学期学习笔记不少于6000字，做到精读一册书，精阅一本杂志，精备一门课。通过理论学习，使教师在课改研究工作中，有明确的理论依据，有具体的理论指导，增强教师以学习促教研，以教学促教研，提高参与教研工作的自觉性。

二、以“备课”促教研

新教材需要新的备课理念为指导，要把个人备课和集体备课有机统一，小组与小组备课相互补充。备课不仅要备课程标准，还要备学生、备教材、备教学设计、备教学提问。要求教师按教学计划备课，保证每周的备课时间，要求每位教师独立钻研教材，独立阅读参考教材，独立设计教案，集体备课要突出备课实效，抓住“重点、难点、关键点”，紧扣课程改革的“理念、教法、反思”，促进学校备课的质量和效益。

三、以“说课”促课改

理论的学习最需要结合实际，新课改的理念和实际的最佳结合的形式就是说课。根据教与学的实际，新课改对说课提出了五点要求：说教材，知道编排意图和主要内容；说教学目标，了解知识点、智能点、关键点；说教学重、难点，知道重、难点如何突破；说教法，说出为什么选择和怎样使用教学手段和教学策略；说学法，使学生知道怎样学才能取得最佳效果。

四、以“活动”促提高

教导处每月组织一次教研活动，以“评优”促教研，以“专题课”深化教研，以教研组间的评优落实教研。如开展教学过关淘汰赛，设计了“教材、教法、课堂”三关，调动积极性，激发教师参与教研的热情，教研活动要突出“小、新、实、趣”。“小”，即重点突出，目标单一；“新”即形式多样，方法灵活；“实”即选题准确，层层递进；“趣”即生动有趣，富于创造。这样全方位、多层次把教研渗透到方方面面，调动积极的因素，活跃了教研气氛，教研成果辐射影响不断扩大，教坛新秀脱颖而出。

五、以“科研”促发展

在教学科研活动中，我们注意处理好“骨干”活动与群众参与的关系，以“骨干活动”的重点课题带动普通教师的课题，要求“骨干课题”做到“每月三个一”，即每月至少一次教改实践活动，每月至少一次推进实录，每月至少一次交流活动。其他教师人人有教研课题，要结合自己的教研课题撰写学习心得，参加心得交流，总结教研成果。这样以点带面，点面结合，层层推进，在普及的基础上提高，在提高的基础上普及，有助于新课改教学思想的传播，新教学方法的推广，推动教育科研活动的发展，提高教师教育理论和业务能力。

（发表于 2007 年 4 月《未来导报》）

转变观念促管理 聚精会神抓质量

我校以“文化兴校，质量立校，科研强校，特色亮校”为办学思路，高度重视教育教学质量，通过一系列整章建制、常规管理、教师培训、教育科研、教学评价等工作，大力提升教育教学管理水平，向课堂教学要效率、要质量，不断提高教育教学质量。学校先后被武威市教育局授予“示范性小学”、“环境建设示范性小学”、“语言文字示范性小学”。自2009年以来，学校在凉州区小学抽考中，居于三甲行列；连续四年被区教育局授予“先进集体”称号，2012年被凉州区委区政府授予先进集体，2012年被甘肃省委省政府授予“两基国检先进集体”称号。成绩的取得，离不开上级领导的坚持而正确的领导，离不开广大教师的无私奉献和爱岗敬业，离不开学校求真务实的教育教学管理。下面就从管理层面，就如何强化管理提高质量谈谈我校的做法和体会，请各位领导和同事们批评和指正。

一、强化学习，转变观念，以新课程理念指导教学

乘着区教育局教育教学质量工作会议精神的东风，学校立足实际，引导教师转变观念，使质量意识深入人心。

1. 树立正确的学习观。我校鼓励教师进行“每日三问”：我今天读书了吗？我今天心态好吗？我今天充实吗？教师“每日三问”，看似简单，但要用心思考，好好实践。爱读书，会使教师的精神发育得日臻丰满；好心态，会使教师的每一天快乐、幸福而充满活力。教师对知识的渴求要像朝圣者一样虔诚，要像苦行者一样执着。对于学习，我们不必为忙碌而找借口，也不必为懒惰而找理由，学习需要一种毅力，更需要一种恒久入常的决心。如果教师不屑读书，那是对职业的一种亵渎，更是对学生的一种不负责任。如在新课标学习中，我们首先要求每个老师自学所带学科《新课程标准》（2011 版），同时做好学习笔记，写好心得体会；其次以网络培训、座谈交流、辅导讲座等形式，使每位教师准确领会《新课程标准》的精神实质；再次组织全体教师进行《新课程标准》知识考试，考查他们对《新课程标准》的掌握和理解情况；最后以“学习新课程标准，构建新型课堂”为主题，进行新课程课堂展示活动，以此从不同方面检阅新课程标准的落实情况，从而带动广大教师不断实践新课程理念。

2. 树立正确的质量观。教学质量是学校的生命线，绝不能把分数当作生命线，那些以分数衡量一切的做法，必然会使学校教育向畸形发展。教育质量既需要教师的强烈的责任心，也需要教师的高超的教育水平；教育质量既需要科学的训练，也需要严格的教育管理；如果以增加学生的负担、增加教师的负荷为提高质量的法宝，就会使我们的质量意识偏离轨道。

3. 树立正确的课程观。新课程要求“开足开齐课程”，这六个字要求，如果真正落实好，又谈何容易。我校始终坚持音体美课的教学管理，以检查、督促、考核来落实学科课程；始终坚持“特色课程”的开发，使每周三、周五的特长教育做到有计划、有指导、有检查、有考核、有成果，注重学生个性的发展，追求“全人”教育，使每个学生得到不同的发展。

4. 树立正确的学生观。我校地处城乡结合部，80% 的学生是农村的孩子，看着那些不远几十里送孩子到学校上学的家长，看着那一双双渴望知识的眼神，我们总有一种沉甸甸的责任感和信任感。我们没有什么理由去选择学生，但我们有责任去为每个孩子奠基未来，规划人生。从这个方面来讲，我们要积极引导教师树立“为学生的终身发展奠基”、“学生是我们最好的作品”等教育理念，让“人无全才，人人成才”的学生观深入人心。

二、强化培训，规范制度，以提高教师队伍素质为根本

学校进一步补充完善了《武南铁二小教师培训制度》、《武南铁二小青年教师培训制度》、《武南铁二小教学考核月通报制度》、《武南铁二小教学考核末尾警示谈话制度》、《武南铁二小值班责任追究制》等基础制度，做到以制度促管理，以管理促质量。在新课程实施的过程中，学校把信息技术与学科课程整合当作突破口，先后制订了《教师信息技术培训方案》、《多媒体课件评比办法》、《远程教育课程培训方案》等计划，积极利用电化教育设施和信息技术资源，开发优秀的教学课件和教学软件，开展多媒体教学专项比赛活动，积极搭建各种活动平台，举办了“打字比赛”、“网页制作比赛”、“多媒体课件比赛”、“互动式白板应用比赛”等，以比赛代培训，以活动促提高，不断开阔教师的视野，提高教师的综合素质。充分学习和运用现代化教育的培训方法，加快发展远程教育，共享

网上教育资源，把信息技术教育考核成绩纳入到年度考核工作中去。在教学管理工作中，我们把更多的物力、精力和财力，投入到教师继续教育中去，把更多的心血花到培养青年教师中去。

随着新的教学实际，我们适时提出了“每学期三个一”，即每学期争取外出培训一次，撰写并发表一篇高质量的教研论文，进行一次本学科校级“挂牌课”；过好“四关”，即“备课关”、“授课关”、“学习关”、“理论关”；积极落实青年教师“每周五个一”，即每周写一份优秀的教学设计，写一篇高质量的教学反思，上一节自己满意的课，听一节优质课，制作一个优质课件。通过周督查、月评比、学期考核，使青年教师自我加压，加强约束，竞争意识明显增强，日积月累，自身业务素质和理论水平得到了显著的提高。学校通过新老教师“传帮带”和为青年教师建立成长档案，成就青年教师的人生梦想，让青年教师成为学校教学的中坚力量，让青年教师成为学校教育质量提升的骨干力量。

三、强化管理，真抓实干，向教育教学管理要质量

学校严格落实教学常规检查和考核制度，坚持以管理抓教学，以活动促质量，把“质量立校、质量强校”理念渗透到管理当中，重新修订了《武南铁二小教学质量考核办法》，使语文、数学课的考核科学化，英语课的考核目标化，音、体、美的考核具体化，科学课的管理精细化，思想品德课的形象化。每学期开学初，由校长和支部书记带队，在全校范围内进行教学“五查”活动，主要对劳动纪律、课堂教学、教案情况、学生作业、有无征订教辅读物等方面进行平推检查，通过推门即听、听后即查、查后反馈的形式，有效杜绝了上课迟到、课堂随意、作业批改不及时、私自征订教辅读物等违反教学常规现

象的发生，并将此项活动贯穿始终。学校领导每人包保一个教研组，坚持每月至少参加一次教研活动，至少组织一次集体学习，至少听本组教师一节课，以此树立求真务实的工作作风。教导处的教学常规检查，坚持把定期和抽查相结合，把定性和定量相结合，把制度化和人性化相结合。对于违反教学常规的教师，一次谈话，二次警告，三次处罚；教导处的常规检查记录，在教学考核中占20%，作为过程性的考核资料，我们要求要以制度为杠杆，以事实为准绳；教导处的常规考核，一要经得起校长的质询，二要经得起考核组的审查，三要经得起教师的查询。学校不断强化考试制度的创新和改革，努力使考试制度更加健全和严密，无论是考场的设置和编排，还是监考的轮换和组织；无论是命题的科学性，还是阅卷的严密性，学校都精心安排，努力做到“三个统一”：统一命题和安排，统一监考和组织，统一阅卷和统计。正是基于这种精细化的管理，我校在六月份区教育局对教学工作的专项督导检查中，学校以980分的督导分和139.2分的督查分位列各校前列。

学校始终重视质量，把提高质量摆在战略地位，定期进行质量跟踪和质量分析，每学期期中考试后，学校要求进行各年级、各学科质量分析，并针对毕业班和英语教学比较薄弱的特点，专题召开六年级和英语教学质量分析会，查找原因，制定强有力的措施和方法。各包保领导深入教研组精心研究调查，学校组织进行全校各科分析会，要求各参加老师对自己的教学进行分析和反思，同时对存在的问题进行限期整改，并进行跟踪督查。并通过教师节表彰活动、改进考试工作制度、适度提高教学质量比重和建立科学的评价体系等各种方法，使质量意识深入人心，有效提升了学校教学质量。期末考试后，学校对英语、数学、语文三科进行专门分析会，三门课程的任课教师先进行分析，教导处对年级进行分析，学校分管领导对三门学科进行分析，尤其是针对学生卷面和教师教学中存在的问题，进行了相对深刻的剖析，指出教学中存在的问题，对于质量考核居于末尾的教师进行警示谈话，同时进行相应的处罚；对质量考核A等的教师给予奖励，不断强化教师的质量意识，努力提高教育教学质量。

四、围绕质量，强化教研，以课堂改革促进教学质量

课程标准的实施，最终的落脚点仍然在课堂。学校紧紧抓住课堂教学主渠道，立足课堂教学不动摇，优化课堂教学结构，改进课堂教学的方法，使教师在教学过程中与学生积极互动，共同发展，处理好传授知识和培养能力的关系，注重培养学生的独立性和自主性，还自主权于学生，把课堂还给学生，促进学生在教师指导下主动的、富有个性的学习。学校要围绕教育教学质量这个中心，从制度入手，从管理入手，以新颖的教学形式促进教研活动，积极鼓励、引导教师参与课程改革。课堂教学关键在教师，教师的岗位练兵活动的创新就更为重要。我校的校本教研主题活动，是我们一以贯之的重要举措，如我校在下半年开展“教学五佳”竞赛,要求每个教研组选派最佳授课、最佳语言表述、最佳教学设计、最佳钢笔字、最佳多媒体课件参加评比，以教研组总分奖励教研组成员，激发了团队合作精神，丰富了教研活动，旨在强化岗位练兵，提升教师素质，落实课堂教学中的素质教育，考查多媒体教学使用情况及实效，从而推进课堂教学改革。学校还积极鼓励教师用实践充实自己的理论，用行动落实自己的目标。扎实的教研活动带来了丰硕的教学成果，以 2012 年为例，在第九届甘肃省教研成果评比中一项成果获省级二等奖；在市区教研成果评比中共有 17 人次 9 项教研成果获奖；在区级课堂教学、多媒体课件、教育软件、教学论文评比中共有 33 人次获奖，特别在甘肃省教育厅举办的信息技术应用论文大赛中我校有 8 人获奖；11 位同志先后有 15 篇论文在区级以上发表、3 名老师被评为市级以上“青年教学岗位能手”、“甘肃省技术标兵”等荣誉称号。

五、求真务实，创新评价，不断提升教育教学质量

为使学校教研活动落到实处，学校从制度建设入手，不断创新评价方式，注重过程落实与管理，强调社会、家庭、教师、学生的共同参与，使学校教研活动呈现出一片生机勃勃的景象。先后制订了《课堂教学评价方案》、《教研工作制度》、《教师评价方案》、《学科教学与信息技术整合方案》等一系列制度，使之能够与课改实验要求相适应。特别是重新修订的《武南铁二小教师评价体系》，更是激活了教育教学管理。该体系的建立，使学校教师的评价进入了制度化、科学化、系统化的轨道，使“一套好制度就是一所好学校”的理念逐步建立。教师的评价由师德考核、民主评议和教学考核和加分项组成，每一项考核都要坚持“三个结合的原则”，即质性和量性的结合、个性和共性的结合、过程性和终端性的结合；每一项考核由分管的领导任组长，对考核负责，受考核组监督，校长是考核的第一监督者。这样的做法，使考核不再是某个人说了算，而是由制度说了算，由实际的成绩说了算。如“教学考核”一项的考核，分为教学常规评价 20%、教育科研评价 20%、教学质量评价 40%、学生对教师的评价 10%、家长对教师的评价 10% 五项内容，将

每项内容进行合理量化，体现评价的多元化、多样化，使教师、学生、家长共同参与，坚持公正、公平、客观的原则进行评价。如教育科研评价内容涵盖业务考试、公开课、听课、信息技术、课题研究、论文评选等方面，按照《教育科研成绩评价方案》，学校考评小组对每一个教师的教科研进行综合评价，参与科研的教师积极性更高，观望的教师加入了教育科研的行列。教师尝到了教科研带来的“甜头”， 教研活动不再被虚化，不再是高不可及。为了把有效的评价和教育科研紧密结合，最大限度地发挥评价的作用，最大限度地调动教师参与教育科研的积极性和主动性，我们在教学管理中注重细节，争取抓好每一个环节，把教科研工作落实到位。如我校举办的“体现课程改革理念、改进课堂教学评价”为主题的教研活动。活动首先以《学习评价》为理论学习内容，要求各教研组制订学习计划，落实学习目标，做到有内容，有记录，有检查，有考核。其次围绕“改进课堂教学评价”这个重点，学校开展了年级组组内评优课活动，各年级组全体教师参加了本次岗位练兵，旨在强化新课程理念，改进课堂教学中学生的评价，实践和探索各科教学中学生的评价方案，为新课程的顺利实施打下良好的基础。为了保证本次活动取得良好的效果，学校领导到包保的各年级组参加备课、授课、说课、评课等活动，切实起到指导和监督的作用。最后举办了以“学科课程课堂评价”为内容的相关征文，要求教师把自己在课堂中实施的评价方法上升成理论，为学校制定各学科课堂教学的评价制度打下良好的基础。此次活动的开展，为教育科研工作和课程改革的结合搭建了平台，也为学校课改活动创建了有效的载体。正是我们通过有标准可依、有资料可查、有层次可分、有过程可循的严格的考核程序，才调动了教师的积极性和主动性,使学校考核更具科学性和权威性。

六、相互借鉴，共同提高，让交流成为提高质量的有效补充

“他山之石，可以攻玉”，学校坚持“走出去，请进来”的策略，每年按计划选派教师到名校挂职学习。今年学校以置换培训、挂职培训、专题培训、竞赛培训等形式，先后派25人次到北京、重庆、银川、浙江进行培训，培训回来后以辅导讲座、经验介绍、公开授课形式展示外校丰富的办学内涵、全新的办学理念、高效的课堂教学等，使全体教师受益匪浅。学校召开专门会议，就地取材，去粗取精，量身定做了几款适合我校实际的“套装”，积极进行课堂实践，探索适合学校的教学模式；积极更换操课音乐、定制各班班牌、制作“幸福笑脸”墙、以广播操比赛带动操课质量的提高，带动学校文化建设的提升；积极探索校本建设的思路，开发校本建设的资源，使学校校本课程呈现了生动活泼的新局面。同时，结合教育局安排的“城乡融合共建”活动，我校积极承担了与武南、东河、韩佐、清源、吴家井五个学区间的城乡帮扶、“影子”培训活动。我们精心安排，注重过程和实效，就我校的公开教学活动、说课及评课的教研活动、常态下的课堂教学、日常管理工作、阳光体育活动、静态资料的整理分类、艺术课程的开展情况、班级的跟踪管理、学生的作业辅导、班级教室布置、校容校貌的创意设计等多个方面，与参训教师进行了面对面的交流互动，取得了良好的效果。本活动自九月份开展以来，学校已先后接待70余人次轮流来校挂职锻炼和培训学习，圆满完成了任务。这样的培训，不但提高了学校的教学管理水平和办学特色，而且提升了教学质量。

当前学校在教育质量提升方面存在的最大问题是，面对“80%是农村学生”这一现状，如何转化“双困生”，怎样

提高教师在相对困难局面下的授课水平，提高教育教学质量，力争实现在2013年进入三甲之列，实现保三争二这个目标，我们认为：一是需要定位我们的管理思路，创新管理办法，要立足调动教师积极性这个目的，建立健全激励机制，治懒促康，奖优罚劣。二是要重视课堂教学的实践，进一步完善“五查”活动机制，进一步完善教学质量的检测，以“质量”引领教学，以“质量”促进课堂，以“质量”衡量实绩。三是制定切实可行的措施：学校针对转入学生较多、学生整体素质参差不齐的状况，制定“双困生”转化方案，让每位教师明确转化目标，采取切实可行的措施，促进“双困生”转化，积极与有关企业合作并设立了“双困生”奖励基金，切实促使“双困生”的转化。四是要加大“教学质量”的奖惩力度，特别是加大年度考核的比重，设立“武南铁二小双困生转化奖”和“教学质量奖”，并逐步纳入绩效工资考核之中。

（此文在2012年凉州区民办学校质量分析会上进行了交流）

幼儿教育小学化倾向心理成因与对策

幼儿园应该是孩子们游戏的天堂，是孩子们幸福的乐园。但在现实中，有这样一些幼儿园却很“特别”，其主要表现是在行为规范方面，要求幼儿像小学生一样，少动少玩，多写多练，甚至要求幼儿无论课堂还是课间都要整齐划一；在学习知识方面，几乎按小学生的学习要求进行上课、训练、作业，一味向幼儿灌输文化知识，甚至还布置家庭作业。随着知识经济的到来，社会竞争日趋激烈，望子成龙、望女成凤、让孩子赢在起跑线是每位家长的殷切希望，相当多的家长在选择幼儿园时，会看重这样的幼儿园，那些以传授知识、技能为主的幼儿园备受这些家长的欢迎。究其原因，我认为主要存在以下几种心理。

一、幼儿园管理者的“迎合”心理

相对于中小学而言，民办幼儿教育蓬勃发展，受利益的驱使，幼儿园为招揽家长，在课程设置方面，迎合家长的错误心理，不管是否符合幼儿的年龄特点，也不管是否符合幼儿的年龄特点，双语、说话、写字、计算等等，家长需要什么，就去提供什么，课程开发乱象丛生。而对于管理而言，幼儿教育则监管缺失，没有人去关注教师培训，没有人管理课程资源，也没有人去理会课堂实践，幼儿教育的管理就谈不上什么规范和科学。甚至有些公办幼儿园也加入到这个行列，起到了推波助澜的副作用。

二、幼儿园教师的“从众”心理

随着社会的发展，家长对教育的重视程度越来越高，对幼儿教师的要求也越来越多，幼儿教师大多数属于“编外”人员，他们为了生存，为了岗位，只好遵从领导，取悦家长。什么教育规律，什么儿童心理，不会也不可能去关注。这种让孩子写字、算数等的机械形式，剥夺幼儿游戏的机会，泯灭了幼儿活泼好动的天性，剥夺了幼儿的快乐。实质上，小学化的幼儿教育方式是使幼儿失去了学习、创造和探索的机会，天才就这样被扼杀在摇篮之中。

三、社会及家长的“功利”心理

在幼儿教育的链条上，作为孩子生命中的第一位教师——家长，非要像对待小学生一样要求他们，这正如非要还没有长出牙齿的婴儿吃坚硬的食物一样，这种违背规律的做法对孩子的危害可想而知。孩子在这种教育过程中，得到的常常是消极的情绪体验，自然就会认为学习就是一件痛苦的事情，于是，对学习产生恐惧和厌恶的心理，结果使孩子还未正式开始学习的过程，就已产生了厌学的情绪，这才是最糟糕的事情。

当前，国家对学前教育格外重视，幼儿教育小学化的问题也引起社会的高度关注。作为幼儿园，应该主动承担社会责任，积极探索幼儿教育的教育方法，向幼儿教育小学化“宣战”，努力促进幼教质量。

一、家校携手，努力转变教育观念

《幼儿园教育指导纲要(试行)》也指出：“家庭是幼儿园重要的合作伙伴，应本着尊重、平等、合作的原则，争取家长的理解、支持和主动参与，并积极支持、帮助家长提高教育能力。”首先，幼儿园在办园过程中不能仅仅考虑社会影响和自身收益，而应树立正确的教育观念，坚持正确的教育立场，充分认识到幼儿教育的特殊性,科学合理地开展幼儿教育活动。其次，帮助家长提高认识，消除家长盲目的“跟风”意识，通过家长学校、专题讲座、座谈讨论、现场观摩等形式，引导家长认识到小学化倾向的危害性和弊端，以家园形成的教育合力促使幼儿教育回归其应然的状态。

二、强化管理，努力提高教师素质

小学化的幼儿园一般都存在保教人员数量不够、素质较低、经验不足的问题，这是导致幼儿教育小学化的重要原因。因此，作为幼儿园，一要严把入口关，要根据《教师资格条例》的有关规定，实行幼儿园园长、教师、保育员资格准入制度，严格实行持证上岗。二要严把培训关，要把教师培训工作摆到战略高度，要吃透幼教课改理念，领会纲要的精神实质，充分认识小学化的严重危害；要建立园本教研制度，鼓励教师立足教育实践，积累丰富幼儿教育经验，树立“保教并重，活动为主”的课程观，经常性地开展园本教研活动，开展纠正防止小学化的教改实验课题研究；鼓励保教人员在职进修，提高学历和专业素质，提高幼儿保教质量。三要严把评价关，制定科学的评价制度，建立有效的考核办法。要切实提高幼儿教师的社会地位和经济待遇，在职称评定、养老保险等方面逐步完善机制，鼓励优秀幼儿教师长期从事幼儿教育事业。

三、科学谋划，努力做好“幼小衔接”

幼小衔接不是幼儿园单方面要做的事。幼儿园要组织教师学习小学教材，必要时可进行教材过关考试，使教师对教材“心中有底”。作为家长，对于孩子能做和应该做的事情，应鼓励孩子自己去做。当孩子遇到困难时，要不断给予鼓舞，使其具有较强的信心和决心，以至于不达目的，决不罢休，使孩子对小学生活充满向往。幼儿园要积极做好各种准备工作，大班末期，要从训练幼儿的基本动作过渡到幼儿体质的锻炼，培养幼儿的勇敢精神，体育竞技的能力和对外界环境、外部刺激的适应能力；成立家长学校，请幼教专家来园讲课，使家长认识到入学准备不仅仅是知识上的准备，还包括身体和心理上的准备。要了解小学的教学内容和方法，并向此倾斜，以使孩子在心理上能够接受，不至于产生“陡坡”。对此，教育行政和教研部门要做好协调和统筹，避免一厢情愿。

幼儿教育小学化倾向的问题，有其现实和历史原因，其改革路途任重道远，只要行政监管到位，制度落实有效，家校携手共进，强化教师培训，就一定能够迎接幼教花团锦簇的春天。

（发表于2014年《教育革新》第5期）

漫谈“同课异构”

主题教研活动是我校始终坚持的特色教研活动，“同课异构”活动是其中之一。我们通过引领学习、强化思考、积极实践，对该活动的内容、形式、方法、效果等有了一定的认识。对于同一授课内容，采用迥异的教学方法，利用教师对教学内容的处理、教学方法的选择、教学流程的设计、重难点的突破方法等，不断优化课堂设计，深入研讨课堂教学的有效性，努力创建高效课堂，其意义和重要性自然不言而喻。因为“你有一个苹果，我有一个苹果，交换后每人还是一个苹果；你有一种思想，我有一种思想，交换后每人可拥有两种思想”，正是这种思想的交换，才引发了不同教者思维的火花，才使我们“同中求异，异中求同”，让我们感受到不同的教法、不同的策略、不同的构思，达到了“殊途同归”。

我们知道，目前的教学结构有两种：一是以教师为中心的教学结构。这种结构中教师是主角，粉墨登场的是教师，体现的是教师的想法和意志，教师是课堂的绝对权威；二是以学生为中心的教学结构，这种结构中教师是配角，体现的是学生的参与性和探索性，教师是组织者和引领者，教师是副驾驶，服务于课堂，服从于学生。无论哪种教学结构，“同课异构”的侧重点都在研究“异”，目的是在比较中得到提高，在研究中得到发展，这一点毋庸置疑。

所以，在“同课异构”的研究过程中，我们要消除认识上的三种误区：一是“同课异构”是背靠背的备课，教者潜心研究教材，甚至闭门造车，独立思考，独立设计，以自己的认识理解教材、把握教材、解读教材，单兵作战，展示自己的教学风格；二是“异构”就是上课老师之间的一种“PK”，一种较量，类似于武林大会，好比华山论剑，高手比武，八仙过海，各显神通；三是“异构”就是“构异”，披着“创新”的外衣，哗众取宠，一味地追求不同，构出“奇异”、“怪异”、“变异”的东西。任何教研活动，统一思想是基础，提高认识是关键，促进发展是目的，如果认识不明确，就会因噎废食，走火入魔，效果不彰。

让教师在“异构”中成长，让教师在比较中提升、让教师在交流中学习，应该是“同课异构”活动中的基本理念。我们在《三角形的特征》一课教学中，授课的三位教师彼此都明白对方用什么样的方法“异构”，用什么样的手段达到预期效应，也就是说，他们坚持自己的思路、方法和风格，同时对对方也做到“心中有丘壑”。在活动之初，我们提倡和鼓励三位教师进行共同参与、共同备课，帮助对方用不同的教法进行教学设计，从而不断完善，不断修正，不断积累，注视能力训练，重视心灵启迪，以期达到“你是成功的，我是快乐的”这样的境界。在这样一种平台上，进行不同的教学设计，引导同学科教师共同探讨热点、难点、焦点问题，探讨教学的艺术，交流彼此的经验，共享成功的喜悦。如本次课题我们是围绕“新课标下概念教学应该怎样进行”这个焦点进行探讨的。“讲授式”是大多数教师所熟悉的，应该被广泛应用；而“参与式”、“探究式”在概念教学中如何运用，这是大多数教师所面临的挑战，是需要认真论证并实践的；授课教师经过多维度的思考，精心的设计，认真的取舍，给我们展示三种迥异的教学风格。在交流中碰撞，在碰撞中升华，启迪我们的思维，使每一位参与者都有自己的想法和看法，甚至会产生“自己应该怎样教”、“如果是我应该怎样处理？”这样的问题，这也正是我们举办主题研讨活动的目的所在，让参与者有所收益，有所思考，有所借鉴，从而提升教师的授课水平，提高教学质量。

知识就像衣服，会过时，会陈旧，会在日新月异中被遗弃。作为一名教师，如果不睁大自己的眼睛，如果不以积极的心态关注和学习新知识，终有一天会被淘汰。记得雨果先生说：“沉思就是劳动，思考就是行动。”我们用思考的头脑去思考“同课异构”，把一块块思想的碎石堆积成我们人生的垫脚石，站在教育人生的山巅之上，吮吸智慧的甘露，品味教育人生。

（2012 年 9 月 27 日）

立足“素质教育”，培养青年教师

青年教师是学校的生力军，一所学校是否有创造力和活力，取决于青年教师的素质的高低。青年教师掌握着学校的未来，他们专业知识相对丰富，视野相对开阔，工作热情较高，易于接受新事物，思想观念转变快，革新意识比较强。因此，如何打造一支教育思想端正、师德高尚、业务精良的青年教师队伍，是摆在我们面前的重要任务。

一、加强青年教师职业道德建设，定位素质培养主导向

青年教师的世界观、人生观尚不稳定，主观意识比较强，认识问题有一定局限性。古人云：“其身正，不令则行；其身不正，虽令不从。”只有自己的言行成为学生的表率，教师才可能取得教育教学活动预期的满意效果。以身作则、为人师表是教育工作根据教书育人的宗旨对教师提出的一项基本要求，是教师职业道德的集中体现。所以，强化青年教师职业道德建设，是教师队伍建设的基础工程，必须一以贯之，持之以恒。

1.加强学习，树立“三种精神”。在新时期市场经济的冲击下，青年教师容易淡化奉献精神，弱化进取精神。作为学校，要站在未来发展的高度，积极引导教师主动学习，主动读

书。我们不但要加强青年教师的政治学习，以理论讲座、读书读报等形式，用正确的理论和新时期党的教育方针、政策武装自己的头脑，而且要关注青年教师心灵的成长，鼓励教师学会读书，学会思考，使青年教师明白读书是成就名师、实现价值的关键所在，一个不读书的教师，他的心灵是荒芜的；一个没有思想的教师，犹如在森林中迷失方向的路人。学校先后组织青年教师学习了《中国教育改革和发展纲要》、《教师法》、《教育法》、《中小学教师职业道德规范》等，用教育法规、教学制度规范青年教师的行为，树立依法治教意识，模范履行为人师表的职责，倡导具有严谨治学、默默无闻的苦干精神；敬业爱岗、不计名利的奉献精神；团结协作、开拓进取的创新精神。

2.组织实践，进行“四心”教育。针对社会上以教谋私及个别教师体罚或变相体罚学生的现象，我们组织青年教师进行了自查、自省、自纠，开展了“重师德，强素质，促发展”的演讲比赛和“爱校如家，爱岗如命，爱生如子”的讨论会，引导青年教师坚定教书育人的信念，用老教师终身从教、爱岗奉献的感人事迹教育、启迪青年教师，让他们学有榜样，学有所获。同时在青年教师中间开展“告别一切不文明，还一个圣洁的讲台”活动，严禁以教谋私，收受学生及家长礼物或托家长办事。通过一系列的教育教学实践活动，在青年教师当中渗透“四心”教育。即“忠心”，敬业爱岗，无私奉献；“爱心”，春风化雨，细致入微；“耐心”，苦口婆心，循循善诱；“公心”，一视同仁，不歧视，不偏爱。以明确的目标引领青年教师成长，使青年教师形成良好师德，树立良好形象。

3.落实检查，达到“五项要求”。在青年教师师德建设方面，我们主要从以下五个方面进行考核：（1）爱业、乐业、敬业、勤业，坚定终身从教的信念；（2）热爱、关心、尊重学生，做学生的良师益友；（3）勤奋、团结、开拓、进取，切实做到严谨治学；（4）廉洁从教，谦虚谨慎，在家长和学生中间有较高威信；（5）以身作则，注重身教，有为人师表的风范。根据以上五项要求，我们不断强化师德师风的过程考核，做到“双评”：百分之百的学生评教，百分之百的家长评学；“四不放过”：对于体罚或变相体罚的不放过，对于从事有偿家教的不放过，对于私订教辅读物的不放过，对于家长有反映的不放过；“五项考核”：通过家长考评、学生考评、日常考评、教师互评和学校考评，对每一个教师师德进行评比，努力促进良好师德的形成。

二、加强对青年教师成长过程管理，拓展素质培养主训场

教育教学活动是教师群体最基本的活动，对教育教学工作的组织、调控、实施、理解、研究，则是对青年教师进行素质教育最核心的要求。强化教育教学过程管理，拓展青年教师素质培养的主训场,是让青年教师在教学常规中成长的必要条件。

1.落实青年教师“三个时期成才规划”。我们要求青年教师2年度过适应期熟悉业务，4年度过成熟期站稳讲台，6年进入创新期成为骨干。根据青年教师实际情况，学校制订了具体的培养目标，及培训规划，每年都有侧重，每学期都有重点，在具体实施中抓落实，抓规范。我们发动和指导每一位青年教师思考：（1）三年中有什么追求目标？（2）在教学中，你怎样运用教育手段和教学方法，达到什么目标？（3）在教研教改中，你怎样积极参与，大胆改进？（4）如何正确处理各种关系，如何发展个人兴趣、爱好、特长？同时，我们为青年教师建立了“教师成长档案”，要求每位青年教师都要有自己的发展规划和奋斗目标，每学期着力抓好实践、交流和学习，对照和修订，分层培养，跟踪指导，强化督查，绩效考核，把“三个时期成才规划”落实到位。

2. 抓好“每周四个一”活动的落实。要求青年教师“三年成才”，必须有一套行之有效的方法和严谨科学的管理体系。我校坚持实行“每周个一”活动，要求青年教师每周写一份优质教案，优质教案在教案中要有专门标记，以便教研组长签字时随时审查，学校也可以随时检查，督促备课，精心设计，过好“备课关”；根据每周的优秀教案和进度计划，学校随时抽听每周一节优质课，把评优课和推门课结合，加大指导力度，过好“授课关”；每周听一节优质课，要求青年教师听组内献优课、学校评优课、中心组公开课、自己“师傅”的课，虚心向老教师学习，虚心向别人学习，过好“学习关”；每个青年教师每周要摘记一条教学信息，做好教学笔记，尽量摘抄结合本学科的教改理论、经验及优秀课例，通过积累经验，学他人之长补己所短，以便开阔视野，增长见识，努力过好“理论关”。教导室还设计了青年教师“每周四个一”月评比表，根据周查月评比，把评比结果公布于众。我们对“每周四个一”的常抓不懈，使青年教师自我加压，加强约束，竞争意识明显增强，日积月累，业务素质和理论水平得到了显著的提高。

3. 抓好“教学五项工作考核”的实施。衡量教师的工作成绩，就需要学校领导深入课堂，深入教学一线，加大检查力度，发挥督导效能，把过程检查和集中评比相结合，把教学考核和经济考核相结合，为此，学校制定了《教学五项考核》。

所谓教学五项考核，包括教学指标（占30%）、课堂教学（占30%）、作业批改（占10%）、教案（占10%）、教研教改（占20%）。教学指标考核以各科教学质量指标为准，按“三率”增减确定等级；课堂教学包括听每人一节献优课和每人一节推门课，然后确定等级；教研教改包括理论测试（每学年一次大纲测试和语数基础知识测试），学习笔记摘抄，听课记录、教学论文及参加组内教研活动情况五个方面进行考核；作业批改以作业抽查评和作业展评情况确定等级；教案则以检查评和民主评为准。以上五项具体量化，综合考评，把考评结果公开，保持教学管理的透明度，坚持考核基本公开的原则，把考核贯穿于整个一学期。这样有说服力的考核，使青年教师能够认识到工作中的差距，极大地调动了教师工作的积极性和主动性，形成了比学赶帮超的工作氛围。

三、加强对青年教师的激励与关爱，疏通素质培养主渠道。

学校要发展，人才是关键。而青年教师则是教改向深度和广度发展的“急先锋”。加强激励与关爱，则是疏通青年教师素质培养主渠道的必要举措。

1.激励竞争，奖罚分明。学校坚持每学期初的择岗制度，建立了青年教师奖励基金，举办了青年教师课堂教学竞赛、教学基本功竞赛、青年教师才艺展示等激励活动，以竞赛代培训，以评比论高低，使青年教师人人参与活动，个个干劲十足。竞赛出成绩，竞争出人才。由于强化了青年教师的竞争意识，而且奖罚分明，以奖励为主，激发了青年教师的荣誉感、责任感、使命感，给教改带来了生机，使学校整体工作呈现出一派生机勃勃的大好局面。

2.创造条件，鼓励进修。人们常说，要给学生一滴水，教师要有一桶水，而且备有自来水。这个生动的比方阐明了一个深刻的道理，教师先要有丰富的知识和能力储备，才有教好学生的条件。本着这个原则，学校鼓励青年教师积极参加高一级的函授、自学、进修，并设立“自学奖”，对自学成绩突出者予以奖励。例如，针对我校缺少心理健康教育专职教师的现状，学校积极搭建平台，以学习专项资金支持两名教师在职进修，取得专业合格证书，助力学校的后续发展。目前，学校本科毕业教师达到68%，大专毕业教师达到100%。

3.关爱扶持，稳定思想。工作上扶持，生活上关爱，才能稳定青年教师的思想，使其安心乐教。每逢节假日，校领导与学校的单身职工一起过节、谈心、活动。支部还发动党员教师和青年教师建立联系制度，定期了解青年教师思想动态，帮助其解决在生活、工作中出现的问题。青年教师的“婚恋”是个大问题，每遇到此类事件，学校总是网开一面，大开绿灯，为他们提供一切便利。而对于已婚青年教师，学校领导经常与他们谈心，帮助其解决家庭生活中的矛盾，协调家庭与工作中的关系，及时化解思想疑虑，稳定思想，使他们能全身心地投入到教学工作中去。

通过长期坚持不懈的努力，学校青年教师已经成为学校教育教学的主力，在主要岗位是青年教师主动挑大梁，在关键时刻是青年教师冲在最前面，在各种比赛中是他们为学校争得荣誉，在大型活动中是他们在默默付出。目前，学校青年教师中，有3人被评为甘肃省教学标兵和能手，4人被武威市评为骨干教师和学科带头人，有11人被评为区级学科带头人、骨干教师和教学能手，有12人在甘肃省课堂教学大赛和教学评比中获奖，有6人在省级评比中获优秀指导奖。这些成绩的取得，再一次印证了：抓住了青年教师，就抓住了素质教育；抓好了青年教师，就抓好了教育质量。

（原作1999年兰州铁路局教育系统内交流）

校长专业成长之策略

校长专业成长是世界教育和课程改革的大趋势。校长的思想决定着一所学校发展的方向，有什么样的校长就有什么样的学校。校长作为学校改革发展的带头人，引领着学校和教师的发展，校长的专业水准和境界直接作用于教师的专业成长，一个致力于学校管理和发展的校长，必须发现和发挥自身优势，放大和形成具有鲜明个性和独特魅力的专业素养，构建学校发展的领导管理模式，建设有个性的校本文化，不断促进学生的发展、教师的发展和学校的发展。根据自己的目标构想和具体实践，结合学校实际规划和发展现状，我从以下四个方面亲力亲为，锤炼自己。

一、勤奋学习，精心规划

谈到学习，我想起李岚清的一句话：“一个人要成就伟大的事业，没有足够的人文底蕴是绝对不行的。”“人文底蕴”从哪里来？要靠学习，不断地补充自己的精神食粮，不断让自己在学习中成长。校长的阅读史就是精神成长史，校长要“无限地相信书籍的力量”，有责任感的校长，是不会允许自己在原有的知识水平上做低质量的重复，应该在责任感的驱动下，在激情和学习中行走，不断追寻教育的新高度。校长要养成良好的阅读习惯，既要阅读经典的、前沿的、深度的管理科学论述，又要涉猎相关学科和边缘学科的管理领域的书籍；既要向实践学习，学习优秀校长和同仁的管理知识，开阔视野，通过参观、考察、访谈、交流等形式，用心聆听和发现具有前瞻性的管理思路和管理方法，又要虚心向老师学习，聆听他们的意见、建议和诉求，静下心来思考学校的过去、现在和未来，从而调整自己的管理思路和方法，提升自己智慧的高度和管理的高度。经历了一个有意义的学习过程，就经历了一个思考的过程，一个自我成长的过程，在这样的心路历程的感染下，校长既要对自己的人生理想、价值追求和个人方向进行规划，又要对学校的发展和目标进行规划。在进行学校规划时，要结合学校的发展状况，权衡利弊，明白优劣，明确办学定位，提炼办学理念，制定办学规划，凝聚师生的智慧，建立学校发展的目标，引导教师制定个人规划，清晰自己的奋斗目标。当一个人的全部心思用在追求事业时，他的思想将不再流浪，他的精神将不再漂泊，他的梦想将不再遥远。因此，校长对学校教育思想的引领，对学习风气的引导，对价值观的引领，必须带领教师在勤奋学习的状态下进行，只有这样，才能让教师有准备地应对机遇和挑战，才能营造奋发向上的良好氛围。

二、砥砺品格，以德育校

校长作为学校发展的“灵魂”，教师团队的“旗手”，是否有影响力和号召力，绝不是在职位上产生的，也不是权力所赋予的，而是用“高尚的魅力和人格”去塑造的。因此，校长要坚持以法治校、以德治校、以制度治校，自我约束自我完善，注重价值观的引领，努力做到：舍得下、放得开、行得正。所谓“舍得下”，就是要看淡“名利”，杜绝“功利”，追求高雅，坦荡面对。如果校长的“功利”之心膨胀，学校“名利”之火就会蔓延，就会上行下效，学校的不正之风就会盛行。校长要严于律己，宽以待人，以制度约束行为，以品格引导正能量，努力做热爱教育的标兵、热爱学校的主人、热爱教师的领头人、热爱学生的模范，努力做到“捧着一颗心来，不带半棵草去”，正如朱熹所说的“不以一毫私利自蔽，不以一毫私欲自累”，以爱人之心，真诚之情，赢得理解、赢得支持、赢得拥戴。所谓“放得开”，就是能够调动管理团队的积极性和创造性，下移重心，下放权力，实现真正的岗位负责和逐级负责。记得有人说过这样一句话：透过批评的眼睛看，这世界充满了有缺陷过失的人；透过傲慢的眼睛看，这世界充满了低贱愚痴的人；透过智慧的眼睛看，你会发现原来每一个人都有值得你尊重及学习的地方。面对繁杂的人际关系，面对琐碎的管理工作，校长要努力做到：让发火的“战车”熄火，让失意的心态平和，把流出的眼泪擦干，把烦心的事看顺心，把不顺眼的人看顺眼。一个成功的校长应该是这样的：内有德行，外有气度，喜怒有度，刚柔相济，做到胜而不骄，败而不馁，坚守理想，知难而进。所谓“行得正”，就是要做一个有道德感的校长，要用自己的行为去影响校园，用自己的人格魅力带动校园。苏霍姆林斯基说过："你的生活是由行为举止组成的，在诸多的行为举止中反映出一个人的道德品质。"说话做到实事求是，办事做到客观公正，不以自己的好恶去评判人或事，用一套评价标准权衡工作，用发展的眼光看人，要俯下身子做事，不轻信不盲从，以公正之心立身，以公平之行做事，做人堂堂正正，做事坦坦荡荡，以"大爱"之心容人、容己、容事，努力促进学校工作的和谐发展。

三、注重实践，服务教学

离开实践的管理好比空中楼阁，离开教学的校长就像无源之水。校长要从事务性的工作中解放出来，扎根于教学实践这个土壤，深入教学一线，深入教师群体，倾听教师的要求和牢骚，查找管理问题的症结，洞悉下属的内心世界、内在需求；要敢于跳出管理看教学，在教学的实践中完善管理，使管理更加细致，使管理臻于完美。作为校长，在教学实践中，一要紧跟时代的步伐，更新管理的理念。知识经济日新月异，课程改革如火如荼，校长应该是站在教学前沿的"弄潮儿"，要不断更新自己的教育理念和知识结构，努力提高自己的知识技能和管理水平，把握课程改革的脉搏和思路，拓宽课堂教学的认知和评价，指导和监控课堂教学的改革，不断提高教育管理的质量和效能。二要牵住课堂教学的绳子，立足于课堂教学的改革。著名的教育改革家魏书生，无论是当局长还是当校长，始终坚守着课堂教学的阵地，因为他所有的管理经验均来源于教师，所有的教育智慧均来源于教学实践。校长进得了课堂，讲得出名堂。要力所能及地带一门课，尽心尽力地上好课，尽职尽责抓教研，与教师形成研究的共识，共同转变观念，共同探讨教学方式的甄别与实施，蹲下身子与学生交谈，静下心来与教师探讨教法，努力做教师的良师，做学生的益友。三要教育助力科研。一个有发展眼光的校长，必定是教育科研的行家里手；一所重视教育科研的学校，必定是一所高质量的学校，必定是一所生命力旺盛的学校。校长要重视教育科研、参与教育科研、引导教育科研、助力教育科研。无论是课题研究，还是校本教研，无论是主体活动，还是制度保障，离开了校长的支持和关注，都会效果不彰形同虚设。同样，无论校长的组织能力和协调能力等有多强，无论学校的制度建设和基础建设多么完善，离开了教育科研，学校的发展就会偏离方向，缺乏内涵。校长要以教育科研为燃料,用心点燃每一位教师对专业发展的信心，形成自主学习的动力，走向专业发展的辉煌。

四、勇于改革，创新管理

学校管理是一门以人为本的科学。由于学校工作的单一性和相对稳定性，管理中墨守成规，就会弱化管理的效能；管理中裹足不前，就会落后挨打。时代在进步，管理在更新，人的思想在变化，作为校长，必须与时俱进，不断汲取研究成果，坚持“人性化”的管理，始终把人的发展摆在首位，及时调整管理的策略，突破传统的管理模式，致力于形成新颖的管理模式，不断促进人的发展，调动教师工作的积极性和创造性。我想起这样一则寓言：一群孩子在一位老人家门前嬉闹，叫声连天。几天过去，老人难以忍受。 于是，他出来给了每个孩子25 美分，对他们说：“你们让这儿变得很热闹，我觉得自己年轻了不少，这点钱表示谢意。” 孩子们很高兴，第二天又来了，一如既往地嬉闹。老人再出来，给了每个孩子 15 美分。

他解释说，自己没有收入，只能少给一些。15美分也还可以吧，孩子仍然兴高采烈地走了。第三天，老人只给了每个孩子5美分。孩子们勃然大怒，“一天才5美分，知不知道我们多辛苦！”他们向老人发誓，他们再也不会为他玩了。在这则寓言中，老人的机智很简单，他将孩子们的内部动机“为自己快乐而玩”变成了外部动机“为得到美分而玩”，而他把控着“美分”这个外部因素，所以也操纵了孩子们的行为。在学校管理中，外部因素可能很多，教师在工作中的懈怠、懒散、牢骚和缺乏执行力，就由许多外部的诱因所主导。作为校长，不是去压制和控制这些外部因素，而是应该通过自己智慧的头脑，开动思想的机器，建立有效的制度约束，开辟各种途径，搭建各种平台，促使教师外部因素的改变，把自己想说的话说出来，把自己想释放的释放出来，把自己该展示的展示出来，体验内心的需求，体验成功的快乐，实现自己的人生价值，建立自己的内部评价体系，让学习和工作变成“为自己而玩”，让教师为自己的价值追求和实现理想而不懈努力。

校长是学校教育思想的引导者，是新课程改革的领导者，需要厚重的文化基础和高超的专业素养。要想成为内涵发展的校长，就必须在书本中汲取营养，在坚守中变革思想，在实践中磨砺意志，在创新中突破发展。只有这样，才能提升境界，提高管理水平，团结和带领教师队伍，追寻教育传承的脚步，走在教学改革的前沿，迎接教育的美好明天。

（2013年12月17日）

第二辑　教学实践

每位教师都有潜在的能量，而能量就像支票，如果被懒惰和坏习惯消磨，就换不成现金，那么最终还是一张白纸。作为一名教师，讲台就是阵地，课堂就是舞台，在阵地上要勤于耕作，在舞台上要演绎精彩，只有牢牢地守住自己的阵地，痴情于自己的舞台，才能创造出属于自己的未来。

数学课堂教学导入新课刍议

小学数学课堂教学导入新课的基本要求,应该体现四个字,即精、新、活、趣。

精,即精炼,这是关键所在。导语要言简意赅,三言两语揭示主题,不重复啰唆,不拖泥带水,一般时间以 1 ~ 2 分钟为宜,突出“导”字,体现“精”字。

新,即新颖。数学课导语设计要不拘一格,联系生活,联系实际,力求新意,使学生常常有新的感受,激起新的兴趣,激发新的求知欲,而不能千篇一律,死搬硬套。

活,即生动活泼,形象具体。如在教“容积”时,我用一则广告导入新课:长风牌电冰箱,设计精良,体积小,容积大,要买电冰箱,请认准长风牌。称心如意,长风电器。学生看到老师的即兴表演,兴趣盎然。教师乘机提问:什么是体积?什么是容积?学生既巩固了体积这一概念,又有学习“容量”的兴趣,可谓一箭双雕。

趣,即趣味。我们常说兴趣是最好的老师,只有利用小学生的思维特点和心理特点,用“趣味”刺激他们的感官,就会激发强烈的求知欲,使之注意力高度集中,进而主动探求新知。

根据这一基本要求,我在教学中常用以下几种方法引入新课，取得了良好效果。

1. 激疑引新。一节课好的“开场白”往往会起到“一石激起千层浪”的效果。如我在教体积单位换算时，在黑板上写出“1=1000？”学生看到后，感到愕然。我告诉学生，学习了体积单位换算就会知道为什么。又如在教“分数化成小数”时，学生随口说一个最简分数，老师都能很快说出能否化成有限小数。学生想，老师有什么诀窍呢？从而调动了学生学习新课的积极性，课堂过渡也显得自然、合理，富有感染力。

2. 悬念入新。引入新课中设置悬念，犹如文章中的“伏笔”，可以创设学生学习的最佳心理状态，从而引导学生去探究新课。如在教工程问题时，我出示了这样一道题：修一条长 1500 米的路，甲单独修需要 20 天，乙单独修需要 30 天，两队合修需要多少天？然后师生共同比赛，得出答案为 12 天，再把上题中的“1500 米”改为“3000 米”，学生埋头苦算，教师很快得出答案 12 天；继续把“3000 米”换成“6000 米”，答案仍为 12 天。此时悬念存在学生心中，激发了思维和想象。教师把“6000 米”改为“12000 米”，学生异口同声为 12 天，再将“12000 米”改为“一段路”或“一项工程”，问此时答案又是多少呢？为什么？由此导入新课，水到渠成。

3. 讨论引新。教学过程是教师主导和学生主体的辩证统一，而最后起决定作用的是学生主体能动作用的发挥，在教学中进行恰当讨论，能够化难为易，激发兴趣。我在教学中，常常也让学生在讨论中引入新课。如在教“通分”时，我设计了如下课前练习：

比较下面分数的大小。

①$\frac{5}{7}$和$\frac{6}{7}$　②$\frac{4}{11}$和$\frac{4}{12}$　③$\frac{3}{4}$和$\frac{4}{5}$

上面①、②两题很快能够比较结果，而③怎么办呢？究竟谁大谁小呢？学生积极讨论，教师整理学生想出的办法：可以化成小数来比较；可以化成同分子分数比较；可以化成同分母分数比较；可以画线段图比较。通过对上述四种方法逐一分析，得出用化成同分母的分数比较的方法简便，这就顺理成章地引入新课了。

4. 计算探新。数学中有些概念，是通过计算揭示基本性质的，从而达到理解消化的目的。如在教《循环小数》一节时，教师出示两个算式：

① $10\div3=$　　　② $70.7\div22=$

然后让学生计算并思考：它们的商和余数有什么特点？继续下面会出现什么情况？进而揭示新课。

5. 迁移引新。中国有句古话说：以其所知，喻其不知，使之知之。在数学引入新课过程中，应充分运用迁移原理，培养学生学习迁移能力，会收到良好效果。如在教带分数连除时，教师出示两道算式：

① $2\frac{1}{2}\times\frac{4}{5}\times1\frac{1}{6}$　　　② $\frac{3}{4}\div\frac{1}{2}\div\frac{5}{6}$

让全体学生演算，然后将①改为

$2\frac{1}{2}\div\frac{4}{5}\div1\frac{1}{6}$

这样使学生在心理上产生一种“心欲求而未得，口欲言而不能”的积极进取状态，这是传授新知识的最佳状态，也是把最近发展区的水平转化为现有发展水平的最佳状态。

综上所述，导入新课作为教学的重要环节，其桥梁作用和纽带作用在课堂教学中不可忽视，导入新课的方法也是多种多样的，并没有一定的模式和框框，我们应该在实际教学中不断探索，不断积累，不断总结，从而不断发展，不断创新。

（1994 年 6 月发表在《铁路基础教育》第 4 期）

“三维目标”在数学课堂中的整合例谈

数学课堂教学的“三维目标”，就是在数学教学中，通过有效的教学活动，对学生的知识和技能、过程和方法、态度、情感和价值观等方面的发展期望。数学教师在进行教学时，就要遵循教学规律，通过多种有效的方法，运用高超的教学技巧，努力整合“三维目标”，让“三维目标”和谐共生，有机统一，课堂教学就会达到良好的境界。下面请看案例：

［课堂案例］

教师引导学生根据自己搜集的各种三角形，按角将三角形分成三类，即有一个角是直角，另两个角是锐角的三角形，有一个角是钝角，另两个角是锐角的三角形；有三个角都是锐角的三角形。

师：在现实中三角形的个数非常多，是不是这三种类型就能包括所有的三角形呢？让我们一起来验证一下。

A：教师将一个三角形藏在信封里，只露出一个直角。

师：这个三角形被信封遮住了，只露出了一个直角，请同学们猜一猜会是第几种三角形呢？（第一种）为什么？（因为它剩余的两个角是锐角）你们为什么这么肯定？……

那么你们对“有一个直角、两个锐角的三角形”这句话有什么看法？（擦去“两个锐角”）

你们能给这样的三角形起个名字吗？（板书：直角三角形）

B：教师出示只露出一个钝角的三角形。

师：现在这个信封下面藏着的是第几种三角形呢？为什么？（手指第二句话）这句话能改一改吗？（擦去“另两个角是锐角”）

这类三角形可以叫作——钝角三角形（板书）

师：前两类三角形都只要看一个角，第三类是否也应该改成“有一个角是锐角的三角形？”（不能）为什么？……

那么要是我让大家看到两个锐角，你们能猜出是第几种三角形吗？（不能）为什么？（因为这三种三角形都分别有两个角是锐角。）

让我们试试看。（分别演示两种情况）看来这类三角形必须得说清楚三个角都是锐角才行。

这类三角形就叫作——锐角三角形（板书）

师：刚才的游戏中露出的角分别是直角、钝角、锐角，还能露出其他的角吗？（不能，因为只有这三种角。）

由此我们得出：三角形按角分类只能分为以上三类三角形。

［教学分析］

本案例中，本段教学要落实“按角分类三角形”这个教学目标，主要是教师引导学生参与到“猜角游戏”中去，让学生经历三角形分类的过程，进而获取知识结论。为了实现这个“知识和技能”的目标，教师设计“猜角游戏”，是为了加强学生对按角分三类三角形的理解，特别是第三个猜一猜，让学生了解有一个锐角的三角形不一定是锐角三角形，有两个锐角的三角形也不一定是锐角三角形，并在脑中想出形状，突破锐角三角形三个角必须都是锐角这一难点。通过观察、比较、归类，渗透集合、可能性等数学思想，培养学生的观察能力、思维能力和实践能力。创设这样的问题情景，让学生充分地、主动地进行思考、归纳和相互讨论，激发其更加积极主动学习的精神和探索的勇气。由此，我们在日常教学中，要整合“三维目标”，就要强化以下三个方面的认识：

一、过程和方法目标的实现离不开知识和能力的教学

教师在教学过程中要做到“四个重视”：重视教与学的方式，强化教学方式的互相配合，优化课堂结构，实现最优化组合；重视学生活动与训练，体现自主性和参与性，提高学生活动的效率，完善训练的延伸性；重视知识的探究性，找准突破点，找准问题点，抓住关键点，亲历探究历程，启迪探究思路，体现探究的价值；重视语言、操作、动作的交流，思维、实践和情感的互动。

二、情感态度和价值观的目标实现离不开知识能力、过程与方法的实现

教师要重视情境创设，创设源于学生经验而又高于学生简单经验的学习情境（如以上叙述的三角形分类），使学生体验摘取学习成功的桂冠；创设源于学生生活的学习情境，使学生获取信息能力和综合素质能力；创设源于学生心理需求的能力，

激发学生学习的兴趣（猜角游戏）；创设富有挑战性的学习情境，激发学生内驱力，培养学生的创新精神；创设和谐共处的学习环境，使学生在学习过程中培养合作和交往能力，提高学生学习的效率，实现学生特有的情感和价值观。

三、三维目标的有机结合，是教学目标实现的法宝

知识和能力是教学目标的核心，它通过过程与方法，情感、态度与价值观的目标的实现过程而最终实现。杜威说，最好的教育就是在“生活中学习”、“从经验中学习”。可见实践是获取知识和发展知识的源泉，实践过程也是情感、态度和价值观实现的载体；过程和方法是课堂教学中的操作系统，它必须渗透在知识和能力的目标中而实现。“学生的头脑不是一个被填满的容器，而是一把需被点燃的火把”，课堂是学生生命体的重要历程，它强调情感、态度和价值观必须有机渗透到课堂教学内容中去，渗透到过程和方法的灵魂中去，才能点燃学生心灵的火把，使其热情、积极、主动地投入到学习的过程中。只有“三维目标”的相辅相成，相互促进，互为整体，才能尊重学生生命的个体，满足学生的需要，构建焕发生命灿烂的课堂。

（2010 年 3 月 12 日）

正确处理合作学习中的几个关系

合作学习是新课程标准中倡导的一种重要的方法，是研究性学习的构成形式。它是通过群体活动共同完成任务，是有明确职责的互动性学习。合作学习不但能够促进学生智力的发展，而且有助于发展学生良好的个性，使能力较差的学生学会如何学习，改进学习方法；能够增强群体凝聚力，形成和谐的课堂气氛。但小学生由于受认知、年龄和知识水平的制约，在合作学习的过程中，需要在教师的指导下，才能积极思维、参与合作、主动探究，使学习的目标落实到位，使合作学习取得良好的效果。教师在合作学习的教学中，要正确处理好以下几个关系。

一、处理好学习目标和组织形式的关系

合作学习就形式来说，其重要性不言而喻。但再好的形式如果不能很好地为目标服务，教学组织形式就会失去实际的意义。教师在小组合作前，要进行适度的讲述，让学生注意力集中，知道学习的关键点和必须掌握什么，并且利用已有知识和经验找到研究的突破口，让学生明确合作学习的目标。教师要激发研究内容的兴趣，讲究合作学习的策略，因为小组合作学习除了让学生掌握知识技能、培养合作的意识和能力外，还要培养

学生探究的能力、健康的心理、良好的情感态度和价值观。不能让好学生一个人代替小组汇报交流，或者让组长做小老师，而要培养小组成员建立一种平等、民主、互助的关系，使之对小组的学习任务建立一种责任感，以保证小组合作学习，不放任自流或流于形式。

二、处理好学生自主与教师指导的关系

在合作学习中，教师好比是导演，学生好比是演员，传统教学中教师既“导”且“演”，师生之间的关系是“权威——服从”。而合作学习中，教师是学生的引导者、教学活动的参与者、学生问题的咨询者，学生成为学习的主人，学生在教师的指导下，确定学习的内容，选择自主的学习方式，积极表达研究学习的结果。合作学习巧妙运用生生之间的互动，把“导”与“演”进行了分离与分工，把大量的课堂时间留给了学生，使他们有机会进行互相切磋，共同提高。在合作学习的过程中，教师不应该是旁观者，更不应该是局外人，教师应该针对不同阶段的不同现象，不同学生的不同问题，进行有效的指导，引导学生学会勤于思考，形成自己的想法；学会认真倾听，敢于表述自己的想法；学会互相交流，勇于修正自己的做法；学会积极融入，形成合作学习的积极性，真正让学生自主探究，积极实践，在骑自行车中认识自行车，在游泳中学会游泳，师生之间形成“指导——参与”的和谐关系。

三、处理好学生独立思考和团队合作的关系

合作学习的“合力”，就是把每一个人的能量积聚为团队精神，把个人之间的竞争转化为团队的竞争，培养学生的合作精神，这正是科学领域最推崇的精神。但合作学习必须建立在独立学习的基础上，学生要参与讨论，参与探究，必须要有自己的见解和认知能力作为基础，而个体的独立思考是无法由别人或小组来替代的。只有在学生思考达到一定的程度展开讨论，才有可能出现一点即通、恍然大悟的效果；也只有在此时展开讨论，才有可能出现观点的针锋相对和正面交锋。因此教师在组织学生参与讨论或探索之前，一定要留给学足够的独立学习时间去自我思考，自我探索，然后组织学生讨论和解决自己不能解决的疑难问题，这样就会使合作学习取得实际的效果。在生活中，我们都有这样的经验：当我们遇到一个问题时，首先肯定是自己去面对，去想办法解决，当一个人的力量难于解决这个问题时，才考虑寻求帮助，与人合作。如果只有小组合作学习而缺乏独立学习，长此以往，学生的自主学习能力将丧失，学习中就会产生依赖思想，使合作学习失去意义。

四、处理好个体差异和合作互补的关系

由于学生接受问题能力的差异，家庭、社区环境的差异，学习类型的差异，一般情况下，小组合作学习按兴趣爱好、能力强弱、研究专长混合编组。在小组成员中，一些学优生出于小组荣誉的考虑，会拒绝或排斥学困生。为此，教师要做耐心细致的工作，激发其相互帮助的学习动机。在学习过程中，学优生凭借其优良的素质，很有可能在小组中扮演着核心人物，主宰着整个小组。为了不使学困生变得更加胆小怯弱，避免其被动性，教师应在教学过程中给予其更多的关心和鼓励，建立起“能行”的积极期望，提高学生的自信度和自尊心。同时应尽量发现这些学生的长处，并加以发扬，扬长避短，建立自信，从而使他们能主动参与，积极发言，毫不胆怯地提出自己的想

法和疑问。教师对学优生要进行适当的教育，鼓励他们给学困生提供帮助，与其他学生形成协作友谊的关系，从而使自己的举止更为得体，更能尊重他人，更具有分享精神，并在分享中体验自身的价值。

（2007 年 9 月发表在《凉州教育》第 2 期）

数学课堂教学中学生评价初探

新课程改革目标指出：改变课程评价过分强调甄别与选拔的功能，发挥评价促进学生发展，教师提高和改进教学实践的功能。充分发挥评价在小学数学课堂教学中的作用，不仅可以正确地确定教学目标，选择恰当的教学策略，改进教学方法，同时也有助于学生找出存在的困难，促进学生自主探究、主动学习。学生评价是数学课程评价的重要内容，对学生数学学习的评价应从甄别式的评价转向发展式的评价，从单一式的评价转向多元化的评价，对学生在课堂中的有效评价，不仅能促进学生在课堂教学中的知识技能的理解和掌握，而且能促进学生情感和态度的形成和发展，使学生真正体验到自己的进步。

一、更新设计理念，明确评价目标

评价应着眼于学生素质的发展，其目的是了解学生的数学学习历程，让学生在积极的精神状态下投入学习，激发学生学习数学的兴趣，促进教师改进自己的教学方法，提高课堂教学质量。教师教学要从实际出发，运用教师评价（教师眼中的“我”）、同桌互评（同桌眼中的“我”）、自我评价（我心中的“我”）、家长评价（家长眼中的“我”）四个评价要素，改变一次考试决定学生终身的现象，使评价既关注学生的学习结果，又关注学生的学习过程；既关注学生学习数学的实际水平，又关注他们在数学活动中所表现出来的情感和态度，使教师从多方面获得改进工作的信息,诊断和反思自己的教学活动，不断提高自己的教学水平。

二、优化评价方法，注重评价过程

1. 教师评价。教师的评价方法主要从课堂观察中得到，教师要通过课堂观察及时了解学生的学习情况，正确的给予鼓励和强化，错误的给予指导和矫正。对学生课堂教学中的评价，我通常用等级法，即 A 等：学生积极参与课堂教学活动，具有良好的学习习惯，能够表达自己独到的见解，积极与同伴合作，能够解决分析问题，能用不同的方法解决不同的问题；B 等：学生初步理解知识和技能的情况，能够较好地听讲、完成作业，上课发言积极，能够参与到课堂教学中去，能够与人合作，分析和解决问题的能力较强，课堂表现一般；C 等：学生对知识技能掌握不够好，学习积极性较弱，学生不能积极参与到课堂教学中去。对以上三种评价标准，并不是一成不变的，我在评价的过程中，会观察学生的具体表现，关注学生突出的某一方面，捕捉学生的“闪光点”，并及时给予鼓励，让学生认识到只要你在某方面付出努力就能得到公正、客观的评价，始终关注学生的个体差异，保护学生的自尊心和自信心，让学生体验到成功的快乐。

2. 同桌互评。在评价的过程中，我更加重视学生间的评价，除了全班学生对某一同学的评价外，还常用同桌互评的方法。同桌互评得到的评价更直接、更客观。我设计了如下同桌互评表：

<table>
<tr><td colspan="6">同桌互评表</td></tr>
<tr><td rowspan="6">课堂表现</td><td>项　目</td><td>A</td><td>B</td><td>C</td><td>说　明</td></tr>
<tr><td>1. 他是否掌握学习方法？</td><td></td><td></td><td></td><td>A. 真正理解、掌握；B. 一般；C. 没有。</td></tr>
<tr><td>2. 他是否认真听讲，积极发言？</td><td></td><td></td><td></td><td>A. 认真；B. 一般；C. 不认真。</td></tr>
<tr><td>3. 他的作业是否独立完成？</td><td></td><td></td><td></td><td>A. 按时独立完成；B. 按时完成；C. 没有完成。</td></tr>
<tr><td>4. 他是否与我讨论，共同学习？</td><td></td><td></td><td></td><td>A. 经常讨论、合作；B. 一般；C. 不讨论、不合作。</td></tr>
<tr><td>5. 他的解题方法与我的有什么不同？</td><td></td><td></td><td></td><td>A. 常有独到见解；B. 一般；C. 不足。</td></tr>
<tr><td>我的印象</td><td></td><td colspan="3">同桌的总体评价</td><td>A. 优秀；B. 良好； C. 一般。</td></tr>
</table>

3. 自我评价。自我评价是学生在教师的指导下，对自己在课堂教学中的表现进行的自我评估。自我评价是学生自我“内化”的一个过程，有利于促进学生改善自己的行为，发扬自己的优势，树立学习数学的自信心，加强自控意识，更好地完成学习任务。我编制了如下的评价表：

<table>
<tr><td rowspan="2">评 价 项 目</td><td colspan="3">评 价 等 级</td></tr>
<tr><td>A</td><td>B</td><td>C</td></tr>
<tr><td>1. 我对所学内容全部掌握和理解，完成了预定的学习目标。</td><td>全部</td><td>大部分</td><td>少部分</td></tr>
</table>

2. 我在课堂教学中注意力集中，能积极思考，踊跃发言。		优秀	良好	一般
3. 我能独立完成作业，并且质量比较好。		优秀	良好	一般
4. 我能够与同学主动交流学习内容，能够主动谈自己的心得体会。		主动	一般	不主动
5. 我在课堂中的表现较以前		进步	有点进步	没有进步
我对自己的描述		我对自己的整体评价		

4. 家长评价。家长评价课堂教学中的学生表现，主要通过家长听课、家长与孩子的平等交流、家长在家庭中的“察言观色”进行考察。家长的评价可以是描述性的，也可以是等级性的，教师通过学生家长对孩子的评价，可以根据评价的反馈信息及时地调整教学计划和教学方法，去掉学生厌烦的信息，充分肯定学生的进步，鼓励学生自我反思和自我提高。下面是家长对学生在课堂教学中的评价表：

评价项目			A	B	C
1. 孩子在家能够主动交流数学课堂中的情况，学习数学方面的知识兴趣浓厚。			主动性强兴趣高	较强	一般
2. 能够主动预习，收集有关数学方面的资料并付诸实践。			好	较好	一般
3. 能够认真完成作业，主动整理和复习学过的知识。			认真	较认真	不认真
4. 能够运用所学数学知识解决力所能及的数学问题。			好	较好	一般
描述性评价		总体评价等级			

三、突出以生为本，提高评价效果

数学教学中，对学生的评价要坚持“以生为本，全面发展”的原则，学生的评价是一个有机的整体，上面所介绍的四个评价应该相辅相成，不可以偏概全。教师对学生在课堂中的评价要客观、公正，等级的确定要慎重，要彻底转变课堂教学中对学生评价的观念，掌握发展性评价的策略，让评价标准不再成为僵化的教条，而成为促进学生发展的杠杆。强化“自我参照”，关注“自我进步”，以学生个体原有水平为标准，从“知识能力”、“情感态度价值观”、“方法和过程”这三个方面入手，综合评价学生，及时反馈信息，突出“鼓励为主，促进发展”的思路，使学生的个性得以发展，潜力得以挖掘，创新精神得以提高。

（2007 年在甘肃省评价工具大赛中获二等奖）

对数学课堂教学中多媒体运用的思考

现代信息技术的迅猛发展促使现代教育技术的飞速进步。计算机辅助教学已经融入数学课堂教学。面对新一轮课程改革，计算机、电视、录像、投影仪、幻灯片等教学手段已经被广泛采用。合理选择现代化教学媒体，以生动直观的形象，帮助学生建立起概念与表象之间的联系，建立起各感觉器官之间的联系，使抽象的数学问题具体化，枯燥的数学问题趣味化，静止的数学问题动态化，复杂的数学问题简单化等等，必将激发学生学习数学的兴趣，以丰富多彩的教学呈现方式，改进课堂教学方法，有利于提高课堂教学效率，有利于培养学生的创新能力，使得各种现代化教学手段在教学活动中互相补充与完善，弥补传统教学手段的不足,使传统与现代化教学媒体互相渗透，提高课堂教学质量。从这个意义上讲，多媒体教学是每个教师必须掌握的一项基本的教学技能，也是当前和今后教学中的热点问题。我所在的学校多媒体运用热度不减，老师们的热情投入有力地推进了多媒体教学在我校的普及。然而与老师们课后交谈发现，实际的课堂教学效果与师生的期望存在着差距，于是就有了有关冷思考的话题，概括起来，有以下四个方面需要引起重视。

一、追求形式，脱离实际，多媒体教学成为一种时髦

多媒体教学作为教学中重要的辅助方式，是教育发展的必然趋势。制作课件是多媒体教学中的重要环节，是一份非常复杂的工作，既要有丰富的教学经验，又要有很强的计算机操作能力，还要有丰富的多媒体素材库。但是，在课件的具体制作过程中，由于缺乏计算机知识和多媒体技术，大多数学科教师只能提供想法，而不能参与制作，并且在有些学校出现了只要有一个人制作了某一节课，后面的教师再上这一节课时就可以照搬照用，不求实际，不求创新。计算机专业人员又缺少教学经验，不理解教者的教学思路、教学方法，对教学内容一知半解，只能跟着感觉去依葫芦画瓢。这样的课件，既抓不住教学的重点和难点，又不能提高教师的授课水平和创新能力，对学生来说只能是丰富了感官刺激，冷落了思维训练。笔者以为，教学需要扎实，教育需要求真，时髦与教育无关，形式主义害

死人。我们在积极接纳新事物的同时，更需要脚踏实地探索和实践，不必泥沙俱下，人云亦云。

二、走马观花，哗众取宠，多媒体成为一把万能钥匙

多媒体集文、图、声、画于一体，几乎无所不能。和数学教师的“一支粉笔一张嘴”形成鲜明对比。因此，有些人认为它能彻底优化课堂教学，在具体的教学中，追求表面的新颖、场面的热闹、教具的直观，忽视学生抽象思维能力的培养，教学效果不是很理想。如教学“角的大小与所画边的长度无关”这一内容时，许多教师都制作了非常形象生动的课件来说明这一道理，这样的理解是很透彻，但是最有效吗？我们就让学生在学习画角的过程中增加一个环节：把所画的角的两条边再画长一点或者擦短一点，让学生看一看，想一想，这个角的大小有没有变化。这样不是更简单更明了吗？在竞赛课、献优课中的不切实际的滥用，容易使多媒体教学走入误区，为了评比而评比，为了热闹而热闹，无形之中形成一种误导。在日常教学中，不加鉴别，不加区别，不分科目，为了用多媒体而劳思费神，不认真钻研教材，不积极改进教法，把有限的精力用到制作课件中去，结果是因噎废食，累了教师，荒了学业。我们不能否认的是，作为教学的管理者，要积极推广信息技术在教学中的运用，但不要急功近利；作为教学的实践者，要积极进行多媒体教学的实践，不要一概而论。

三、弱化主导，喧宾夺主，多媒体大有取代板书之势

我参加的课堂教学评优课比赛中，常常遇到某些教师在一整堂课上完全依赖课件，把书上的例题、习题、概念等全部搬上了屏幕，真不知道如果课堂中有了变化或出现失误，教师该如何应付，教师的主导作用弱化到一定程度，课堂会如何进行。有人认为由于多媒体的出现，课堂教学可以告别黑板与粉笔。屏幕遮挡了黑板，画面代替了板书，这难道会给我们的教学带来新鲜的血液吗？事实并非如此，我们知道，优秀的板书设计就是一个浓缩的教案，板书也是小学最通用的一种教学手段。优秀的板书能较完整、科学地展示知识的发生、形成过程，具有概括性、合理性、持久性、完整性、操作简便等特点。课件板书由于画面经常变动，具有短暂性与局部性的缺点。只能给学生一种视觉暂留，不能及时地把感性知识上升为理性知识，其结果不利于学生知识体系的构建。所以，多媒体教学不能没有教师的板书，板书也不能完全依赖多媒体的直观而替代，教师的主导作用在课堂教学中是必要的，也是必需的。

四、重视直观，忽视思维，学生训练不能落实到位

教师在教学中瞄准了计算机富有色彩及动态的功能，在一些可要可不要的地方陈列了图像，动静态图像泛滥成灾。教师的教学表面上看起来很顺利、很完美，热热闹闹，无懈可击，其实，这样做无疑过分强化了学生的形象思维而忽视了抽象思维的训练。同时，学生容易对图像产生依赖而养成思维的惰性，不利于学生的思维产生质的飞跃。如很多应用题的教学，老师们都把应用题的情境、线段图等设计成课件，让学生一目了然，直观形象，一眼看上去就会解答了。这其实只是在表象上达到了教学目标，而实际上，学生的分析思考能力、解决问题的能力并未真正得到提高，一旦离开了课件的帮助，就会觉得茫然无措。另外，计算机辅助教学虽然是一种先进的教学手段，但它主要是刺激学生的视听感官，对其他器官的刺激较少，如学生动手操作能力的培养。俗话说：“百闻不如一见，百看不如一干。”很多抽象的数学知识如让学生动手操作、集体讨论，效果可能更好。如：教学“圆锥的体积计算”、“圆面积的计算”时，与其用课件演示，不如让学生自己动手操作，在做中学，在活动中学，使学生知其然更知所以然。

（2006 年在全国论文大赛中获二等奖；2006 年 5 月发表在《教育革新》）

激活学生兴趣 引导自主学习

小学数学教学改革的重要目标是改变学生学习数学的方式。要让学生积极主动的探索，教师应该转变角色，营造良好的教学氛围，激发学生学习的兴趣，真正成为学生学习的促进者、引导者。只有把教师的教学要求转化为学生学习的自觉需求，教学才能取得实效。在实际教学中，我从以下三方面进行尝试，取得了良好的教学效果。

一、创设情境，激发兴趣，促进学生“愿学”

心理学研究表明：学习动机中最现实最活跃的成分是认识兴趣，或叫求知欲。数学教学由于受学科特点的制约和传统教学的束缚，更显得枯燥乏味。因此，这就要求教育者优化课堂结构，调整教学策略，去掉学生厌烦的信息，留下激起学生兴趣的信息，从而使学生兴奋、愉悦。

1. 创设情境，引入新课。我认为，成功地导入新课，也是一门艺术，能够使课堂教学生动有趣，有利于学生更好地掌握新知识。教学“年、月、日”时，我问：“同学们一年过几次生日？”我接着说：“老师有一位朋友，每四年才过一个生日，你们想知道为什么吗？”学生的好奇心大增，此时引入新课就显得水到渠成。另外，我经常采用故事引新，悬念引新，迁移引新，计算引新，使课伊始，兴趣生。

2. 营造和谐，形成氛围。苏霍姆林斯基说过：“我们不能用一堵高墙把孩子同周围世界隔离开。不能让学生失掉欢乐的精神生活。孩子只有生活在游戏、童话、音乐、幻想、创作世界中时，他的精神生活才有充分的价值。”孩子是课堂教学的主人，如果课堂死气沉沉，如果教学没有了趣味，学生没有积极投入学习的愉悦性，就不可能对知识进行积极探索，就不可能积极参与到学习活动中去。因此，对教师自身来说，要调整自己的心态，把“微笑带进课堂”，以自己的良好情绪影响学生，使学生消除压抑感，产生愉悦感。要积极创设情境，营造民主、和谐的课堂氛围，拉近教师和学生之间的距离，使学生在课堂中敢于表达自己的观点，主动参与到学习活动中去。

3. 掀起高潮，渲染气氛。教师要善于调控课堂，灵活运用，或创设情景，激发兴趣；或巧妙设问，启迪学生思维；或运用直观演示，质疑解难；或精心设计练习，引入竞争意识。通过不同的手段，形成师生互动、学生主动、课堂生动的局面。这样在潮起潮落的课堂教学中，学生沉浸在愉悦的氛围中，课堂效率明显提高。如在学完圆的面积求法时，我拿出一个圆形纸片，问这个圆形的面积怎样求？学生能够很快解答；我又把圆形纸片对折，学生经过讨论也能够解答；然后我从圆上剪下一个扇形，问学生怎样解答，学生展开了热烈讨论。我不失时机地告诉学生：这是扇形，它的面积求法，我们下节课再学习。这样无形之中又掀起一次高潮,使学生有一种意犹未尽的感觉。

二、寓教于乐，保持兴趣，引导学生“会学”

马克思曾经说过：“按照美的规律建设生活，教学也要按照美的规律创造教法。”美的教法，即寓教于乐的方法。首先教师要善于在无疑中设疑，在平淡中设奇，使学生稳定兴趣，从而主动探求新知，达到“会学”。

我在课堂教学中，注意给差生自我表现的机会，使他们坚信“我能行”。我觉得，差生更需要自尊和自信，更需要老师的爱。因此，在设计课堂提问时，我给差生专门设计了比较简单的问题，给他们自我表现的机会。如果在课堂中答错了，我会微笑着说：“不要紧，敢于回答问题精神很可贵。”如果答对了，我鼓励说“你真聪明，回答得非常正确”，并示意全班鼓掌。这样就会使差生体验到成功的喜悦，使他们能够“抬起头来走路”。

其次，以动促思，鼓励学生自己动手操作，从中获取知识。在几何知识教学中，我充分运用直观教具，鼓励学生自己动手制作学具，引导他们自己量一量，画一画，想一想，做一做，改变那种“我讲你听”的方法，实现教学过程最优化。如在教学“圆柱的侧面积和表面积”时，我首先要求学生每人必须制作一个圆柱体，其次让学生在课堂中讲述圆柱体的制法，然后要求他们打开自己制作的圆柱体，量出所需数据，然后引导他们认识“底面积”、“侧面积”和“表面积”的区别和联系；最后引导学生归纳并总结计算方法，并让学生尝试练习。通过学生动口、动手、动脑，再加上教师的启发、引导和点拨，学生很容易掌握新知识，并始终保持着浓厚的兴趣。

再次，运用多媒体，发挥电化教学的优势，促进学生主动探索。“相遇问题”历来就是小学数学教学中有相当难度的一类应用题，在教材中既是重点，又是难点。为了突破这一难点，使学生较好地理解，以往的教学中尽管教师作了很大的努力，或用语言形象描述，或用画图讲解；或用滑轮实物与幻灯投影演示；或根据题目与速度、时间的关系等诸多手段进行教学。但由于学生年龄特点的限制和教学知识本身难度的阻碍，学生掌握起来总是很困难、很勉强。在教学这部分内容时，我运用多媒体动态的例题教学，为学生创设视听情境，产生一种化静为动的效果。其做法是：开机，屏幕上出现了甲和乙分别在两地（指示灯在两地连闪两下，强调两地），接着显示两人同时从两地对面走来（强调同时相向而行），最后通过一分钟或一小时行程的演示，一直走到两人碰到一起（强调相遇）。多媒体的动态演示，图像准确科学、简洁明了、真实可信，使学生正确、科学地理解了“两人两地同时出发”、“相向而行”、“相遇”等术语的含义，帮助学生正确地掌握了路程与速度、时间之间的关系，让学生顺利地完成由自我形成到自我完善的认知过程，使教师教得轻松，学生学得愉快。

三、巧设练习，发展兴趣，指导学生能够创造性地学习

在教学中，不仅要使学习深入理解、牢固掌握数学“双基”，还要通过活泼新颖的练习方式，由易到难、循序渐进，逐步培

养良好的思维品质，进一步激发学生的学习兴趣，培养学生勇于探索的精神。为此，我在教学中，注重运用一题多变，善于诱导一题多解，巧妙设计趣味性练习。

一题多变，能使学生透过事物的现象，看清事物的本质，深化所学知识。设计一题多变的练习，可采用变叙述顺序、变条件、变问题等形式，对于变式后较简单的题，可让差生或中等生解答；对于变式后较复杂的题，可让尖子生解答。这样能使差生“跳一跳，摸得着”，能使中等生“嚼一嚼，吃得了”，使尖子生能够“吃得饱”。但设计变式练习，一要注意熟练掌握基本题的解法；二是要注意根据学生实际和教材内容；三是要注意灵活多样，巧妙设计，不可千篇一律，死搬硬套。

一题多解，可培养学生灵活运用所学知识的能力，使学生思路开阔，形成求异思维的习惯。我在应用题的教学中，经常运用一题多解，引导学生从不同侧面不同角度分析问题，使学生对所学知识融会贯通。在计算题的教学中，同样鼓励学生一题多解，培养学生发散思维。如在计算$2\frac{7}{9}\times 9$时，学生有如下三种解法：

①$2\frac{7}{9}\times 9=\frac{26}{9}\times 9=26$

②$2\frac{7}{9}\times 9=(3-\frac{2}{9})\times 9=26$

③$2\frac{7}{9}\times 9=(2+\frac{7}{9})\times 9=26$

通过一题多解不但可以培养学生发散思维，还可以培养学生求异思维，使学生在练习中发现新的解法，创造性地解答某些问题。如学习圆面积后，让学生除了掌握已知周长求面积的一般解法外，还发现了可直接用“$S=\frac{C^2}{4}$”来解，教师应给予及时表扬。

巧妙设计趣味性练习，往往在新课结束之后才出示。这类题常常以游戏题、思考题、发展题等形式出现，必须紧紧围绕课堂教学，突出趣味性和新颖性，既能吸引学生注意力，又能发展学生的创造性思维。如在学习圆的周长后，我出示这样一道题：有一棵百年古槐，要想测得它的直径，应该怎样测量？学生各抒己见，兴趣浓厚，既培养了学生良好的思维习惯，又培养了学生解决实际问题的能力。

面对新一轮的课程改革，数学课堂教学留给我们更多的思考和探索，学生的自主学习不仅仅停留在口头上，更重要的是要落实在课堂教学的实践中，在实践中学习、探索、研究、总结，引导学生愿学、会学、创造性地学，让学生真正成为课堂的主人。

（2005 年 11 月发表在《武威教育》）

《年、月、日的认识》教学设计

一、教材分析

本节课的主要内容是：结合已有的生活经验，认识年、月、日，了解它们之间的关系，了解平年和闰年。本课时在本单元处在基础位置，需要教师引导学生运用已有的生活经验，通过“说一说”活动，记忆和整理已有的年、月、日生活常识；引导学生用“填一填”活动，让学生统计和发现每个月的天数不一样，使学生发现各月份天数的规律；创设生活情景，引出平年、闰年的知识，使学生掌握平年、闰年的判断方法。选取我国历史上的重大日期，对学生进行思想教育，鼓励学生“练一练”，在练中学习，在练中升华。

二、学生分析

我们面对的学生是铁路沿线职工子女，学生的生活经验比较丰富，能够通过搜集资料等方法获取相关的信息。教学时，不要把学生看作一张白纸，要充分利用学生已有的生活经验，为学生探究活动提供材料，课前要求学生主动搜集材料，引导学生通过观察研究，发现已有的规律，充分感受数学与生活的联系，激发学生的学习兴趣。在学生学习过程中，对年、月、日之间的关系理解起来比较抽象，特别是利用已有知识判断平年和闰年的方法掌握比较困难，针对这些情况，教师首先要精心组织，引导学生主动参与，为学生提供自主探索的空间；其次要积极倾听，及时发现学生在理解中的偏差；再次要巧妙引导，要从学生的角度去考虑，恰当地介入学生的讨论，进行适时而必要的指导，共同完成预设的教学目标。

三、学习目标

知识和技能：通过已有的生活常识和生活经验，利用师生搜集的材料，认识年、月、日，了解它们之间的关系；了解平年和闰年的有关知识，能判断平年和闰年。

过程和方法：利用搜集的资料，通过学习和交流，学生能够自主发现各月份天数的规律，掌握每个月份天数的记法；掌握平年、闰年的判断方法。

情感态度和价值观：利用重大节日的练习设计，强化对学生的思想教育；利用本节课内容的学习，培养学生合作、探究及收集处理信息的能力。

四、教学重点

认识年、月、日，了解它们之间的关系；掌握平年、闰年的判断方法。

五、教学难点

掌握平年、闰年的判断方法。

六、教学过程

1. 情境引入，激疑引趣。

出示小福尔摩斯侦探的图画：小福尔摩斯终于抓到了那个小偷，可审问半天就是没有结果。小福尔摩斯看供词中有这样一句话："我在2002年2月28日、2月29日、3月1日都在上班，这些都有人作证，对于3月初发生的一切我确实不知道……3月2日我休息，所以……"小福尔摩斯一拍脑门，终于确定小偷说谎了。你想一想，小偷在哪儿说谎了，为什么？

同学们，要想知道小偷在哪儿说谎，必须要学习有关年、月、日的知识，今天我们共同来研究学习（板书课题）。

2. 检查预习，小组交流。

老师要求你们搜集有关年、月、日资料，下面以小组为单位进行汇报，告诉老师你知道了哪些年、月、日的知识。学生通过小组交流，教师总结板书：

一般一年有365天　一年有12个月　一年有四个季节

3. 引导探索，自主发现。

（1）师生会话，探讨月份相关知识

生1：老师让我们搜集了2004和2005年的年卡，我发现了2004和2005年的天数不一样，我想知道为什么？

生2：因为2004年2月份多了一天。

生3：我看了《十万个为什么》，知道地球绕太阳公转一周是365天多一点，一年有365天，4年就多出来一天（师：大约一天），所以2004年2月份是29天。

师：你说得太好了，告诉老师其他月份是多少天？

生4：我发现这两年中1、3、5、7、8、10、12都是31天。

生5：我还发现了30天的月份有4、6、9、11月。

师：同学们发现的真不少，31天的月份有1、3、5、7、8、10、12，我们把这样月份叫（大月），那么30天应该叫（小月）。

（2）引导创新，自主探索记忆的方法

师：我们怎样记住哪个月是大月，哪个月是小月？

生 1：我用拳头记。（举起拳头，一起操练）

生 2：我编口诀记：一、三、五、七、八、十、腊，三十一天永不差，记住大月，不看二月，其余就是小月。

师：还有别的办法吗？

生 3：我是以“7 月份”为界，7 月前单月都是大月，7 月后双月都是大月。

师：你太棒了，竟能想出用这样的方法记住月份的天数。2 月份的天数有 28 天的，我们把这一年叫平年；有 29 天的，我们把这一年叫闰年。

（3）运用课件，巧妙引导，学习判断闰年的方法

你怎样知道哪一年是平年？哪一年是闰年？下面看课件：

年份	2001	2002	2003	2004	2005	2006	2007	2008	2009	2010	2011	2012
2 月天数												

学生根据搜集的资料填写：

生 1：2001 年是 28 天，2002 年是 28 天，2003 年是 28 天，2004 年是 29 天，2005 年是 28 天，2006 年是 28 天，2007 年是 28 天，可是 2008、2009、2010、2011、2012 年的我不知道啊？

生 2：我观察过了，2008 年的 2 月份是 29 天，因为每四年就是一个闰年，2004 年是闰年，所以 2008 年是闰年。

师：你太聪明了，还有哪一年的 2 月份是 29 天呢？

生 3：2012 年也是 29 天。

师：“四年一闰”这是我们发现的规律，试计算 2005 ÷ 4，

2004 ÷ 4，你发现了什么？

生 4：我发现了“闰年年份能被 4 整除，平年年份不能被 4 整除”。

师：我们验证一下：2008 ÷ 4= ？ 2000 ÷ 4= ？ 1900 ÷ 4= ？可我告诉同学们，1900 不是闰年，而 2000 年是闰年，因为整百年必须被 400 整除。

师：（课件演示）你知道吗？（公历年是 4 的整数倍就是闰年，公历整百年是 400 的倍数才是闰年）

师：请大家判断：1949、1976、1985、1992 是不是闰年？（可用计算器）

4. 整理运用，升华知识。

（1）完成课本“练一练”1、2、3 题

强调：“一年四季”的划分，每个季度有哪几个月？

（2）判断下面各题

①一年中有 7 个大月，5 个小月

② 2008 年是闰年

③ 2004 年的二月份是 28 天

④中华人民共和国成立于 1949 年

⑤ 5 月 30 日过后就是“六 · 一”儿童节

（3）指导完成小福尔摩斯侦探的题目

（2007 年在甘肃省数学教学案例评选中获二等奖）

激趣·引思·巧练

——《商不变的规律》教学例谈

学生是学习的主体，学习数学的正确方法是学生自己把要学的东西发现或“创造”出来，因此小学数学课应该是学生的一种“活动”。教师的任务是激趣设疑，引导探索，巧练巩固，帮助学生去进行这种“再创造”的工作。下面就以《商不变的规律》为例，谈谈自己的一些做法和体会。

一、激发兴趣 设疑引问

良好的开端是成功的一半。课始，如果通过学生感兴趣的故事、游戏、竞赛等方式吸引学生，就会使学生带着炽烈的追求和疑问进入新知识的学习，从而起到事半功倍的效果。设计这一环节时，我曾想用学生提问、教师谈话等方式，尽管这样也能为教学新课服务，但觉得这些在吸引学生和新旧知识联系方面力度不够。最后决定设计如下故事：中秋节到了，森林爷爷给兔子们分蘑菇，他先拿了 24 个给小兔子们说：“你们 4 人平分着吃吧。”大兔子看见了说道：“我们要多吃点。”森林爷爷指着一篮说：“这 120 个你们 20 人平分着吃去。”大兔子高兴地走了。老兔子看见了喊道：“我们要更多些！”森林爷爷指着一筐说：“这 240 个你们 40 人平分着吃去吧！”

老兔子们高兴地跳起来。在听故事的同时，教师要求学生记录数据，并指名填写表格。故事结束了，订正数据后提问：哪一只兔子分得多呢？学生不由纷纷议论，跃跃欲试。学生们在手、脑、耳并用中激发了内心强烈的求知欲望。

二、引导探索 积极思维

发现和提出问题后，教师要对学生的探索加以引导，切忌教师“逼问”、“垫词”或“揭底”，要根据学生的认知规律，循序渐进，层层递进，通过学生的讨论、观察、比较，主动自觉地参与到学习新知识中去。

1. 动手计算 初步感知

为了解答“哪只兔子分得多”，运用刚刚记录的数据，很快列出课本例10的表格。这时，教师完全放手让学生计算讨论，得出结果：这几道题的商不变，被除数和除数在变化。为什么商不变呢？那是因为被除数和除数在有规律地变化。它们的变化规律是什么呢？这节课，我们就来研究。这样使学生认识到：商不变是由于被除数和除数在有规律地变化，并使学生明确这节课的研究对象是被除数和除数。

2. 引导观察 探求新知

明确了研究对象，就让学生从左到右观察比较（1）题同（2）（3）（4）（5）题的被除数和除数的变化规律，然后通过学生讨论，并引导学生用“被除数和除数都扩大几倍，商是6，不变”的句式进行表达。为突破难点及概括总结规律打下了基础。

3. 引导思考 获得新知

（1）理解“相同的倍数”。根据学生的回答，教师引导学生说出：被除数和除数都扩大相同的倍数，商不变。并问：

这里的“相同”是什么意思呢？学生回答后，教师展示具体的事例，如：判断下列各题的对错，并说说为什么。

$36 \div 4$	$36 \div 4$
$=(36 \times 10) \div (4 \times 10)$	$=(36 \times 10) \div (4 \times 5)$
$=360 \div 40$	$=360 \div 20$
$=9$	$=18$

学生完成判断题后，更清楚地理解了“相同”的含义。

（2）理解“同时”的含义。教师从反例入手进行教学：

判断正误：

$36 \div 4$	$36 \div 4$
$=(36 \times 10) \div 4$	$=36 \div (4 \times 10)$
$=360 \div 4$	$=36 \div 40$
$=90$	$=0.9$

学生判断后，提问：被除数和除数都扩大了相同的倍数，为什么商却在变呢？学生观察后，很快发现了问题的实质。在此基础上，教师引导学生给规律加上“同时”两字。

（3）归纳商不变的规律。从左到右发现了被除数和除数的变化规律。那从右到左观察比较会发现被除数和除数怎样的变化规律呢？在前面几个层次的准备基础上，学生的回答非常到位，并很快把从左到右和从右到左的规律总结成了一条，使整堂课的重、难点得到突破。

三、巧设练习 运用规律

新课结束后，让学生阅读课本，勾画重点，设疑质问，既培养了学生自学阅读的习惯，又让学生对所学知识有了系统的认识。这时让学生运用规律，进行练习，学生感到得心应手。我设计了如下练习：

1. 填空：

（1）被除数缩小 10 倍，除数也缩小 10 倍，商（　　）。

（2）除数扩大了 6 倍，商不变，被除数也应（　　）。

（3）两个数相除，商是 15，如果被除数和除数都缩小 100 倍，商是（　　）。

2. 判断

（1）在除法中被除数和除数扩大（或缩小）相同的倍数，商不变。（ ）

（2）被除数和除数同时扩大 10 倍，它们的商也扩大 10 倍。（ ）

（3）　32×25

$=（32 \times 4）\times（25 \times 4）$

$=128 \times 100$

$=12800$

这些练习围绕基本概念而设计，并且具有一定的灵活性和层次性，使学生对商不变的性质进行了内化理解。同时让学生充分体验到了成功的乐趣，培养了学生学习的自信心，基本完成了本节课的教学。

此时，有些学生会沾沾自喜，让胜利冲昏头脑，做题时，一味求快，结果犯一些意想不到的错误。为了给学生敲敲警钟，为了使学生重回到仔细思考、认真分析的思维轨道上来，我又设计了如下的一道练习题：

根据（1）题写得数：（“开火车”完成）

$18 \div 2=9$

$36 \div 4$

$72 \div 8$

720 ÷ 80

7200 ÷ 800

720000 ÷ 8000

“开火车”时出现了720000 ÷ 8000=9的错。这个错一出现，大家便会心地笑了，马上运用商不变的规律来解释。学生头脑清醒了，对“相同的倍数”有了更广泛、更具体的认识。这时我又设计了一组提高性练习，这一组练习不要求每个学生都能做，只要求中上等学生通过思考会做即可。

思考，下面各题怎样做更简便：

400 ÷ 25　　800 ÷ 25

课末，我又回到了《森林爷爷分蘑菇》的故事中。思维疲惫的学生兴趣陡增。我问：“森林爷爷分蘑菇的方法好吗？好在哪里？”学生回答：“森林爷爷既满足了每群兔子的要求，又使得每只兔子分的一样多。”“森林爷爷是怎么想出这个好分法的呢？”学生异口同声说：“运用了商不变的规律。”我乘胜追击：“森林爷爷智慧过人，是因为他善思考，勤动脑，希望同学们以他为榜样不断进步！”这样的结尾，既对学生进行了品德教育，又使整堂课前后呼应，浑然一体。更重要的是让学生在轻松、愉快的环境中积极参与了教师的教学，让他们明了、间接地掌握了抽象的商不变的规律。

（2008年8月发表于《教育学刊》杂志）

浅谈数学教学中学生情感的培养

在数学教学中，我们经常会看到学生在获取知识的同时，对学习数学表现出不同的兴趣、志向及情感，有的满足，有的高兴，有的沮丧，有的忧虑。情感的产生是以认识活动为基础的，情感对认识过程进行着调节作用，伴随并制约着认识活动的进行。列宁指出："没有人的情感，就从来没有也不可能有对真理的追求。"数学教学过程中的情感主要是在教师、学生、教学内容及各教学要素之间的相互关系中进行的。在数学教学中如何加强情感教育，获得情感成就，从而提高认识水平和学习效果，是贯彻新课程改革理念的重要内容。

一、充分发挥教师情感的诱导，以情育情，满足学生情感的需要

研究表明：人们对别人真实意图的判断，首先通过他的情感信息，而非他的讲话内容。学生对教师的教育，不仅要看教师如何讲道理，更要看教师是什么样的情感。首先，老师应该通过自己的情感去感染学生，做到以情育情。教师在整个教学过程中，要注意自我培养，自我调节，尽可能地进入教材角色，借助移动的步伐、变换的形体、恰当的眼神、饱满的热情，做

到言之含情、动之以情，以便更准确、更有效地表情达意，从而激发学生学习过程的内驱力。其次，教师要尊重学生的情感，满足情感的需要。如果学生在学习过程中，信息不能满足情感的需要，情绪受到伤害，则学生就不会很好地接受教师的传授信息。如有位教师在教“分数的基本性质”时，把“分数的分子分母同乘以或除以相同的数（0除外），分数的大小不变”中的“或”写成了“和”。有个学生举手说：“老师，你写错了一个字。”该教师先是一愣，可能是没有意识到错在哪儿，反问一句：“老师写错了吗？”学生指出后，教师不愉快地说：“老师怎么会写错呢？我是有意考考你们。”教师随手一改，继续进行新课。我们知道，“或”在这里至关重要，正所谓“一字之差，谬误千里”。不管教师出于什么样的动机，但教师这种为维护“师道尊严”的辩解是错误的，这种做法缺少对学生最起码的尊重。发现错误的学生自讨没趣，其他学生也茫然不知所措。如果教师及时表扬这位学生，同时组织学生进行“和”与“或”的讨论，因势利导消化知识的要点，那么效果又会怎么样呢？所以，在教学中，教师只有尊重学生，才能使师生在情感上产生默契和共鸣，才能满足学生情感的需要，达到最佳的教学效果。

二、充分挖掘教材中情感的因素，知情统一，激发学生的学习情感

苏霍姆林斯基指出：“只有情感的血液在知识这个活的机体中奔腾流动的时候，知识才能成为信念，成为学生主观世界的一部分。”情感是认识的催化剂，只有开启感情的闸门，才能引起学生的理性思考，达到教育、教学的目的和要求。教师要善于挖掘教材中的情感点，不失时机地进行诱导，使学生主动探求知识，从而达到最有效的学习目的。

1. 创设情景，激发情感。在数学教学中，因为教材中许多内容，学生缺少感受，更缺少切身体会，教师要设法创设情景，相机诱导，驱动学生内在的求知动力，使之主动参与，自主学习，积极思维。例如，在教学“方程”的概念时，教师可以设置这样的活动情景：要求每个人在自己的练习本上任意写一个数，然后把这个数乘以 2 再减去 5，说出你的结果，教师马上能知道你所写的数。学生通过练习和实践，就会琢磨老师有什么诀窍呢？这时，学生的心理上产生一种“心欲求而未得，口欲言而不能”的积极进取状态，学生的学习兴趣浓厚、热情高涨，促使他们积极思维，努力把最近发展区的水平转化为现有发展水平，就会取得良好的教学效果。

2. 以“知”促“情”，体验情感。在数学教学中，选用恰当的教学方法，引导学生积极思维，注重学生思维过程的训练，使学生的认识和情感全面发展。如在教学小数点位置移动引起小数大小的变化时，教师首先通过认识目标的实现来引起注意“一种情感目标”，让学生看到把整数扩大 10 倍、100 倍、1000 倍……时，只要整数末位添上一个、两个、三个 0，以此类推。小数扩大 10 倍、100 倍、1000 倍……时，能不能也这样做呢？从而引起学生对新知识学习的注意，此时学生会思考：“怎样把一个小数扩大 10 倍、100 倍、1000 倍……呢？”学生产生了渴望认识这个问题的需求。当学生获得新知后，学生又知道，无论小数还是整数，要把一个数扩大 10 倍、100 倍、1000 倍……时，都可以通过移动小数点的位置去实现，更新了原有观念，形成了新的知识网络。这样以“知”促“情”，

“知”“情”交替，使学生在情感和认识两个领域和谐地、健康地发展。

3. 精神释负，稳定情感。学生在学习过程中遇到障碍时，有认识方面的原因，也有情感方面的原因。也正是由于障碍，才使学生产生了过重的精神负担，产生了怕学、厌学、被动学的心理。要解决这些精神负担，一方面教师要全面了解学生，及时调整教学方案，优化教学过程，去掉学生厌烦的信息，注重学生情感的需求，使学生乐意探究、主动学习。另一方面要让学生看到自己的学习成果，体验成功的喜悦。特别是学习困难较大、成绩不够理想的学生，精神负担较重，形成心理上的恶性循环。教师在课堂教学时，应常常鼓励他们参与学习，鼓励他们提出问题，帮助他们尽可能自己解决问题，给予表达自己意见的机会，使他们坚信“我能行”，调动学生全员参与学习的积极性。

总之，数学教学中情感培养不容忽视。教学过程既是师生信息传递、互动交流的过程，也是自我体验、情感交流的过程。在教学中，要加强情感交流，进行合理的情感诱导，充分发挥情感信息功能，使交流的渠道通畅、和谐，从而实现教学信息系统的整体优化，促进认识和动力的协调发展，把新课程改革真正落实到位。

（2011年6月发表在《甘肃教育督导》）

浅谈数学课堂教学的有效性评价

教育评价的目的是为了学生的发展。苏霍姆林斯基指出："在促进学生幸福发展的策略中，有两点值得关注：一是为学生组织丰富多彩的活动，让学生在活动中感受到幸福，在幸福的体验中获得发展。二是依靠教育者对学生多元的和立体的评价，让学生在教育者的充分肯定和适当激励的幸福体验中获得发展。"课堂教学评价是教师评价中的重要组成部分，是教师对学生在课堂上的学习态度、方法、过程、效果等方面进行即兴点评的过程，起着反馈、激励、调控和导向的作用，形成积极的生活态度，促进学生的发展，让学生的个性、潜能、创造性得以发挥。

一、评价的语言要简洁准确，生动幽默

1. 评价应该客观准确。准确是评价的灵魂。没有"灵魂"，教师的评价就没有了生命力，无论说得如何生动，如何有吸引力，都是苍白无力的。所以教师评价的语言既不能一味地肯定，也不能一味地批评，要让学生知道哪儿是好的，哪儿是不好的；哪儿是对的，哪儿是错的，如："讲得不错，如果声音再响亮一些会更好！""你回答得真棒，但如果你能把怎样得出这个

答案的过程说得再详细一些会更好！”类似这样的评价语言针对性强，能提醒学生，及时帮助学生纠正错误，提高回答与思维的质量。

2. 评价语言应生动幽默。教师要运用评价的手段，调动学生学习的积极性、主动性，形成师生互动的局面，使课堂内生机勃勃。如：我在教授《认识人民币》一课时，其中一个环节是怎样兑换人民币，我提问：“谁知道 100 元钱可以兑换几张 20 元钱的人民币呢？”这时一个学生积极举手要求发言，他告诉我：“一张 100 元钱的人民币可以兑换 10 张 20 元钱的人民币。”他刚回答完，全班学生都笑了起来。他像是突然意识到自己说错了，急忙纠正说：“不对，老师，可以换 5 张 20 元的人民币。”听了他的回答后，我幽默地对他说：“好，以后老师要想换钱，一定找你换，真实惠呀！”幽默的语言令学生捧腹大笑，课堂的一个小亮点由此诞生。试想，如此生动、丰富、幽默的语言，学生听后怎么会不被深深感染？怎么会不大受激励呢？课堂怎么会不高潮迭起呢？学生们跃跃欲试，教师幽默风趣，这样的课堂才是真正具有生命力的课堂。

二、评价的形式要丰富，尊重个体差异

评价除了用语言表达外，还可以结合体态、多媒体画面等多种形式来进行，如果应用得当，能够较大限度地调动课堂气氛，使课堂气氛推向高潮。如我在教授《青蛙吃害虫》一课时，其中有一个环节是“寻宝摘星”，即让孩子们快速回答出老师出示的问题，有个孩子连续 5 次抢答到并且回答得很正确，我则高兴地朝她伸了伸大拇指，告诉她“你真棒！”接着，在第二轮的快速抢答环节中，又有一个孩子连续抢答到问题，并且

回答得非常正确，我适时奖励给他一朵大红花，这时，全班同学都为他鼓掌祝贺。不知不觉中，一个课堂高潮就这样生成了。形式多样的评价方式，能调动学生的多种感官，激发学生兴趣，让学生记忆犹新。

课堂评价还要尊重学生的个体差异，教师要善于从学生反馈的信息中，敏锐地捕捉到其中的可利用之处，有价值之处，即时给予肯定和表扬，或直言不讳，或委婉含蓄，或严肃庄重，或热情洋溢。对于学优生，只有严格要求，才有利于他们的不断进取，当他们确有创见时，要给予热情的肯定，在成功中培植自信，以激发他们的远大志向。对于学困生，哪怕是一点微小的进步也要给予肯定，使他们在挫折中汲取教训，不断进步。例如：教学中常会碰到这样的学生，思考问题、回答问题积极投入，可说得总不完全对或者完全不对。面对这样的学生，教师评价的语言就不能只顾最终的结果，关注学生参与的状态要比判断答案的正误重要得多。否则，这些学生积极性受挫，自尊心受损，负性的感觉主宰学习体验将非常不利于学生的发展。

三、评价要得法，要讲究艺术性

评价除了要及时、中肯、到位外，很重要的是要得“法”，要适时、适度，巧妙运用，讲究艺术性。笔者常用以下三种方法，取得良好效果：

1. 疏导法

河道淤塞，要疏导得法，学生思维受阻，教师要积极巧妙引导，用积极评价促进学生思考，激活学生思维，使受阻的问题及时加以解决，使学生体验成功的快乐。

2. 归谬法

归谬法就是明知学生的回答是错误的，但不直接纠正，用他们自己的回答顺势推出一个错误的答案来，以起到加深学生理解和记忆的目的。也就是说，学生说话不完整、不全面、不严密，老师先不置可否，就顺着学生的意思讲一讲，讲出了一个荒谬的结论，这就说明了学生讲的肯定有问题。这样既没有直接否定学生，保持了学生的兴趣，又强化了学生的理解，一举两得。

3. 迁移法

是不是所有的“节外生枝”均要精心培植呢？不一定。我们在考虑了评价要到位的基础上，还要辩证地注意度的把握，要看看这个“枝”是主干还是“杈子”。当学生的反馈有些过于发散“跑题”时，我们不妨用一用迁移法引导学生回到讨论的主题上来。

总之，数学课堂中的评价是丰富多彩的，要做到因人而异、因时而异。它更是智慧生成的，需要教师深厚的教学功力与精彩的课堂语言。作为教师一定要把握时机，综合采用多种评价方式，充分发挥评价的功能，尊重学生的个体差异，促进每个学生的健康发展，以达到更好的预期效果。

（2009 年 10 月 27 日）

浅谈新课标下概念的教学方式

概念教学是小学数学中重要的组成部分，它既是学生掌握运算性质、法则、公式等基础知识的前提，又是提高运算能力、发展学生空间观念、提高学生思维能力的基础。在新课程实施的过程中，概念教学的教学方式面临挑战，怎样把概念教学进一步优化呢？笔者认为可以从以下三方面进行有益的尝试。

一、按照认知规律，引导学生自主学习，感知形成概念

概念教学比较抽象，教师要善于引导学生自主实践，主动获取知识。如为了给学生建立“千米”的概念，我在教学中分为四步去学习：一是初步建立“千米”的观念，用学生熟悉的两地通过课件去展示，让学生知道千米是比米大的单位，千米在实际生活中的重要作用。二是让学生建构千米的表象，让学生知道 1 千米 =1000 米，说说如果一米一米地量需要量多少次？操场一圈是 200 米，1 千米是几圈？通过课件，让学生在实际场景中体验 1 千米。三是让学生估计 1 千米的距离。请学生通过自己画图的办法，画出从学校到镇政府的图。教师用课件放映学校到镇政府的路途，让学生闭着眼睛去感受 1 千米的路，并结合实际说出从哪儿到哪儿是 1 千米，进一步理解 1 千

米。四是领学生到操场走走，并记住走1千米需要多长时间，走1千米需要多少步，回来后互相交流，教师提供其他关于千米的信息，以《千米的认识》为题写一篇数学日记，使学生在具体化、象形化的基础上，形成概念。

二、运用迁移原理，诱导学生发现概念，体现探究性

数学是一门系统性很强的学科，在课本的编排中，前后知识有着密不可分的联系，常常是前面的概念是后面的基础，后面的概念是前面的发展，教师要善于运用迁移的原理，在学生牢固掌握旧概念的基础上，引出新概念。在教学“认识平行四边形”时，我充分利用“长方形和正方形的认识”导入新课，因为教材中没有提到“对边平行”的特征，所以在教学中借助长方形的特征就显得尤为重要。在课前，我让学生做了可以活动的长方形的框架，让学生出示自己的长方形，并说说长方形有哪些特征，然后要求学生拉动框架，问：这个长方形发生了什么变化？学生的兴趣得到调动，发言也很积极，有的说直角变了，有的说变斜了，也有的说形状变了。教师再进行引导，平行四边形的概念初步得到建立。为了使学生能更深刻地认识和理解平行四边形，我给每个学习小组布置了新的学习任务，通过组内讨论、交流，把一张长方形的纸通过剪切拼合，变成一个长平行四边形，学生有了自主学习的空间，使学生的思维更加活跃，课堂中时时迸发出创新思维的火花，更加理解了平行四边形的特征。又如在教学“倒数”的概念时，我首先跟学生进行有关说数的游戏，老师用5和4说一个分数，即5是4的5/4，学生也用5和4 说一个分数，即4是5的4/5。如果是3和8呢？ 4和7呢？ 1和4呢？在游戏中，学生发现了这

些数倒来倒去，有一定的规律。如果在中间加上乘号，那么它们的乘积都是 1。这时再去理解“倒数”的概念就容易多了。

三、改变学习方式，形成合作互动的局面，自主建构概念

人类已经进入了信息时代，数学教学要充分利用各种信息载体，引导学生参与各种教学活动，改变学生传统的学习方式，让学生在学习过程中自主选择、合理接受、有效吸收。教学的过程是互动、互惠的，在学生主动学习及生动表达的过程中，教师也会得到很大的启发。教师要相信学生，要利用信息反馈过程，改变自己的教学方式，激发学生的潜能，把课堂的主动权还给学生，使学生愿学、会学、主动学。如在学习角的认识时，我首先要求学生自己画：从一点引出的两条射线。学生在画图的过程中画出了方向不同的射线。我把学生的“作品”通过投影进行展示，展示的作品可能有锐角，也可能有钝角，甚至可能有平角。教师加以点拨，使学生知道这就是“角”。我以此为契机，追问：关于角，你还想知道什么？学生的“话匣”打开了，有的问：角的两条边只能是射线吗？有的问：角有大小吗？角有长短吗？学生积极发言，提出了不少问题。我在此时分组合作学习，要求是：每组讨论学习 2 分钟，获得关于角的信息，且获得的信息不能重复；每个小组指定发言人进行信息交流，而且可以进行互相提问。评选优秀学习小组并给予小组成员每人 100 分的奖励。结果学生态度积极，积极讨论，进一步明确了角的概念，理解了角的各部分的名称，达到了预设的学习目标。

总之，小学数学概念的教学十分重要，只有重视概念教学，改变概念教学的教学方式，关注概念的生成过程，使学生能够

主动学习，对每个概念都能充分理解，才能正确进行计算或解题。反之，如果概念混淆，则计算缺乏依据，理解模棱两可，解决实际问题就显得束手无策。

（2007 年 11 月发表在《武威教育》第 3 期）

浅谈在尝试教学中提问的切入点

尝试教学不同于传统教学，它的特征是先试后导，先练后讲。毫无疑问，在尝试教学过程中，提问设计显得尤为重要，而且，“思维永远是由问题开始的”（捷普洛夫语）。据笔者不完全统计，在尝试教学中，教师提问的时间要占四分之一强。因此，在日常教学中，我们如果能够从适时、适度、适量的角度考虑，能够设计一些能揭示本质的、有明确出发点和针对性的问题，肯定有助于“学生能尝试，尝试能成功”的教学目标的实现，有利于学生思维的训练，有利于提高课堂教学质量。那么，在尝试教学中课堂提问从何处切入呢?

一、在导入新课时设疑

学源于思，思源于疑。我国古代学者朱熹说过：“读书无疑者，须教有疑。小疑则小进，大疑则大进。”在尝试教学的过程中，导入新课时的设疑提问要“提得新颖，给学生产生耳目一新的感觉，引起学生认知上的冲突，激发学生探索问题的兴趣”（邱学华语）。例如在教学“圆柱的表面积”计算时，教师可出示两个实物，一个细而长，一个粗而短，提问“做这两个圆柱体哪个用料多呢？大家想想办法”。学生各抒己见，争论不休，教师因势利导：“谁对谁错，只有准确计算它们的表面积后才能确定。那么，圆柱的表面积如何计算呢？”这样提问，使学生学习要求迫切，目标明确，注意力集中，兴趣浓厚。

二、在衔接处提问

数学知识既有阶段性，又有系统性。教师在尝试教学“七步模式”教学过程中，要充分利用从已知到未知的认识规律，紧紧抓住新旧知识之间的联系和新知识的内在联系，巧妙切入提问，使问题承前启后，前后勾连，环环紧扣，步步深入。在衔接处提问，包含两个方面的内容：一是过渡引发式的提问，如在教学异分母带分数加减法时，教师提问：1. 异分母分数能不能直接相加减，为什么？ 2. 用什么方法可以把不同的分数单位化成相同的分数单位？ 3. 怎样通分？这样的设问，既为学生确定了学习目标，唤起学生的求知欲；又为新的知识架起桥梁，使学生的思维进入解决问题的轨道。二是综合巩固式的提问。教师在教完教学内容后，可以有针对性地对学生提问，引导学生产生类比推理的热情，深化新旧知识的联系。这样的练习，拓宽了学生的知识面，使学生质疑问难，不断进取。

三、在学生自学讨论时提问

在尝试教学中，教师向学生提出尝试目标，是关系到课堂成败的关键。邱学华教授主张提问时坚持“问题新颖”的原则，他在教学“能被3整除的数的特征”时，对学生说：“老师不用计算，就可以知道哪些数可以被3整除，不信你们可以说出几个数来考考老师。”学生纷纷举手说出一些较大的数，老师都能准确地加以判断。在学生感到惊奇时，教师提出尝试问题：“能被3整除的数的特征是什么？”这样做不但激发学生的学习兴趣，而且使学生清楚地知道要尝试的问题。提出尝试问题，既可以作为学生“自学课本”一环的自学提纲，也可以作为学生讨论时的中心提纲，为突破教材重点打下非常好的基础。如我在教学“除数是小数”的除法时，先让学生计算“9.85÷105”，接着过渡到“9.85 ÷10.5”，再提问：1. 这道题与以前学过的小数除法有什么不同？ 2. 你怎样把它变成除数是整数的除法计算？ 3. 要使商不变，被除数应该怎么办？为什么？学生带着问题自学，围绕问题讨论，主动探索解决问题的方法，培养了学生思维的逻辑性和合作精神。学生自学讨论时，要鼓励学生提问，如在教学“三角形的内角和”这一内容时，学生自学讨论后，有一个学生提出这样一个问题：如果把一个大三角形剪成两个小三角形，小三角形的内角和也是180° 吗？我当场对该生进行了表扬，并引导得出了“任何三角形的内角和均为180° ，它与三角形的大小、形状无关”的结论。这样由学生质疑，主动探求，不但启迪学生思维的火花，而且补充教师的讲解内容，深化了学习的知识。

四、在教师讲解时提问

“教师讲解”作为尝试教学中的重要一环，关键在于教师提问的质量。如果教师提问能够围绕重点，抓住教学的关键，那么教师的讲解则可能事半功倍，取得良好的效果。如：养牛专业组养的牛每头每天平均长肉 2.4 千克。照这样计算，5 天长肉多少千克?

用加法计算：2.4 + 2.4 + 2.4 + 2.4 + 2.4=12（千克）

用乘法计算：2.4 ×5=12（千克）

这是仿照例题出示的一道尝试题，学生自学讨论后，为了让学生理解小数乘法的算理，教师讲时抓住关键设问：如果把被除数变成整数，要扩大多少倍？积有什么变化？要求原来的积应该怎么办？这样教学，没有在计算讲解上花过多的时间，给学生指出了思维的方向，激发学生思考，从而使学生理解掌握了计算方法，有效达到了教学目的。

在尝试教学中，教师提问既要防止“问个不休”的随意弊病，又要防止含糊不清模棱两可的问题出现；既要注意提问方式的灵活性，又要注意内容的针对性。课堂中应抓住疑点、兴趣点、模糊点进行提问，要注意所提的问题一定要符合学生的认知特点，适应学生的认知水平，真正达到精讲精练的效果。

（2001 年兰州铁路局论文评比优秀奖）

试论小学数学教学中的荣辱观教育

在数学教学中渗透社会主义荣辱观教育，是新时期每个教育工作者的职责，是新课程中进行素质教育的需要。我在日常教学中，注意结合学科特点，挖掘教材中的教育元素，坚持从实际出发，能够适时适度地进行形象渗透，努力把“知”、“情”、“意”、“行”融为一体。

一、有机结合教材，对学生进行中国文明史教育，激发学生热爱祖国献身祖国建设事业的感情

中华民族有光辉灿烂的数学史，从古代的祖冲之到现代的陈景润，历代数学名家都是教育的好素材，教师可结合相关的教材内容，适度地介绍中国数学家杰出的成就，从而净化学生思想，磨砺学生的意志，培养他们勇于进取、刻苦学习的精神。如在讲“十进制”时，教师指出我国商代形成的十进制比西方国家早 2000 年；在学习“圆周率”一节时，我首先以祖冲之的故事引入新课，介绍了祖冲之的生平，然后指出他提出的圆周率在 3.1415926 和 3.1415927 之间，要比西方早 1100 多年。通过中外对比，学生的民族自豪感和攀登科学高峰的自信心油然而生。

二、巧妙结合习题，对学生进行国情教育，强化学生的行为习惯，养成勤劳朴实的品质

数学教学中国情教育的目的是让学生知国情，爱祖国，树立报效祖国之志；知荣辱，爱学习，培养吃苦耐劳的品质；知节约，爱劳动，从小树立无产阶级的世界观。鉴于数学教学的特殊性，我在教学中积极挖掘教材中的资源，有效利用习题教学，把数学教学和思想品德教育有机结合，强化学生的荣辱观教育。

1. 利用多媒体的优势，把生活中的数学还原到课堂教学中，使学生在学习数学的过程中陶冶情操。如在教学千米的认识时，教师把学生在开运动会时跑 1 千米的场面拍摄下来，让学生真切地感受 1000 米有多远，跑完 1000 米需要付出汗水，更需要坚强的意志和耐力。在认识“秒”这个时间单位时，给学生放“飞人”刘翔的比赛场面，使学生感受到 13 秒的时间有多长，认识到“秒”这个时间单位在实际生活中的应用，认识到“一寸光阴一寸金”包含的哲学意义，教育学生珍惜时间，热爱运动，学习优秀运动员的坚强意志和为国争光的高贵品质。

2. 利用教材编排的习题，就题巧妙引导，进行形象渗透教育。数学教材中国情教育的素材，需要教师不断地挖掘，合理地利用，学生解题的时机就是最好的切入点，教师要充分发挥教育机制，把思想教育落实到位。例如在人教版十一册有这样一道题：我国领土辽阔广大。南北相距 5500 千米，东西相距千米数是南北相距的十分之十一。东西相距多少千米?

通过解答此题，教师把相关的国情内容介绍给学生，使学生了解了我国国情的基本知识，知道了我们的祖国是世界上领土最大的国家之一。

3. 利用课堂编题的形式，渗透养成教育的内容，对学生进行思想品德教育。如在教学完重量单位时，我编了如下一道题：

武南铁二小学一共有 900 个学生，如果每个学生每天节约粮食 10 克，这个学校一天可节约多少克粮食？合多少千克？照这样计算，一年可节约多少千克？合多少吨？

学生在解答这道题的时候，不但巩固了重量单位之间的换算，而且有意无意之间受到了节约粮食的教育。

三、紧密联系现实，挖掘教育素材，对学生进行辩证唯物主义教育

在小学数学教学中，要结合相关的教学内容，恰当揭示数学知识中蕴涵的辩证唯物主义基本观点，使学生受到辩证唯物主义启蒙教育，客观认识现实世界，初步形成科学的世界观。如通过四边形、平行四边形、长方形、正方形特征的学习，使学生认识到四种图形的区别和联系，认识到它们的从属关系，在掌握它们个性的同时，理解它们的共性，对学生进行共性和个性的矛盾统一教育；通过圆柱体体积公式的推导，教师引导学生通过实际的动手操作、认真观察、积极思考，让学生认识到物体的形状在变而体积没有变化，从而对学生进行变化求发展的教育；通过长方体、正方体、圆柱体、圆锥体等几何形体知识的学习，让学生逐步树立空间的观念，初步培养学生的空间思维，激活学生的空间意识，并且能够区分形与体、面与体的区别和联系；在学习人民币的认识时，通过情景的设置，让学生参与人民币与实物的交换，认识到人民币的实际应用，对学生进行实际第一的观点教育。

总之，在新课程积极推进的过程中，学生的思想品德教育不容忽视。对学生进行社会主义的荣辱观教育，既是帮助学生树立正确的人生观、价值观和世界观的需要，又是培养社会主义接班人和建设者的需要。我们在实际的教学过程中，要有机结合教材，巧妙结合习题，紧密联系现实，不断探索教育途径，改进教学方法，要从学生已有的知识基础和认知目标出发，紧紧联系数学的学科特点，符合学生的年龄特征和认知规律，使知识教育和思想教育融为一体，从而不断总结，共同提高。

（2008 年在甘肃省论文大赛中获二等奖）

新课标下数学学法指导的转变

数学学习方法指导，简称数学学法指导，是“学会”学习的一个重要组成部分。新课标中明确指出，教师要激发学生的学习积极性，向学生提供充分从事数学活动的机会，帮助他们在自主探索和合作交流过程中真正理解和掌握基本的数学知识与技能、数学思想和方法，获得广泛的数学活动经验。我国著名的教育家陶行知先生指出：“我以为好的先生不是教书，不是教学生，乃是教学生学。”从这个意义上讲，学法指导是教学方法改革中的一个重要方面，是实施新的课程标准的一个重要举措。在新课程标准下，小学数学应怎样进行学法指导呢？

我觉得应该做到“四个转变”。

一、教师角色的转变，由知识的传授者和管理者转化为学生发展的促进者和引导者

我们知道，学法指导的目的是最大限度地调动学生学习的积极性和主动性，激发学生思维，帮助学生掌握学习方法，培养学生的学习能力，更好地体现以学生为主体的教育思想。在学法指导中,教师角色的特征应该随着教学方法的转变而改变，即“现在的教师在数学教学中已经越来越少的传递知识，而越来越多的激励思考”，无论是预习、作业、复习的指导，还是听课、讲课、课外辅导的指导，都应该帮助学生建立正确的方法体系，如在听课指导方面，教给学生听课八字诀，即细听、善思、勤问、巧记。细听，就是听课要注意力集中，做到心到、眼到、口到，要听懂，听清；善思，就是要勤于思考，对教师讲过的内容，要深入思考，认真分析，找准关键，理清思路，要知尽然并知尽所以然；勤问，要鼓励学生“不耻下问”，不迷信于书本上的解法，不满足于标准答案，要善于知疑问难；巧记，就是要求学生熟记学过的公理、公式、法则等，提倡学生做数学课堂笔记和记录本，提高记忆的质量。教师角色的转变，从根本上讲就是要从培养学习习惯入手，以教给学生方法为突破口，使学生明确应该怎样学，把学法研究和研究学生相结合，激发学生学习的自觉性和主动性，变“要我学”为“我要学”，为学生的学习提供各种便利，为学生服务，建立一个接纳的、支持性的课堂气氛；要经常仔细地检查、反省自己是否在对待不同学生上有差别，要常常听取学生的意见，及时纠正和修改学习方案和教学计划，以适应学生的需要和课堂教学的需要，与学生一起分享成功的喜悦和情感的需要。

二、教学方式的转变，促进了学习方式的转变，由“被动性”和“单一化”转变为“合作化”和“生活化”

教师的教学方式进行革命性的转变，必然带动学生的学习方式的转变。学习方式从根本上说就是要从传统学习方式转向现代学习方式，而现代学习方式的首要特征是主动性，核心特征是独立性，“自主、合作、探究”则是课堂教学中学习方式转变的重要体现。学生是否明确了学习的任务，是否对学习的内容感兴趣，是否积极参与了课堂教学，在课堂教学中敢于表达，能够在有限的时间内，充分运用已有的知识经验，积极调动自己的思维，把想不明白的想明白，把不懂的知识弄懂，并且可以进行与同伴的合作学习，探索理解新知识的过程，分享获得新成果的经历，提高学习的效率，从这个意义上讲，学生自主参与的课堂，学生愿意主动学习的课堂，学生可以共同分享的课堂，就是有效的课堂，就是学习方式转变的课堂。例如，活动课《用水中的数学问题》，我是站在学生的角度去组织教学，引导学生在生活中善于观察善于积累，在课前要求学生收集了相关的资料：世界上总水量有多少，其中淡水资源占几成？中国水资源情况怎样？人均用水量是世界人均用水量的多少？我市自来水年产量是多少？你们家用水量又是多少？如果我们每个人每天节约 100 克水，一年共节约多少水？……通过一系列的收集过程，使学生学会用什么工具，通过什么途径，收集什么样的资料等技能，同时为课堂上学习与交流做好充分的准备。只有做个有心人，通过生活中的收集和实践，使学生的数学问题“生活化”，学习才能积极主动。在合作交流的过程中，教师要敢于放手，在学习过程中总会遇到不同于自己的观点和看法，这时要鼓励学生辩论，求同求异，发展学生的创造性思维。如在教“质数和合数”的认识时，判断“两个自然数相乘，积一定是合数”的对错。有人认为对，有人认为错，这时就可以展开学生间的自由辩论，让个人的想法和同伴的想法在议论中碰撞，使真理越辩越明，达到辩论的“双赢”目的。

三、指导方法的转变，打破“模式化”、“包办化”，建立“系统化”和“多样化”的体系

教学方法是受教与学相互依存的教学规律所制约的，数学学法指导要从培养学生学习能力为出发点，更好地体现以学生为主体，在继承传统学法指导的基础上，根据新课标中“改变课程实施过于强调接受学习，死记硬背、机械训练的现状，倡导学生主动参与，乐于探究、勤于动手、培养学生搜集和处理信息的能力，获取新知识的能力，分析和解决问题能力和交流与合作能力”的目标，学法指导的重心应放在形成良好非智力因素的指导和数学学习方法内化指导上。非智力因素是学法指导得以进行的动力，积极的非智力因素，可以使学生的学习积极性长盛不衰，激发学生的学习动机，锻炼学习意志，培养良好的学习习惯，正视学生的个体差异，使后进生“能吃”，使中等生“吃饱”，使优等生“吃好”，指导学生掌握科学的数学学习方法，合理渗透，精心策划，寓学于教，相机点拨，及时总结，使学习方法的指导系统化、多样化、信息化，要把“指”和“导”有机统一，“教”和“学”相得益彰，不是大撒手的“放羊”，也不是形式主义的作秀，要力求做到转变观念和传授方法结合，课堂教学与课堂活动结合；统一指导和个性发展结合，教师点拨与学生自主探索相结合，促进学生掌握正确的学习方法，内化“指导方法”，掌握科学的学习策略，提高学习效率。

四、课堂控制方式的转变，由“结构化”、“封闭式”向“非结构”、“开放式”转变

在新课程条件下，教师要在教学过程中贯彻“学法指导”，应与学生积极互动、共同发展，注重学生的独立性和自主性，引导学生质疑、调查、探究；要注重课堂控制方式的变化，从而促进教学方式的变化，提高课堂教学的效果。那么怎样转变课堂的控制方式呢？我认为应从以下三个方面着手：

1. 变教师演示为学生操作。如在教学平行四边形的面积时，教师用多媒体屏幕显示：

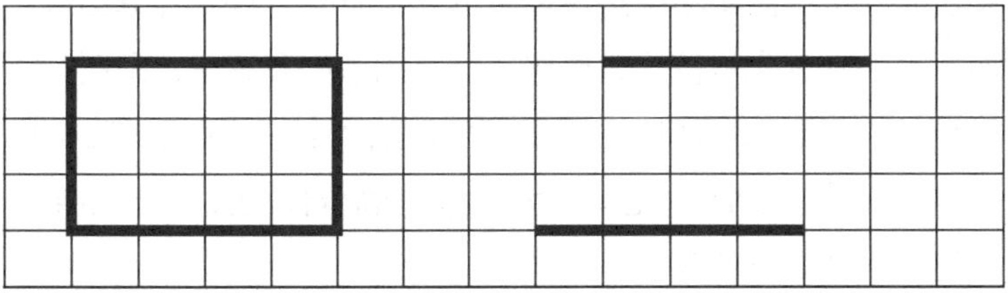

请学生估计一下平行四边形的面积和长方形的面积大小如何。如果每个小方格代表 1 平方厘米，指导学生用“剪一剪、拼一拼、数一数”的方法求平行四边形的面积。四人小组合作，用不同的方法求平行四边形的面积。（教师用多媒体演示）同学们想了很多办法将平行四边形转化成长方形，此时教师要求学生讨论：“这个转化过程什么变了，什么没有变？”接着，教师用电脑出示不带格的平行四边形，请学生通过“剪一剪、拼一拼、量一量”的方法求平行四边形的面积，转化后的长方形和平行四边形有什么关系，怎样求平行四边形的面积呢？

长方形的面积＝长 × 宽

↑　↑　↑

平行四边形的面积＝底 × 高

$S = a \times h$

通过让学生“剪一剪、拼一拼、数一数、量一量、算一算”的方法，根据学生的需要，因势引导，使知识的学习不拘泥于固定不变的程序，使学生主动探究，积极进取。

2. 变教师示范为学生参与。教学中还应尊重每一个学生的个性特征，允许学生从不同角度认识问题，采用不同的方式表达自己的想法，用不同的知识方法解决问题。如在学习两位数乘法时，可以鼓励学生运用已有的知识背景，探求计算结果，而不是教师首先示范，讲解竖式计算的法则和算法，限制学生思维。教师可以出示带有实物图的问题，如：一箱可乐有24瓶，18箱可乐有多少瓶？先让学生估算，然后再设法计算出结果。可能会出现如下的算法：

$24 \times 10 + 24 \times 8 = 432$　　$24 \times 20 - 24 \times 2 = 432$

$20 \times 18 + 4 \times 18 = 432$　　$24 \times 9 \times 2 = 432$

$24 \times 3 \times 6 = 432$　　$18 \times 4 \times 16 = 432$

$18 \times 3 \times 8 = 432$

针对上述做法，教师要倾听学生的观点，比较不同的方法，在保证学生运算技能的同时，鼓励学生能够很好地表达自己的解题思路，形成解决问题等的多样化，培养学生思维，提高学生解决问题的能力。

3. 变教师单项释疑为学生质疑，师生共同释疑。现代教学论认为，学贵有思，思贵有疑，学生没有疑难发问，没有疑惑的问题，也就没有对疑问的回答和释疑后的喜悦。传统教学中，教师备课往往立足于怎样教会而设计大量的问题；上课，学生无疑而教师有疑，学生有疑而教师“包办代替”。而在新课标条件下的学法指导，一定要致力于学生的探究，学生的参与，学生的质疑，正如人们常说：让学生提一个有价值的问题，胜过解决十个问题。因此，要重视学生质疑的能力，师生互动，生生讨论，发扬民主，形成和谐的教学氛围，真正体现“以学生为主体，以训练为主线”的教学风格。

（2005 年 3 月发表在《凉州教育》）

新课标背景下课堂教学的反思

新课程改革正在稳步推进，新的理念逐步得到渗透，新的教学方法给课堂教学带来了新的教学活力，生生互动、师生互动的局面正在初步形成，学生的学习兴趣得到有效调动，学生正在成为课堂教学的主人。但在课堂教学中同样存在着一些不容忽视的问题，作为一名教学一线的管理者、实践者，有必要对这些问题进行认真反思，从而更加务实地进行新课程改革的实践。

一、让教学回归常态，回归生活

课程改革的春风使课堂教学泛起阵阵涟漪，电教设备和多媒体教学的广泛运用使课堂中色彩缤纷，课堂中热热闹闹的场面不时呈现。然而，教学需要求真，需要理性的思考，需要安静的判断，更需要认真的解答，绝不能因为调动兴趣而逢场作戏，绝不能因为场面热闹违背教学规律。回归常态可以及时反馈信息，可以使课堂教学洗净铅华，露出真实的面容；可以使课堂少一些做作的粉饰，多一些求真务实。回归生活的课堂可以使学生在课堂中联系生活，在生活中寻找数学知识。现实世界是教学的丰富源泉，我们的教学要结合学生生活经验和已有知识，设计富有情趣和意义的活动，使他们有更多的机会从周围熟悉的事物中感悟、学习、理解所学知识，体会到知识就在身边，从而达到主动运用现实生活观点、方法去分析、解决生活中的实际问题。

二、让传统进一步延续，使课改进一步升华

教学改革过程中，有两种现象需要引起重视：一是个别教师观念陈旧，对课程改革瞻前顾后，前怕狼后怕虎，思想上顾虑重重，行动上停滞不前，“只听楼梯响，不见人下来”的现象相当普遍，教师仍然是课堂教学的“主讲”；二是个别教师走形式，图过场，喜欢急功近利，一味地追求热闹，一味地追求气氛，一味地滥用多媒体，违背学生的思维规律，脱离课堂教学的实际，致使课堂教学中教风不雅，学风浮躁，只图形式，不重效果。对于传统教学中的弊端，我们要旗帜鲜明地去反对，义无反顾地去改革，教师的施教方式要改进，教学的呈现方式要更新；学生的学习方式要改变，学生的自主意识要培养。但

传统教学几千年的精华不能丢，传统教学的优势不能丢，如语文教学中教师的朗诵与范读，数学教学中计算教学的训练和竖式的训练，课堂教学中教师的有效板书和学生的必要板演等，都需要继承和发扬。教师要引导学生做生活中的有心人，做课堂教学中的细心人，学会自主学习，学会自我探究，培养学生学习的兴趣。要积极倡导教师创设学习的情景，可以是单个的，可以是连续的，在情景中引导学生有效地学习，积极地组织交流，有针对性地组织练习，从而提高学习效率，达到预设的学习效果。

三、课堂从欣赏中改进，教学从反思中成长

常听教师抱怨，新课程改革使教师的压力日益增加，教师工作更加繁重，这是一个无法回避的现实问题，我们从一节课中可见一斑，素材的收集、课件的制作、课堂的设计无不浸透着教师的点点心血，教师长期周而复始的工作，必然会使教师对课堂教学产生倦怠，必然使教师为工作所累。但工作是一种精神生活的需求，在课堂教学的过程中，教师要加强自我的精神调节，学会欣赏自己的课堂教学，在课堂教学中寻找工作的乐趣，如为自己的一个精妙的设问、为学生的一个满意的回答、为课堂教学的生动活泼等。教师要善于从别人的课堂中汲取营养，不断为自己的教学输送新鲜的血液，经常反思自己的教学，使自己的教学始终孕育着创新的活力。教育的最终目标在于使学生"学会学习""学会研究""学会关心""学会生存"，不断提高能力，不断提升精神境界，成为适应现代社会需求的、身心健康的、幸福的人。从这个意义上说，建立良好的师生关系，使学生提高精神需求和幸福感，离不开教师的潜移默化，离不开教师的谆谆教诲。教师的快乐自然会激发学生的快乐，教师高兴也会使学生精神愉悦，师生的和谐必然会提高教学的

质量。因此，教师在课堂中，要保持良好的精神状态，张扬自己的个性，让自己在课堂中寻求价值，让自己在课堂中寻找美丽，使自己在课堂中寻找快乐，建立“真诚、开放、民主、反思”的课堂。

四、重视提问的质量，课堂改革从提问入手

提问是课堂教学的“常规武器”，一直被视为“有效的教学核心”。有调查发现：比较成功的课堂教学中，提问及其对问题的探讨、回答约占整个课堂教学的80%左右。但现实教学中我们发现，许多教师“满堂问”代替了“满堂灌”，课堂成了问题的海洋，或简单乏味，或是事而非，或琐碎烦琐。教师的传统提问充斥着课堂,新的教学理念不能与课堂教学适应，学生的思维得不到训练，教者又不去好好反思，一些教学在提问中遇到的深层问题也不断凸现，课堂教学因提问而失去了精彩。笔者以为，教师是课堂教学的排头兵，每一位教师要对自己的课堂提问的能力进行评估，查找自己在课堂提问中存在的问题，努力提高自己的课堂提问的能力。在实际的教学中，教师要精心备课，深刻领会新课程改革的基本理念，认真钻研教材，做到设问心中有数，提问眼中有人，问题的设计要体现启发性、自主性、参与性，以引导学生主动学习、积极参与为己任，最大限度地调动学生的积极性和主动性。也可以这样说，改变课堂提问陋习之时就是课堂教学改革走向成功之日，所以要重视课堂提问的质量，要讲究课堂提问的艺术，要实现课堂提问的优化，要追求课堂教学提问的效果，就成为每一个教育工作者的当务之急。

（2006年在甘肃省论文大赛中获二等奖）

“高效课堂”之探微

“高效课堂”是在有效课堂的基础上，高效率地达成教学目标，高质量地完成教学任务，取得高效益的课堂效果。“有效”是“高效”的基础，“效率”是“高效”的手段，“质量”是“高效”的灵魂，“效益”是“高效”的结果。一堂高效的课堂，就是轻负担、低消耗、多维度、高质量的课堂。怎样使一节课达到“高效”，我以为要从以下四个方面努力实践。

一、咬定“目标”不放松

一节成功的课，就是一次有目标的旅行，教师心中的芳草地需要学生去浇灌，教师在教海中弄潮需要让学生“心中有灯塔”。有目标才有动力，有目标才有境界，只有目标的引领，才有“高效课堂”的生成和发展，离开明确目标的课堂是缺少灵魂的课堂。目标的制定因课而异、因材而异、因实际而异，脱离实际的教学目标是空中楼阁，只有清晰、实际、明确的目标才能引领课堂。

二、自主探究抓关键

传统教学，教师是演员；“高效课堂”教师是导演。教师在课堂中角色的转变，必然带动课堂教学的改革。把学生有效组织起来，通过引导，让学生主动参与在课堂研究中去，变“要我学”为“我要学”。如在《平行四边形的面积》一课中，教师把平行四边形公式的推导，通过分组学习，让学生带着“怎样把平行四边形变成长方形”的问题，小组通过“剪一剪、拼一拼、演一演、算一算、导一导”的方式，逐步渗透“转化”的思想，使学生运用不同的思路进行自主探讨，明白平行四边形面积公式的推导过程，从而让学生主动探究知识，交流学习心得，实现教学目标的最优化。

三、师生互动共参与

用艺术家的眼光看，课堂教学的过程就是教师和学生合演的一幕戏剧，教师的导和学生的学有机统一，相得益彰。在众多成功的课堂中，教师授课时间一般少于 20%，也就是说，学生自主学习时间应在 70% 左右，把 10% 的时间留给教师评价和总结。目前，我们正在探索的“345”模式，需要各科教师认真加以探索和实践，做到“三个当堂”：当堂作业当堂完成、当堂作业当堂批改、当堂问题当堂解决；“四个为主”：以学生为主、以合作交流为主、以练习训练为主、以创新能力为主；落实“五个到位”，即传授知识到位、学法指导到位、创设情境到位、练习训练到位、学习时间到位。每位教师，都要立足于学生实际去备课，从学生的发展出发，对课堂进行科学“剪裁”，要善于创设有助于学生自主学习、合作交流的情境，从多个层面激发学生主动参与学习的全过程；要建立民主、平等的师生关系，使生生互动、师生互动富有成效，激发学生探索的兴趣，推进教学目标的实现。

四、落实训练促质量

关于高效的训练,我们提出了“四有”:有学必练、有练必批、有批必评、有错必纠。课堂教学中的训练，既是知识和方法的传授,又是能力和技巧的提高,课内练习要强化针对性、及时性、反馈性、实效性。布置练习要做到精选精练、精批细改，让学生在作业训练中发现问题、思考问题、解决问题。有五种形式的练习需要我们摒弃：一是无病呻吟的练习；二是形式主义的练习；三是缺乏针对性的练习；四是钻牛角尖的练习；五是陷阱式的练习。只有通过高效的训练，才能真正实现向 40 分钟要质量、要效益。

衡量高效课堂，一要看学生知识的掌握、能力的增长和情感态度价值观的实现；二要看是否实现了先练后教、少讲多练、突出实效；三要看是否达到了师生互动愉悦交往。只有在教学中坚持正确的引导，朝着理想的方向，遵循科学的规律，激发创新的火花，才能使高效课堂走向高效学习，从而实现终身学习。

（2012 年 12 月 11 日）

第三辑　教苑话题

教育是事业，是事业需要我们像春蚕和蜡烛一样献身；教育是科学，是科学需要脚踏实地事实求是地论证；教育是规律，是规律就不要好高骛远一味去折腾；教育是果实，只有勤于施肥、善于修剪、乐于灌溉，才能尝到应有的香甜。

呵护教师的心灵

前不久，学校进行了师德师风教育专项整治活动，无论是在教师的剖析材料中，还是在教研组内的座谈中，教师都谈到了关于学生难教和职业倦怠的问题。事实上，现在的独生子女家里“唯我独尊”，他们心中都明白，自己学成什么样，老师也照样拿他没办法；而教师呢，一边是成绩考核和应付考试的“指挥棒”，一边是禁止体罚和变相体罚的“高压线”，面对的是社会和家长、法律和道德的舆论监督。平心而论，在学生的教育问题上，教师确实存在着两难的选择。如果教师一时冲动，形成一定的事实，理解的家长还能为教师考虑，放过教师；不理解的家长则口诛笔伐，今天找领导，明天找媒体（而不去找法律），以各种手段把教师推入纠纷的泥潭，使其寝食难安。因此，有人把教师归入高风险职业，教师的心理重负由此可见一斑。

导致教师的心灵重负和职业倦怠的原因是复杂的，内部的因素源自教师自我定位过高而苛求自己，以高度的责任感和使命感全身心地投入教学，使其心灵因过劳而损伤。外部因素则成为影响教师心灵成长的主要诱因：一是社会舆论环境对教师期望过高，认为教师是无所不能的“万花筒”。家长望子成龙心情迫切，对教师工作的特殊性缺乏了解，因而对教师工作不够理解；学生不能积极配合教师的工作，对教师工作存在一定的误解：使教师的心态成了不求有功，但求无过。二是管理和体制构成的心理重荷。诸如绩效工资、职称评定、教师聘任、竞争上岗、年度考核等，使教师经受了巨大的心理压力，面临着巨大的考验和挑战，感到身心疲惫，进取精神弱化。三是由于大量的工作需要在规定时间内完成，教师的工作与生活的界限感日渐模糊，有的教师连续几周不能休息，有的教师脑力、体力严重透支。虽然素质教育推行多年，但评价的体系仍然是陈旧的，分数不但决定了学生的命运，而且关系到教师的前途，使得相当一部分教师在升学压力下超负荷运转。

教师的心理问题是一把双刃剑，不但伤害教师本身，而且可能使学生的身心受损，削弱教学的热情，甚至使教学效果不彰。社会和学校应该关注教师的身心健康，创设一个益于教师工作和生活的环境，正确疏导教师的心理问题，关心教师心理健康和心灵成长，不要把学生或学校发生的大事小事全部归罪于教师，不要把孩子成才与否的枷锁强加于教师，不要让兴师问罪的家长时不时地光顾教师，让教师有一个宽松的生活环境。而学校管理者更要关爱教师，树立以人为本的观念，创新教学管理的思路，摒弃不必要的教学评比，创设和构建和谐氛围，千方百计地激发教师的工作热情，在思想上与教师进行沟通，感情上贴近教师，工作中体谅教师，心灵上呵护老师。作为教师自己，不仅需要通过自己的学识、技能去影响学生，还要通过自己的人格和道德力量以及健康成熟的性格去感染学生，以心灵赢得心灵，以真诚换取真诚。要善于整理自己的思维，及时调整自己的心态，反省自己的工作，丰富自己的生活内容，改变自己的生活方式，尽量寻找工作和生活的平衡点。“你无法防止忧愁的鸟儿从你头顶飞过，但你却能阻止它们在你的头发里筑巢。”改变自己需要勇气，工作需要改变，生活因改变而精彩。

（2006 年 7 月发表在《未来导报》）

教师怎能“留一手”

星期天和朋友聚会，谈及儿子补习的问题，朋友说：现在的老师，上课要“留一手”的，该讲透的不讲透，该讲到位的不讲到位，还变着法叫学生到家里补课……朋友的儿子学习还是不错的，但老师还是三番五次地做家长工作，家长敢怒不敢言，只好就范。听了朋友一席话，作为从教 20 多年的教师，我感到脸红心跳。虽然我从没干过这样的事，但我为某些同事的做法感到汗颜。无论从教师的职业道德，还是从做人的良知来说，我觉得这是对教师这个职业的亵渎，是教师人格中诚信的严重缺失。

“以诚实守信为荣，以见利忘义为耻”，这是社会主义荣辱观教育的主要内容。为人师者，行为世范；授人业者，勤奋敬业；解人惑者，诚信为本。在改革开放和市场经济的大潮下，校园已不再是一方净土，教育行业也不再是清水衙门，教师这个职业也面临着前所未有的考验。绝大多数教师能够以《中小学教师职业道德规范》要求自己，敬业爱岗，严谨治学，依法治教，不仅能够尽职尽责教书，而且能够兢兢业业育人，在学生、家长中间有较高的诚信，得到学生的赞誉、家长的认可、社会的尊重。但也有少部分教师，或不求上进无所事事，或见利忘义贪图享受。特别是有偿家教泛滥，更是弱化了教师的进取精神，玷污了神圣的职业操守。如果教师诚心诚意为学生着想，为家长分忧，那是另当别论的事。但个别教师以辅导之名，行盈利之事；上课不尽心，教书不育人，忽悠家长，欺骗学生，以致荒了教学的田，肥了自己的腰包，浪费了家长的钱财，耽误了学生的学业，导致教师形象受到了严重的损害，致使以教谋私的现象屡禁不止，引起了广大家长的不满，教育的诚信、教师的诚信受到了不同程度的破坏。

“明礼诚信”作为一种社会公德，要求每一个社会公民去遵守，去践行。职业可以有优劣，职位可以有高低，但做人的根本品质是不能丢的。为商要有商德，为官要讲官德，为师更要有师德。《中小学教师职业道德规范》要求：教师要“坚守高尚情操，知荣明耻，严于律己，以身作则，自觉抵制有偿家教，不利用职务之便谋取私利”。作为一名教育工作者，作为一名灵魂的塑造者，更要以诚实为安身立命的根本，“人而无信，不知其行”，“师若无信，难以为师”。作为教师要诚心诚意为学生着想，努力加强自身的道德修养，自觉抵制各种诱惑的考验，要以自己的实际行动引导人，要敢于同这些有损师德、有违师风的现象做斗争，还教育的纯洁，还教师的诚信，树教师的形象。

（2008 年 4 月发表在《未来导报》）

教育，经不起折腾的事业

那天中午我在学校值班，还不到十二点半，我发现校园里有四五个学生东躲西藏。因为是静校时间，所以我叫住了其中一个，询问他们不回家的原因。经过了解才知道，他们是四年级学生，离学校太远了，骑自行车需要半个多小时，实在没办法回家。看着这些十岁左右的孩子，我的心中挺不是滋味的，后来也给他们一些人文规定：不回家可以在学校，恶劣天气允许这些学生迟到。因为我们是人民教师，学校是育人的摇篮，关爱学生是我们的天职，我们也别无选择。

综观布局调整和学校撤并,某些方面确实让人欢喜让人忧，盲目的“一刀切”的撤并，使有些农村地区的孩子苦不堪言，不管严寒酷暑，不管风吹雨淋，学还是要照上的。因为撤并，上学的路程越来越远，家长的花费越来越多，老师越来越担惊受怕，学校同样不堪重负；在寄宿制还遥遥无期的时候，苦的是农村的孩子，累的是学校的管理，怕的是学生的安全。在许多机制没有健全、制度不够完善的情况下，在许多后续问题还没有得到解决的时候，学校撤并必然会凸现许多问题，这需要政府、社会和学校去思考和完善。

再看看课程改革的过程中，教材的随意变换，给学校管理和学生学习带来不少麻烦，今年北师大版，明年人教版，不知后年是何版？虽说百花齐放版本自选，但学校的基础资料怎么建设，教师的备课怎么传承，教学方式及方法怎样联系，学生的作业怎样配套，教学质量的比较和评价怎样进行。事实上，一所学校同时并存若干版本的教材，无论对科学的教学管理，还是对课程教学改革的稳步推进，确实叫人感到无所适存。

前不久，在网上看到有全国政协委员提出“建议全国用10年时间，分批废除简体汉字，恢复使用繁体字”的提案建议，并且列举了三条原因。对此，我们感到十分震惊，中国的文字从出现至今，其发展经历了和许多自然规律、历史规律一样的阶段，从这个发展的脉络来看，体现着由繁趋简的过程，体现着文字作为一种记载工具的实用性质，越来越简单、越来越便捷、越来越被人们接受和使用。不管专家怎么认可，但简化字是十几亿老百姓天天使用的啊！如果再去折腾汉字，我们的初级教育的难度可想而知。

胡锦涛同志提出的“不动摇、不懈怠、不折腾”，是掷地有声又发人深省的警世之言。教育改革是必要的，也是必需的。但每一项改革，必须从实际中来，到实际中去，要禁得起实践的检验。在当前教育改革的攻坚阶段，更应该需要继承、坚守和慎重，更应该去积极思考，深入实际，调查研究。一是要谨慎从事，科学决策，稳步推进，不要随便发号施令；二是用教育价值去衡量它，如果没有什么教育价值的，就可以认定它至少没有遵循教育的客观规律；三是要有“以人为本”的理念，有利于落实国家教育方针的改革我们就赞成，有利于学生成长的事情我们就拥护，有利于家长利益的措施我们就答应。曾经参与制定《国家中长期教育改革和发展规划纲要》的朱清时教授说：教育的规律有很多层次。除了教学目标、教育方式方法之外，我觉得当前很重要的一点，就是对教育千万不要瞎折腾，要让教师和学生有尽可能多的时间静下心来看书、想问题。如果我们不考虑客观条件是否成熟，片面追求“做大做强”，是不是有急功近利之嫌，是不是与科学发展观不相适应。所以说，教育是事业，是事业需要我们像春蚕和蜡烛一样献身；教育是科学，是科学需要脚踏实地事实求是地论证；教育是规律，是规律就不要好高骛远一味去折腾。

（2009 年 9 月发表在《未来导报》）

农村课堂教学改革路在何方

老叔今年五十有六，在农村教育战线上奋斗了33个春秋，因为身体原因，只能请假在家休息。跟他聊起农村的新课程改革，他忧心忡忡。他说，农村的教师能够坚守，能够尽职，就是对教育做出的最大贡献，至于课改的推进、素质教育的实施，只能流于形式，进了常态下的课堂，你就什么都知道了——听完一位老教师掏心的话后，我静下心来琢磨：常态下的农村课堂教学应该是什么样子？新课改的理念在常态下运用了多少呢？带着这样的疑问，笔者正好借“联片教研”、“专题教研”、推门课等形式，对农村课堂教学进行了调研，所涉及的学科有语文、数学、英语、美术、音乐等，授课教师既有经验丰富的老教师，也有近年成长起来的教学新秀；所听课既有新授课，也有练习课，从而保证了学科的覆盖面和所听课型的多样性。经过深入课堂，与老师交谈，查阅教案，对教学效果评估等，深深感觉到农村课堂教学改革确实任重而道远。

纵观农村课堂教学的现状，首先是课前准备明显不足，一节课要完成什么目标，采用什么方法，达到什么效果，课后如何进行针对性的训练等，没有明确的认识，有跟着感觉走之嫌。其次是备课质量低下，“抄教案”、“下载教案”的情况依然存在，新课改理念在教案中没有完全体现。教学中教师照本宣科，课堂程序完全按老师的预设套路进行，在学习过程中没有按学生的生成反映而及时调整计划。可以这样说，教师左手牵教案，右手牵学生，课堂教学显得僵化呆板，教师对学生缺乏相机诱导，急于包办代替，教学效果可想而知。再次是学生主体地位体现不够，部分教师“穿新鞋，走老路”，大多数教师仍然是“一支粉笔，一本书”的讲授，远程教育使用率低，“满堂灌”、“满堂问”、“满堂读”、“满堂游戏”的现象仍然普遍，学生的积极性没有完全被调动，自主性没有落实，合作流于形式，缺乏探究和实践，评价方式单一，师生互动、生生互动的局面没有形成，学生的独特体验没有被激发出来，束缚着学生的个性发展。

掩卷沉思，我们不能不为农村的课程改革捏着一把汗，对于课堂教学中存在的问题，我们确实需要反思。农村课堂教学的改革出路究竟在哪里？轰轰烈烈的课程改革，对农村的教师、农村的学生究竟有多少触动？我们甚至还担心农村课改再次被边缘化、形式化。教师的观念转变是一项艰巨的系统工程，在常态下的课堂教学中，怎样把新的理念融入课堂，贯穿于教学，需要我们做出艰苦的努力。我们不得不承认，专家的解读，“名师”的讲授，名家的讲座，有多少能够与农村教学接轨？同时，我们也不得不面对形式主义在农村课改的蔓延，各种花样翻新的“演课”在农村几乎没有什么感召力和吸引力，一则技术装备落后，二则制作水平有限，确实给老师们一种“恍若隔世”的感觉。部分教师培训浮在面上，缺乏针对性，对农村的课改没有什么指导性。远程教育中资源的整合和操作，以及课堂教学中运用和效果，也是摆在我们面前的重要课题。农村师资力量薄弱，部分教师有心无力，工作任务重，无暇继续学习，已经落伍于信息时代，而对新课改，确实不知道怎么办，感到茫然和无助。还有部分有力无心，对新课改瞻前顾后，怕教学质量滑坡，怕遭受失败，怕运用新方法遭到非议，从而产生困惑。

农村的课堂教学改革应该怎样实施，农村课改教师应该怎样培训，农村教育公平怎样体现，是我们每一个教育工作者需要深度思考的问题。凭着对教育的责任和良知，我们还需要不断探索，不断革新，不断完善，不断努力，真正使农村课堂教学改革推向前进。

（2009 年 9 月发表在《未来导报》）

“老师，我没有优点”

接这个班的数学已经半学期了，按惯例，我要对新接的班级学生进行一次较为全面的摸底，以便改进自己的教学，从而有针对性地进行教育。

我走上讲台，对全班学生说：“同学们，今天老师给大家留的作业很有趣，就是利用下课前的五分钟，希望每个同学写出自己至少一个优点。老师要看看，哪个同学的优点多。”全班同学情绪高涨，纷纷写了起来，教室里静得只听见沙沙的写字声。就在这时，坐在后面的一位女同学怯怯地举起了手，我走到她跟前，问：“孙晔，你有什么问题吗？”她慢吞吞地说：“老师，我没有优点。”教室里面一阵哄笑，所有的目光像聚光灯一样射向这个同学，我也为她的回答感到吃惊。但我还是装作若无其事，顺势给了这个同学台阶：“你可以回家想想，相信自己一定会有优点的。然后在下午告诉我，好吗？”她点点头，眼睛中充满了感激，也充满了困惑。

下午第一节课后，我看到办公桌上有一张纸，上面密密麻麻写满了字，我拿过来一看，是孙晔写的。我认真读了起来，上面写道：

老师，谢谢你让我找优点，但我确实没有发现优点，因为在爸爸和妈妈眼中，我就没有优点。他们对我很严厉，我也很害怕，每当放学回家，我听到的都是责骂，他们说我懒惰，说我的智力不好，字也写得不好，作业老有错题，不跟邻居的小孩玩，吃饭爱挑食，看电视坐姿不好，爱看与学习无关的书……班主任老师也不喜欢我，我的《素质教育报告手册》上面写的也是缺点，我真的找不到我的优点，老师，请你原谅我！

读了孩子的这封短信后，我思绪万千，略作思考后，我在这页纸的末尾写上了四句话：

你很诚实。你很懂事。你的文章写得好。你一定会成为老师喜欢的孩子。

写完后，我打算把它交给孩子，至少我帮助他找回了四个优点。

我到班主任老师办公室拿了该生的《素质教育报告手册》，看到前四年的评语，我真的理解她为什么没有优点了。

第一年的评语：孙晔同学，你文静，懂礼貌，有一双会说话的眼睛，乐于帮助同学，就像一个小大人，但学习比较吃力，希望你认真听课，认真完成作业，争取好的成绩。

第二年的评语：孙晔同学，你很漂亮，能遵守纪律，讲究卫生，但学习态度不端正，上课不认真，作业书写较乱，考试成绩不理想，希望你更上一层楼。

第三年的评语：孙晔同学，你能积极参加劳动，但学习习惯不好，态度不端正，作业不认真，上课不回答问题，学习没有上进心，希望你努力改正。

第四年的评语：孙晔同学，老师希望你上课认真听讲，不要在课堂内偷看小说；作业要认真完成，不要撒谎骗老师；考试成绩比较差，要认真查找自己的问题；假期内要培养良好的行为习惯，认真完成假期作业。

看完学生写给我的信，再看完老师给学生的评语，我真正理解了一个童心未泯的孩子的忧虑，真正感受到了“一个没有优点”的孩子的苦闷，真正为我们教育的缺失感到痛心。无论在家里，还是在学校，孩子的生活是灰色的，评价是消极的，缺少了欢声笑语,没有了阳光灿烂,哪里还有什么自信和尊严?学生的天空始终布满了乌云，她的优点渐渐淡出了家长和老师的视野，自信心和上进心自然也会消失殆尽，“好孩子”似乎也与她渐行渐远。

俗话说：好孩子是夸出来的。哈佛心理学家詹姆士说：“人性最深刻的原则就是希望别人对自己加以赏识。”著名赏识教育家周弘说：赏识教育的奥秘就是唤醒每个孩子心中的“好孩子”。作为教师，作为家长，我们需要反思自己的教育理念，改变我们的教育方法，善于用发展的眼光，发现学生的优点和特长，及时给予必要的肯定和鼓励，多一次鼓励的眼神，多一句赞美的话语，多一把评价的尺子，让学生挺起自信的胸膛，健全自己的人格，抬起头来走路，让他们在赏识中前行，在成功中体验，在自信中提高。

（2009 年 8 月发表在《未来导报》）

谁替“我们”解忧愁

当我打开信封，里面装着一封信和一封《安全协议》，看着上面的签名，我的脑海中立刻浮现出那位三年级“多事”的家长。前不久，就因为农用车接送孩子的事，学校副校长三次督促他，可他在校门口情绪激动，大吵大闹，不但拒签协议，而且声称还会继续用农用车接送。事隔几天，今天给我写信，究竟会写些什么呢？我打开随意折叠的稿纸，上面写道：

校长：

您好！

首先，我给你赔罪，我脾气不好，得罪你们了，请你们原谅。

我知道你们不让我用这种车接送，是对我们好，对我们的孩子好。你们的《告家长书》我看了，你们的安全协议我也看了。可是，你们知道不知道，我是专门为了接孩子才买的车啊。我们农民不容易，你们也要理解理解我们的苦衷。

当初村子里有小学的时候，我们上学比较近，虽然我们知道教学质量不如你们这里，但我们还是愿意到村小上，因为我们方便，我们的孩子上学比较安全，我们不用担心。可是，去年，村小撤并了，我们那儿没有了学校，我们只能到你们这里上学。校长，你知道吗，我的孩子才九岁，学校离我家有十几里地，特别在冬天，我们实在没有办法。

为了接送孩子，我不能外出打工，我一开始用摩托车，可是冬天孩子太冷，每天早晨孩子到校门口，冷得直哆嗦。后来，我才买了这辆小农用电瓶车，我在上面打起了顶棚，至少为孩子能够遮遮风，你们如果不让我接送，我该怎么办？谁替我们解忧愁呢？所以，希望校长理解理解我们，都是心头肉啊，孩子又不能住校，我只能这样了。安全协议我签了，但接送孩子我实在无能为力，请你们谅解为盼。

读着家长诚恳的话语，看着桌面上签订的安全协议，我陷入了沉思，内心久久不能平静。是啊，在甘肃正宁 11·16 校车事故中，有人说家长的责任也是不可推卸的，明知道车内有 63 个学生，第 64 个学生的家长为什么还要送孩子上车，他们的安全意识在哪里？他们的责任意识又在哪里？他们为什么不拒绝超载？道理是对的，但我们都忽略了深层次的问题，那就是关于教育均衡的问题，关于农民子女上学难的问题。孩子要接受教育，由于盲目的撤并，就近又没有学校，只能到有学校的地方去上学；上学的路途远了，家长也更加担心了，而早就吵吵嚷嚷的寄宿制学校又遥不可及；家长既要养家糊口，又要接送孩子，简直有点分身乏术。面对这样的窘迫之境，农民的忧愁谁去了解？所有的这一切，岂是家长能奈何了得？我们知道，孩子都是祖国的未来，都是未来的花朵，农民子女的就学确实需要高度的重视和格外的关注，但愿“办人民满意的教育”不是一句空话，但愿“为了一切孩子，为了孩子的一切，一切为了孩子”不是一句流行的口号。

我们可以不断地强化安全措施和安全管理，我们也可以与家长签订所谓的安全协议，但真正的安全隐患需要我们群策群力去整治，需要我们面对现实脚踏实地，从家长的角度出发，从孩子的成长出发，从学校的实际出发，不仅仅要绷紧安全这根弦，而且要夯实安全的根基，实实在在为孩子着想，真真切切为未来奉献，迎接和谐而美好的教育春天。

（2012 年 7 月发表在《甘肃教育》）

外甥上学的苦恼

外甥在农村上小学，是所在学校的“尖子生”，曾被评为区级“三好学生”。上四年级了，妹妹说让我帮忙联系参加城市小学的考试，目的是看看学习究竟怎么样，准备小学毕业到城市上初中。可考试结果并不好，尤其英语几乎挂零，外甥一下像霜打的茄子，闹着要转到城里上小学。外甥说，农村学校正常开设语文、数学等课，没有开设英语，如果等到两年后上初中，怕是跟不上了。妹妹一家也很担心，希望我尽快联系转学。

说实话，我对外甥考试成绩并不感到意外，农村小学的教育现状我多少还是有所了解的。但问题是转学的困难也是明摆的：一是转学的审批手续繁杂，要做到所谓的“五证齐全”，对一个土里刨食的农民家庭来说，谈何容易。二是食宿问题，城区所有的初中均没有寄宿制，要在城市上学，妹妹一家就要开始艰苦的陪读生活，这是一笔多大的开支啊。三是担心外甥的适应能力和接受能力。但为了孩子，妹妹的态度尤为坚决，并对我说："农村家庭所有的希望都在孩子身上，就是砸锅卖铁，也要让孩子受到良好的教育。"

几经周折，外甥转入了市区一所比较好的小学就读。跟原来的农村学校相比，外甥似乎走进了一个陌生的世界，言谈举止有点格格不入,英语和微机又跟不上,租的房子离学校有点远，外甥一度显得很消沉，甚至都有重回乡下读书的想法。但执着的妹妹，千方百计做孩子的思想工作，以自己的艰辛和勤劳激发孩子，鼓励其勤奋进取。在英语课的补习上，妹妹省吃俭用，找了最好的课外辅导中心，利用星期六和星期天，每月坚持补习八次；同时，要求外甥每天坚持记单词、听录音，好在外甥有良好的意志品质，在两年的勤奋苦学下，各门功课都赶到了班内前五名，并且以优异的成绩考入城区内比较好的中学。

外甥的苦恼，其实是城乡教育公平的一种缺失，是农村孩子求学的一个缩影。尽管我们说义务教育的公平是最基本的公平，尽管我们说教育均衡是教育公平的基础，尽管有人提出在城乡教育不平衡中寻找平衡的支点。但说易行难啊，同样的教材，同样的时间，花费同样的精力，而得到的教育效果是完全不同的。究其原因，一是农村的传统的教育观念制约着教育的发展，只要有学校上学、有教师上课就可以了，人们对教育的重视还停留在口头上，而很少有家长过问学校的教育质量。二是教育资源不能共享，教育投入明显不足，各种比较先进的教学设备依然奇缺；课堂教学的质量和效果不彰，农村教育改革还停留在起步阶段，课程改革换汤不换药，穿新鞋走老路。三是农村教师生活状况和生活待遇问题，这需要全社会和政府去创新机制，健全制度，改变思路，落实以人为本的理念，真正做到事业留人、感情留人、待遇留人。

好在教育均衡的问题已经引起社会的全面重视，城乡教育均衡的路程虽然遥远，但相信在不远的将来，农村教育改革终将露出曙光。

（2010 年 3 月发表在《未来导报》）

网络研修，一次美丽的邂逅

参加网络研修，对我来说还是比较陌生的。屈指算来，参加的培训和聆听的讲座真是不少。由于多方面的原因，大部分培训往往虎头蛇尾，效果不彰。所以，当网络培训开始时，无论是思想准备，还是认识程度，都没有引起足够的重视。只是把它当作一次普通的培训，结果比过程重要，过程只是一种形式，一种可有可无的东西。

再说，最近学校工作比较繁忙，校际间联片教研活动和校内教学能手选拔比赛正如火如荼地进行，白天除了上课、听课，还要应付许多事务性的工作，忙得不亦乐乎。即使这样，出于好奇，为完成任务而完成任务，每天还是忙里偷闲，不定时登陆工作室，评判别人的作业，浏览别人的论文，体验别人的感悟，聆听专家的讲座，分享别人的成果，才感觉到网络研修是一个大观园，争奇斗艳，精彩无限。

于是，自己的看法渐渐发生改变，学习兴趣也日益浓厚，自己制订了学习计划，强迫自己静下心来完成每天的功课：每天浏览至少两篇文章，每天评判至少两篇作业，研修感言随时上传，必修作业坚持原创，选修作业也不敢怠慢。这样的硬性规定，为的是不让自己给自己找借口，为的是让自己守住宁静剔除浮躁，为的是让自己从事务中解脱在学习中充实。我们知道，每位教师都有潜在的能力，而能力就像支票，如果被懒惰和坏习惯消磨，就换不成现金，那么最终还是一张空头支票。认识深刻必然带动态度端正，我决心在网络研修中，学有所思，学有所得，学有所获。

说实话，行进在互动式网络研修的道路上，我才感觉到它的魅力和精彩。掩卷反思，多少教师在过去的教学生涯中，在来去如飞的岁月中，曾经的激情被冲淡，锐气被周而复始的琐碎工作所替换，围绕在头上的光环逐渐消失。聆听过专家的见解，看到他们对专业的执着，浸润着专家身上的智慧气息，使我的灵魂得到一次洗礼，让自己的思想受到了震动。网络研修还催生我的专业成长，它改变了单调和枯燥的生活，解决了以往与同行在一起探讨问题的困难，由过去那种“闭门造车”、“独学无友”的封闭成长状态，进入了“自主开放”、“协作创新”的发展境界。作业的评判是我尤其喜欢的环节，这是一个交流的环节，一种学习的途径，一项实践的互动，我在评判中得到三点益处：一是比照自己、修正自己、完善自己。对别人的教学设计，我首先换位思考，如果自己去设计，去操作，会是怎样的流程，然后拿自己的与别人的比较进行反思。二是运用新理念，落实新目标，提炼新方法。根据自己对新理念的理解，从教学重点入手，围绕目标抓落实，学习别人的长处，修改自己的不足。三是认真研读，认真思考，认真下评语，力争客观、公正、有一定的价值。正是因为这样的坚持，我的能动教研意识得到了加强，业余时间主动参与网络同组人的互动，让我的生活更加充实了。咫尺天涯的成长在跨越时空的环境中起航，困惑与愉悦的思想情感在真诚的碰撞中产生了闪光。同时，网络研修还给了我一个资源库，提供了空间无限的资料贮存库。一些教师把“课堂案例分析”、“教学论文”、“教学设计”、“教学心得”等发布于“博客”上，这样不仅使更多的教师享受到了这些优质的教学资源，同时通过网上点评，多方互动，最后弃其糟粕，取其精华，不仅使发表的文章达到最好的水平，同时将这些资料在网上贮存起来，日积月累，这些资料将成为学校和每位老师的精神财富。

网络研修是一扇窗，即使屋内很温馨，却也不能替代窗外的风景，看连绵的青山，才知道什么是高度；看千里碧野，才知道世界的广阔。

网络研修是一个舞台，无须浓妆艳抹，只要勤勉务实，用你的真诚赢得观众，用你的尊重赢得尊重，展示一个与众不同的自己。精品等你赏，困惑有人释，对着屏幕遨游教海，为梦中的芳草地，感觉已胜却人间无数。所以，网络研修是一次美丽的邂逅，错过了就失去了一次提高的机会，错过了就失去了一次交流的机遇。

（2010 年 4 月发表在《未来导报》）

启动“加油站” 为德育助力

记得哲学家康德说：“最崇高和最令人敬畏的东西，是我们头上的星空和内心的道德法则。”学校是道德培育的土壤，这片土壤需要我们用心耕耘，用爱呵护，我们习惯于把德育看成是“务虚”的事，所以有了空话连篇的说教，有了“高、大、全”的德育内容，怎样把“无形”德育变成“有形”教育，我们进行了有益的尝试。

我们坚持实施“德育激励卡”制度，“德育激励卡”分为黄色、粉色、大红色三种，其中大红色为校级德育之星，粉色为班级德育之星，黄色是日常活动中激励而使用。“德育激励卡”制度的基本理念是：让百分之百的教师用“心”书写卡，让百分之百的家长用“爱”关注卡，让百分之百的学生用“行动”获得卡。学校在每学期开学，按照规定数量发给学校领导、班主任、科任教师、学生家长足量的蓝色“德育激励卡”，每个“德育激励卡”持有人面向全校学生、全学期，对全体学生进行发放。可以是感动父母、孝敬父母的一件小事；可以是捡拾垃圾、爱护校园的一个举动；可以是伸手援助、助人为乐的一个善举。只要是真实的、感人的、具体的，就有获得“德育激励卡”的机会。

我们这样做，缘于重视学生的现在，着眼学生的未来，追求对学生发展的关怀，鼓励更多的学生更好地自我完善。希望通过评价，通过学生的不断努力，不断修正，不断进取，引爆学生行为的“正能量”，激励学生在原有的水平上有所提高，达到“逐步成功”的培养目标。学校根据学生“德育激励卡”积累数量的多少，每学期将班级前十名的学生评为班级“德育之星”，每期家长会进行表彰鼓励，让每个班级的“德育之星”成为班级行为规范的楷模。每年把获卡数量前一百名的学生评为校园“德育之星”。班内“德育之星”在班内张榜公布，校园“德育之星”每年进行表彰奖励，并在校园进行张榜公布。在“德育激励卡”的鼓励下，在我们的校园里，有许许多多这样的身影：他们伸出勤劳的双手，捡起了地上的果皮纸屑；他们伸出灵巧的双手，认真地修理着教室里损坏的桌椅等；他们怀着一颗真善美的心，关爱他人……这些点滴小事都折射出学生的闪光心灵。

为了让德育之星发挥更大的作用，我校把百名“德育之星”组成学校“雷锋班”成员。每个班级设立一个“雷锋小组”，班级“德育之星”成为“雷锋小组”成员，每组都有好人好事记录和班内活动记录，定期组织学校主题教育活动和社区实践活动，让“小雷锋”们活跃在校园的每一个角落，让“小雷锋”的精神感召每一个幼小的心灵，由此把“雷锋精神”和“德育激励卡”活动有机结合，形成了长效机制。

学校的“德育激励卡”活动，不仅创新了德育教育的方式，而且调动了学校、家庭共同互动的德育理念，使德育内容化虚为实，德育目标化大为小，切实提高了学校德育的实效性，落实了养成教育，提高了学生素质。

（发表于2012年8月《中小学德育》）

每一朵花都有盛开的理由

那是开学初，一位老人带着一名跛脚的孩子要求入学。老人说，这是个留守农村的孩子，生活上没有人照顾，上特殊学校太远，没有人接送，家庭情况又特殊，希望能够在我校上一年级。说实话，对于学校而言，我们没有任何理由去拒绝家长，也无意去歧视任何孩子，但因为这个孩子行走不便，我们真的不能保证这个孩子如何能顺利地完成学业，我们真的不想让班主任老师背负这样的压力和责任。在家长的三番五次的请求下，我们被感动了，最终同意这个孩子入学了。记得在一次防震演练快要结束的时候，楼门口最后走出两个人，一个是这个孩子，另外一个是孩子的班主任。看到这个温暖的场面，我既感动又欣慰，感动的是，老师在这样的演练中，能够陪着一个行走不便的孩子，在众目睽睽之下，走完那段本来就不远的路，在我心中，这是一种精神，更是一种境界，它超过了演练本身的意义和价值；欣慰的是，这个孩子的演练没有“被取消”，他依然有机会参与这样的活动，能够遇到这样的老师，能够在关乎生命的时刻，有一个身影在陪伴，有一份爱在关怀。

记得一次“大课间”活动间隙，我在操场回办公室的途中，一个身影在我前面一晃而过。我看见一个高高瘦瘦的男孩，弯腰捡起了一个白色的塑料袋，走向了垃圾桶。我知道，这个孩子是五年级三班的，一个“问题”学生，一个单门课考个位数的学生，一个让任课教师头痛不已的学生，一个经常逃学的学生。他这个举动，其动机和出发点究竟是什么呢？是我校提倡的“日行一善”的具体行动吗？还是想得到“德育激励卡”？但是，这个疑问只是在我头脑中一闪而过，我最终还是决定要赠他一张“卡”，一张可能被善意欺骗的“卡”，不为别的，就为鼓励和肯定他的善举，我叫住了他，郑重地填写好并交给他。他用微微颤抖的手接过去，用超过九十度的鞠躬感谢我。也是在一个阳光明媚的下午，隔着窗户，我又发现那个“问题”孩子，捡起了一个矿泉水瓶，跑向了垃圾桶。我想，这样的时候，这样的举动，我们还能用固定的眼光去看待他吗？我们还能怀疑什么呢？这个孩子还能意识到有一双眼睛正在注视他吗？

在这样一个城乡结合部的学校，我们没有任何理由去选择学生，我们希望不管是什么样的孩子，在这里都有适合他们成长的土壤。这里，由于受到传统教育思想的浸润，由于受铁路企业文化的影响，办学思想应该兼容开放与个性，记得自1998年起，学校就把“人人有特长，班班有特点，处处显特色”作为办学追求，先后开设了书法、舞蹈、二胡、竖笛、乒乓球等十几个“社团”，要求百分之百的家长帮助孩子选择，要求百分之百的学生参与，选择自己所喜爱的，展示自己所钟爱的，培养自己的兴趣和特长，让每一个孩子吮吸素质教育的雨露，让每一个孩子培育自己的心灵之花。我校的一名舞蹈老师就是在这种思想的熏陶下成长起来的优秀代表，她小学六年在我校舞蹈班学习，六年级毕业后被选拔到甘肃艺校，毕业后考入到西北民族学院，然后分配到母校任舞蹈教师。她的成长轨迹，其实就是学校“关注每一个孩子发展”的缩影。也正是因为这种理念的渗透，使那么多的农村家长选择和信任这里，使那么多的孩子愿意到这里体验适合的教育，寻梦幸福教育，奠基未来人生。

如果我们把学校比作花园，老师就是园丁，对于那些艳丽多姿的花儿，要多一些呵护和包容；面对初露嫩芽的花骨朵，要有等待花开的耐心。因为在这个争奇斗艳的天地里，应该让每一朵花都有适合生存的土壤，让每一朵花都有绽放的理由。

（发表于2013年12月9日《武威日报》）

有一种爱叫作放手

清晨的校园是匆忙的，步履匆匆的家长，顾不得自己的辛苦，顾不得自己上班迟到，风雨无阻地送自己的宝贝上学。看看那些“小皇帝”和“小公主”们，有到了校门口高声嚎叫的，有到了学校门口无理取闹的，有到了教室门口还在“依依惜别”的，此情此景，叫人感动之余，总是感到莫名的忧虑。对于家长的心情，我是有切身体会的。但作为一名教育工作者，总想把这种想法写下来，对家长也好，对学生也罢，或许会有一点点帮助。

记得小时候上小学，学校离家有三四公里，每天清晨在母亲的催促声中踏上通往学校的路。或背着小书包，在村口的路边等着可以和自己同行的伙伴，一路有说有笑，一路打打闹闹，那应该是一天中最自由的时光；或是拿着自己心爱的课本，一边走一边读书，要是老师留了背诵的任务，一路走来“读”此不彼，乐在其中。上学的一段路，没有母亲的陪伴，没有父亲的护送，倒也走得坦然，走得无忧无虑，走得叫人难忘，仿佛就在昨天。

有了自己的孩子，从上幼儿园到小学，总是有人保驾护航。上学前班时，为了图省事，孩子常住母亲家。母亲的照顾最彻底，从学校到家只有 3 分钟的路程，但每天上学放学，总是有母亲执着的身影等候。看着母亲攥紧女儿手的样子，听着母亲注意安全的谆谆教导,所以对孩子的这些小是小非就懒得去管。因为我知道，在母亲的心目中，宝贝孙女是心头肉，要星星绝对不会给月亮。后来感觉到孩子教育要靠自己，所以在母亲不情愿的絮叨声中，接孩子到自己家，也许是人的本性，也许是爱的本能，也许是对独生子女的怜爱，我也在自觉不自觉地重复着母亲的做法。上学跟我一起走，路上与我寸步不离，甚至紧紧地牵着手。放学在校门口等我，不见不散，已经养成了一种习惯。我有急事出差，她居然能在校门口一直等，直到母亲去接她。为此还落了母亲不少的埋怨。

有一天，到朋友家做客，看到朋友 10 岁的孩子，提着买来的大包小包的蔬菜进来，俨然一个小大人。我惊诧不已，因为在城市里长大的孩子，就像在“温棚”里长大的“独生苗”，能干这些活的实在是太少了。朋友告诉我，他的孩子从一年级时，就自己坚持上学，因为两口子在乡下工作，难得跟孩子在一块，更别说送孩子上学了，所以经过生活的锻炼，如今孩子的自理能力得到了很大提高，不但能够独立解决上学、放学的问题，而且还能帮助爸爸妈妈做力所能及的家务。朋友说，对孩子不要包办得太多，大胆地放手让孩子去锻炼，你会得到意想不到的效果。

回家了，与妻子商量，决定纠正目前的做法。与母亲沟通，母亲的理由多得数不清，就是要坚持自己陪送，但我只能拿自己上学的事说服母亲。与女儿沟通，刚一说她就开始哭哭啼啼，但胳膊扭不过大腿，她还是不情愿地答应独自去上学。因为从家到学校要过两次马路，所以最初妻子像侦探一样跟踪了两次，确实没有什么“意外”，于是女儿在千叮咛万嘱咐中逐渐地学会自己上学。在孩子的成长过程中，这样的小事微不足道，但能够在点点滴滴中注意引导，加强锻炼，就一定能够地健康成长。如今，女儿的进步是明显的，大人不在的时候自己能够料理生活，还能干一些力所能及的家务，学习中的自主能力也得到了加强。

清晨的校园是美丽的，因为下着淅淅沥沥的小雨，因为有有增无减送孩子的“大军”，因为有各种不同的雨伞摆成一幅幅精美的图案，雨伞下面流动的那份爱，真的需要我们去理性地思考。因为人的一生中，遇到风风雨雨在所难免，我们不可能一辈子为孩子去“撑伞”，我们也不可能一辈子为孩子遮风挡雨，只有放手让孩子去经历风雨，学会让孩子自己“打伞”，才是我们教育的终极目标所在。

（发表于2007年12月7日《武威日报》）

曾经借分数的孩子

秋夜如水，寂寞站台。

刘老师要出趟远门，在站台上静静地等候。

列车就要进站了，刘老师整理着大包小包，正愁怎么拿。

“我来帮你，刘老师。”亲切的声音从身后传来，在灯光的映衬下，刘老师看到一个修长的身影向自己走来。

站在刘老师面前的，是一个瘦高个的小伙子，一身笔挺的铁路服，一张有棱有角的脸，显得那么英俊，那么潇洒。

“我是你的学生，我在火车站上班，我来帮你拎包，刘老师。”说完，他已经把两个大包提了起来。刘老师看着这个小伙子，自己倒显得木讷起来，全然没有了讲台上的妙语连珠；因为刘老师教过的学生太多了，可不争气的记忆，怎么就想不起他是谁呢。

小伙子并不在意，正快步向前走呢。刘老师一边走，一边搜寻着记忆……

终于，刘老师想起来了。这不是那个同学们叫“东方不败”的小伟吗？那个父母离异跟着爷爷奶奶生活的孩子，那个上课小动作不断“一刻不得闲”的孩子，那个下课打架常被点名批评的孩子，那个让班级老扣分影响刘老师评优评先的孩子，那个语文和数学曾经加起来不到50分的孩子。

刘老师清楚地记得，那是一次期中考试，小伟的语文考试只得了48分，但这个48分是小伟历次所有考试中最高的。新学期以来，虽然在刘老师和同学们的帮助下，小伟的各方面都有很大的进步，但48分依然是垫底的分数。那一天，刘老师正在改作业，小伟走进办公室，希望老师能给他及格分，暂时借他12分。刘老师愉快地答应了，但要求加倍偿还。同时，刘老师在家长会当天宣布小伟被评为“最佳进步学生”。小伟哭了，哭得很伤心，但从此小伟也变了，变得很用功、很可爱……

列车开过来了，小伟把刘老师送上车。刘老师拉住他的手说：“小伟，谢谢你。”小伟愣了一下，眼睛里有一种异样东西在滚动。“不用，刘老师，谢谢你借分数给我。”小伟一边说，一边把刘老师扶上了已经启动的列车。

透过车窗，看着挥动的那双手，刘老师思绪万千，但心中却温暖无比。

（发表于2010年3月26日《未来导报》）

“根叔”给我们的启示

“根叔”名叫李培根，是华中科技大学校长。在2010届本科生毕业典礼上，他因一篇16分钟的演讲，使近8000名学子受到母校最后一次心灵的洗礼，全场学生亲切地喊他“根叔”，迷恋“根叔”的人更是数以万计，“根叔”因此而走红网络，在社会上更是刮起“根叔式”的旋风。

笔者注意到，今年的高校毕业生典礼上，上海交大、广州外贸大学等学校的校长纷纷效仿，个性化、通俗化的表达方式和演说风格，对原有的很多套话形成一定冲击，深受学生喜爱和推崇。同样，今年的“根叔”讲话《未来》，精彩依然，更是让学生热捧。对于“根叔”式的讲话，为什么会引起如此的反响？为什么会发自内心地喊“根叔”？带着这些疑问，通过品味“根叔”的讲话内容，自己也有点迷恋“根叔”了。

迷恋“根叔”，缘于学生发自内心的呼唤。太多的事实，太多的经历，告诉我们，“官本位”充斥校园。不要说是大学，就是一般的中小学，师道尊严高高在上，等级观念的烙印依然清晰。我们知道，“根叔”面对的是未来社会的精英，绝不是因为单纯的讲话而打动学生，而是因为他能够与学生坦诚交流，走进学生的生活，了解学生的内心世界，要不怎么能够把“俯卧撑”、“躲猫猫”、“蚁族”、“被就业”等网络热词融于演讲之中；要不怎么能够把“吉丫头”、“校歌王”、“选修王子”等这些学生记在心里；要不怎么能够发现在学校BBS“潜水”的“根叔”以及与网瘾学生面对面座谈的“根叔”。“根叔”已经走下了神圣的讲台，像邻家的大叔一样，倾听学生的谈话，亲切与学生交流，这样的校长应当受到学生的敬仰和爱戴。

效仿“根叔”，缘于“根叔”是学生有形的榜样。我们有理由相信，堂堂华中科技大学的校长，工作的繁忙程度不言而喻，完全可以把这样的讲话“放权”给部下，讲话稿完全可以由“创作班子”去完成，但“根叔”选择了亲力亲为，自己撰写，而且在回国的飞机上撰写，这种敬业精神难道不值得我们深思吗？在这样盛大的毕业典礼上，在长达3个小时的毕业活动中，他有理由提前退席，还用得着与学生合影、与近100多名学生拥抱吗？在这样的毕业典礼上，没有听到“根叔”的评功摆好的言辞，听到的却是“拷问”自己声音：我为你们做了什么？我还能为华中科技大学做什么……可以说，“根叔”是真诚的、真实的、平凡的，他一直生活在学生之中，他关注着大家的成长，关心着大家的喜乐哀愁，早就与学生结成了非同一般的情谊。他的讲话点燃了学生的激情与梦想，句句充满爱和真情，字字落地有声深入内心。这样的演讲怎么能不打动人心，引起强烈共鸣？

“根叔”的现象或许是教育的一种缺失，我们可以迷恋，我们可以期望，但愿不再是一种新闻，一种传说，因为这样的讲话本身传递的就是一种教育思想。一位好校长就是一所好学校，一位有人格魅力的校长就是师生学习的榜样，这样的校长受到师生的爱戴和尊敬是无可厚非的。但如果校长高高在上成为一种习惯时，就需要引起我们的深度思考。孔子与学生坐而论学，陶行知蹲下身子与学生交谈，现代教育的校长，如果少了与学生面对面的交流，少了与学生不同渠道的交流，整天迎来送往，忙于事务，拒人千里，那么“根叔”的产生几乎就会成为一种奢望。“根叔”现象昭示的是一种呼唤，一种精神。这种精神必须根植于先进理念的沃土上，吸收“古为今用，洋为中用”的营养，形成“百花齐放，以生为本”的理念。校长正是这种理念的倡导者、实践者，要尽快摒弃赤裸裸的抓应试教育的外壳，重视学生素质的培养和提升，努力做学生的良师益友，不断剔除教育的弊垢，培育新时代的教育沃土，这样就会孕育出千千万万个“根叔”，就会使教育枝繁叶茂硕果累累。

（2011 年 9 月 17 日）

教育，因故事而精彩

教师每天的生活，离不开教育；师生每天的互动，不能没有故事。这样的故事，也许在朝气蓬勃的早晨，也许在美丽灿烂的黄昏，也许在安静的走廊，也许在喧闹的操场……是处理学生纠纷中的一段插曲，是课堂教学中的一个细节，是一次留在记忆中的主题活动，或是心心相印的一次谈心。老师们，在漫长的教育生涯里，你可曾留下过让自己感动、让记忆美丽的故事？

教育故事不需要刻意寻找，更不需要杜撰，它其实就在平凡的教育生活中，是学生的一言一行，是教师的一颦一笑，但需要用心创造，用慧眼去发现，正是因为教师的创造，才使每一个教育故事鲜活生动；正是因为师生的共同创造，才使每一个故事意义深刻。教育的故事，也许不会让我们激动的心潮澎湃，但故事里盛满了对教育的理解，盛满了对学生的殷殷关爱，映射出教师高尚的情怀。学生因为这样的故事而健康成长，教师生活也因为这样的故事而五彩缤纷。

翻开《论语》，我们读到的是孔子与学生之间的故事，这些故事简约而深刻，内容真挚而亲切，在山间，在河边，在田野，在生活的每一个空间，像繁星，辉耀亘古至今教育的天空；像鲜花，陶醉为师者的信仰与自尊。走近陶行知，我们惊讶于先生与学生发生那么多可亲可爱的故事，他分明就是孩子们眼里的“老顽童”、“老朋友”、“大哥哥”，“四块糖果”的故事启迪了一代又一代人，与后进学生的互动情节叫人难忘令人敬仰，他是用故事进行教育的“专家”，也是把教育演绎成故事的“高手”，很难想象，如果在陶行知的教育思想中缺少了这些故事的支撑，那将截断其教育思想的血脉。

同样，在今年的教师节，我们聆听了先进教师事迹报告会，这些来自一线的普普通通的教师，他们的宣讲之所以震撼人心，是因为他们与学生的故事感人肺腑，没有跌宕的情节，没有煽情的诉说，有的是与学生日常生活中琐碎的故事，有的是用师爱的阳光温暖孩子的心灵，尤其是特殊学校的老师，他们背负着常人难以想象的压力，怀揣着责任与梦想，为学会一个字而不厌其烦，为学说一句话而反反复复，为教会一个动作而重复不断，正是这些点点滴滴的小事，才让我们感受到特教老师的苦与乐，喜与悲，平凡与伟大。心与心的交流，情与情的对白，用一个灵魂唤醒另一个灵魂，用一朵云推动另一朵云，这才是教育的真谛。也正是教育中平平凡凡的故事，像一颗颗串在一起的闪亮珍珠，折射出当代教师美好的心灵，诠释了“学高为师，德高为范”的真正含义。

记得在某个教师节，接了一个远方的陌生电话。他说他是我的学生，让我猜猜他是谁。他说他是当时驻地部队的孩子，现在在石油部门担任管理工作。他又告诉我说就是那个上课学过你“方言”的男孩，是那个在送你的贺卡中夹过蚂蚱的“调皮鬼”，是在毕业时候与你相拥而泣的学生……我一下子说出了他的名字。不是我的记忆有多好，而是他讲的这些童年的故事，其实就是留在我教育生命中的故事，我怎么又能够轻易忘记呢？他在电话中的娓娓陈述，他在电话中对我的“高度评价”，无疑是我在教师节收到的最好的礼物，我的教师节也因此而过得充实而幸福。教育因故事而丰满，生命因故事而精彩。

（2013 年 12 月）

莫让家访成为一种遗忘

记得刚参加工作时，曾有陪师傅家访的经历。师傅是一位 40 岁左右的女教师，是本地区小有名气的人物。她所教的数学课，学生特别喜欢；在当时所有的教学统考中，只要师傅的班级参加，必定力拔头筹。私下里请教其中的“法宝”，她只淡淡地说：“要了解孩子，要鼓励孩子，要帮助孩子，要学会家访。”但我实在对“家访”难为情，不知道做什么说什么，后来，师傅同意带我去“实习”几次，我欣然前往。师傅很少到优等生家中去家访，所谓的“问题”学生是她帮教的重点，她除了与学生家长了解家庭情况、学习情况，更重要的是与学生共同探讨学习方法，帮助其端正学习态度。难怪师傅的教学成绩那么优秀，这样的家访分明就是一种无偿的全范围的辅导，我感同身受，敬佩万分。

现在的教师家访似乎越来越成为一种记忆，许多教师对家访工作有所淡化。究其原因，随着人们的生活节奏的加快，时间观念日渐增强，市场经济的强烈冲击，对有些家长来说，孩子送到学校，教育仿佛就是学校的事，与教师的沟通很少，交流就更谈不上了。对教师来说，一是不愿去，“到学生家去”似乎成了老皇历，现在的科技这样发达，一个电话，家长就会如约而来，虽说个别家长有怨言，但为了孩子，也只能硬着头皮无可奈何。二是不想去，工作是八小时以内的事，下班了有多少事要做，到学生家去，要是通情达理的家长还能理解，要是家长不配合不重视，那是多尴尬的事啊。所以，家庭和学校教育的结合就容易形成盲点。

说实话，每个人的成长过程都要接受学校、社会、家庭三个方面的教育，这三个方面需要互相配合，互相补充，才能受到良好的教育效果。要使孩子顺利地、健康地成长，家庭教育起着极其重要的作用。在某种情况下来说，家庭的影响是潜移默化的，它的作用是学校教育和社会教育所不可替代的。作为教师，教书育人是天职，要想取得好的教育效果，家访无疑是重要的一环，是教师完成教学工作的重要保障，做好家访有利于教师有针对性地进行教学。教师要根据实际情况，因人而异，因事而异，灵活机动，一把钥匙开一把锁，细致入微地做好家长工作。一方面，家访要目的明确，准备充分，有的放矢，要坚持让学生在场，增进师生之间的信任，消除不必要的疑心；要善于尊重孩子的意见，善于听取家长的意见，即使家长的意见不完全正确，也要谦虚听完，然后耐心解释，说明情况。另一方面，家访的形式要多样，方法要讲究。“家校联系会”是一种好的形式，会议的内容要丰富，把经验交流和学习辅导相结合，把集体交流和个别交谈相结合，使与会的家长有所得、有所获，有所启迪。对个别学生的教育来说，可以是家庭访问，可以是书面家访，还可以是电话访问。家庭访问的形式，要有重点，有目的，时机要恰当，既能达到预期的效果，又不影响教学工作。书面家访，以书面的形式与家长交流，可以谈孩子的思想状况、学习情况，还可以彼此谈自己的做法、想法和方法，使家长和教师互相沟通，达到预期的教育效果。电话家访比较方便、简单，但效果往往会打折。有条件的学校和教师，还通过网络平台，与家长进行交流和沟通，取得了比较好的效果。但无论采取哪种形式，都要“捧着一颗心来”，以真诚赢得真诚，以尊重换取尊重，端正学习的态度，点亮学生的心烛，让教育焕发出应有的魅力，照亮每一个孩子的成长之路。

（2008 年 7 月 24 日）

教师，更需要一方晴空

今年的教师节，我们倾听了先进教师事迹报告会。这些来自一线的教师，用他们的亲身经历，讲述着他们在教学中的点点滴滴，有坚定，也有徘徊；有快乐，也有痛苦；有烦恼，也有幸福。正因为他们用行动在践行教育，用心守护教育，用爱托起教育，才使他们的事迹平凡而伟大，才使他们的演讲震撼人心，才使教育的正能量得到传递。教师是中国梦的奠基者，是伟大的“造梦师”，教师的形象关系到教育的形象，最近一段时间，“校长”或“教师”群体出现不良的问题个案，有些媒体不负责任地大肆渲染，使每一个善良的教育者心理蒙上了阴影。说实话，教师是人类灵魂的工程师，没有道德底线的教师就不配做教师，但也不能因为一只老鼠毁一锅汤，不能一味地用放大镜去审视教师这个群体，甚至肆意践踏为师者的人格和尊严。

“大学者，非有大楼之谓也，有大师之谓也。”教师是兴教之源，奠基之石。当教师的形象大厦坍塌之时，教育也就失去应有的支撑。通过先进事迹报告会再一次证明，热爱是教育的根本，敬业是教师的根基，坚守是教师的品质。因为热爱，看看我们周围的教师群体，参加工作十年左右的教师，薪水也就在两千多元，他们不指望什么福利，也没有什么外快，始终对工作兢兢业业，繁重的工作，琐碎的事物，频繁的检查，即使再苦再累，加班加点，也无怨无悔；因为敬业，数以万计的教师，尤其是山区教师和农村教师，他们在最艰苦的地方，进行着最崇高的奉献，走不出山川沟壑，认不全山珍海味，住不上高楼大厦，即使应有的权利不能得到保护，也没有提出什么过分的要求，这样的教师群体占了绝大多数，他们中产生的正能量谁去关注？为什么讨论的或报道的只是那些个别人的观点？因为坚守，我的启蒙老师，满头白发，浑身是病，还一直奋战在农村小学教学一线，一年到头，大餐吃不了几顿，村里在城市买房的大有人在，而现在房价疯涨，他已经完全没有能力在城市买房了，只能在土坯房里颐养天年。试问：他们的付出还少吗？而谁又去点燃他们对未来幸福生活的渴望？

教育家加里宁曾经说过这样一段话："教师每天仿佛蹲在一面镜子前，外面有几百双精细的、富于敏感的、善于窥视出教师优点和缺点的孩子的眼睛，在不断地盯视着他。"现在看来，"盯视"教师的何止是"孩子的眼睛"，还有千千万万明处的、暗处的"眼睛"。作为教师，要深刻领悟霍懋征老师"没有爱就没有教育"的真正含义。孔子之所以喜欢他的学生颜回，就是因为颜回"一箪食，一瓢饮，在陋巷，人不堪其忧，回也不改其乐"的个人良好修养，而现在的教师更应该修身养性，砥砺自己，健全人格，加强道德修养，从小事做起，从自我做起，自觉建立社会主义核心价值观体系，筑牢道德底线，以高尚的人格感染人，以高尚的灵魂塑造人，为学生的成长建立一个个心灵驿站，为他们打开一扇扇快乐幸福的大门。社会对教育的关注，对教师队伍的关注，说明了社会对教育的期望越来越高。但无限扩大有关问题的个案，不去关注教师的主流，一味炒作一些不必要的现象，矮化教师形象，有时甚至把教师当靶子进行谩骂或攻击，这样的“眼睛”多了，对教师是有失公平的。因为教师也是活生生的人，教师的心理承受也有底线，教师的劳动同样要受到应该有的尊重和肯定。

教师的形象得到尊重，教育就得到尊重；教师的精神世界丰富，教育的内容就得到丰富；教师的心灵得到滋养，教育就得到滋养。给教育一份无私的关注，给教师一方明丽的晴空，教育的天空才会光彩夺目，照亮未来。

（2013 年 9 月 22 日）

评语的魅力

终于放寒假了，女儿的考试成绩门门优秀，心情似乎很愉快。晚上，正在看《星光大道》的女儿忽然问：“妈妈，‘做事要利索一些’是优点吗？”妻子点头称是，女儿也没再说什么。等女儿入睡后，我看到写字台上放着《素质教育报告册》，打开一看，上面是女儿班主任老师的评语：你是一个聪明伶俐的小姑娘，老师很喜欢你；你比上学期又有新的进步，比原来更加自信，上课敢于表达自己的观点，学习成绩也很优秀，希望你在做事的时候利索一些，好吗？看来，对于老师的评语，女儿是非常在意的，因为她做事拖拉的毛病很让我们头痛，我们不止一次地跟她谈话，也不止一次地发过火，但收效甚微。今天仅仅因为老师的一句话，看来对她有所触动了。但愿从明天开始，老师的评语能够产生无穷的魔力，督促她改掉这个毛病。

记得我上学的时候，我的《家庭通知书》上的评语好像基本是雷同的，言辞就像《小学生守则》的内容，如“某某同学，尊敬师长，团结同学，刻苦学习，助人为乐”等，好像这样的评语年年相似，人人适用。那时候年纪尚小，读着这些大而化之的描述，真的有点似懂非懂。而家长呢，只看分数的多少，至于评语则根本不看。我倒不是嫌弃我的老师，因为我的小学老师连初中都没毕业，他们能够教我做人，教我识字，我始终心存感激。而现在的有些班主任老师，论学历完全已经超标了，但责任心和敬业精神真不敢恭维，有些评语千篇一律，有的用词欠妥，有的还有错别字，有的甚至极其偏激。学生的操行评语重要性不言而喻，如果评价不妥或失之于理，就可能给学生心灵蒙上阴影，甚至给学生带来不可弥补的损失。

随着素质教育的不断深入，学生的评价机制正在发生着变化，操行评语改革也势在必行。传统的评语语言，是几代教育工作者呕心沥血的结晶，是几代人在工作实践中不断完善的特殊文体。在新课程改革如火如荼的今天，我们没有必要全盘否定，而是应当在继承的基础上，有所发展，有所创新。作为学校，要对评语提出明确的要求，要求教师不仅用笔去写，而且要用心去写，指导教师评语的规范性、全面性和针对性，建立健全监督和考核机制，搭建教师评语展示的平台，把班主任评语的撰写纳入考核机制。作为教师，要立足于学生的发展，着眼于学生的素质；要熟悉每一个学生，努力走进学生的内心世界，多发现学生的优点，扬长避短，让每个孩子抬起头来走路；寻找孩子的闪光点，鼓励他们摆脱自卑的阴影，扬起自信的风帆；委婉地指出缺点，以真诚的爱心，让学生感受到温暖，改正自己的不足。女儿的班主任老师，以朴实的语言，精练的归纳，希望的语气，找准了女儿的注意点，使她明白了自己的不足，激起了女儿心中要改正的浪花，使评语起到了预期的效果。

评语是一泓清泉，在不知不觉中滋润着孩子的心田；评语更是一抹新绿，让孩子们拥有了春天的梦想。德国著名的哲学家黑格尔曾经得到这样一段评语："健康状况不佳，不善言辞，沉默寡言，天赋很高，判断力健全。记忆力强，文字通畅。作风正派，有时不太用功，神学有成就，虽然尝试讲道不无热情，但看来不是一名优秀的传教士。语言知识丰富，哲学上十分努力。"这段评语，总揽其人，挖掘深刻，富于个性。既有否定，又指明了方向。据说黑格尔读了以后，深受影响和启发，从此以后，他逐步明确了主攻的方向，成就了世界哲学史上的伟业。这难道不是评语魅力的体现吗？

（2010 年 7 月 25 日）

别把素质教育标签化

到朋友家做客，读小学六年级的孩子放假归来，朋友兴冲冲地看孩子的《素质教育报告册》，上面所有的成绩全是A或B，朋友抱怨说："现在的教育越改越看不懂了，学生手册改名了，内容还是老一套；学生成绩评价改等级了，考试试卷不发了，家长根本不知道孩子学习的测试情况；学生越来越累了，为了畸形的素质教育，早出晚归进行补课，只有这样才不至于输在起跑线上……"朋友谈起自己的童年，没有什么补习班，也没有什么特长班，更没有什么练习册和名目繁多的教辅读物；在老师的谆谆教导下，学生学得轻松玩得愉快。不像现在的教育，许多不良现象被贴上了素质教育的标签，苦了孩子，害了家长。

想想朋友的话，某些方面虽然有失偏颇，但也有一定的道理。有人说：素质教育是个筐，什么东西都往里装。素质教育确实被人们误读，就拿学生评价来说，要重视开放、多元的评价，要取消分数填写等级，要把评价的主动权交给学生；而歪嘴的和尚往往念错了经，开放的评价成了"无主导"式的评价或者"钻空子"不去评价；多元的评价被解读成一种形式主义，给学生填等级很随意，考试的功能一再被弱化，家长干着急也没有用。而且在某些教育领域，挂羊头卖狗肉的事也时有发生，素质教育仿佛成了雾中花、水中月，让从事教育的人们无所适从，接受教育的人们跟着感觉走，期望教育的家长越来越不懂，所以就有了这样的说法：小学在探索素质教育，初中在探索补习教育，高中在继续应试教育。

我们倡导实施“素质教育”，可现实中相当多的学校，重视的所谓“素质教育”，不是全面发展的教育，而是拿某个艺术、歌舞、器乐类获奖作为成果来展示，对素质教育的推行存在认识上的误区和行动上的偏差。其实，这样的素质教育只体现了教育艺术的单面性，甚至是虚假性，无形之中给社会和家长产生了一种误导。于是，校内艺术教育搞得轰轰烈烈，校外的辅导中心大肆渲染，家长争先恐后地抓“特长”，学生则背着画架和乐器疲于奔命。有的家长把艺术当成了孩子教育的“补丁”，学习成绩好就当作孩子的特长，学习成绩如果不好，所谓的“艺术特长”就成了孩子的救命稻草。事实上，我们的素质不仅仅是音体美科目，并不是有了艺术教育就有了素质教育，而是应该渗透在各学科中的发现问题、分析问题、解决问题的能力培养，把过去的“满堂灌”、“大而全”、为应付各种考试的传授教育，转变为教师引导自主探究、相互讨论、激发兴趣、解决问题的实践教育。只有把每门课都当作素质教育的前沿阵地，每一堂都走出为应试而授课的怪圈，才可能培养出会动脑、愿探索的学生，也只有这样的学生才可能适应世界的潮流，成为有文化、有素质、有能力的建设者和接班人。

素质教育是一项复杂的社会工程，是涉及教育方向、教育功能、教育制度、教育内容及教育方法等方面的综合性的改革，是涉及价值观念、人才观念、教育质量观念的思想观念大变革。作为学校，要以全面、基础、个性为途径，无论在制度建设、理念创新方面，还是在课程改革、教法创新、教育评价等方面，要始终坚持以人为本的思想，不图形式，不走过场。教师必须在师生人格完全平等的基础上进行爱心交流，当学生迷路的时候，教师引导怎样辨明方向；当学生登山畏惧的时候，教师要唤起他内在的动力，鼓励他不断攀登。学生的评价要结合学校实际，突出学校的特色，凸现学生的革新发展，形成科学的评价体系，切不可因噎废食，人云亦云；要教育学生懂得如何进步，如何超越自我；要以博大的胸怀，让每一个孩子感受到温暖的阳光。学科课程的开发和教学，既要不断强化学习方法的形成，既教会学生学习，又要强化向现实学习，充分挖掘社会资源的宝库，实现教学的最优化。我们不必苛责教育改革过程中泥沙俱下的现象，也没有必要从一个极端走向另一个极端，更没有必要为素质教育贴上合适的标签，因为教育是艺术，是一种厚重的给予，需要我们无私的献身；教育是事业，是一种永久的期待，需要我们执着地坚守。

（2011 年 5 月 9 日）

家长要尊重孩子的假期生活

女儿上五年级了，寒假生活却不能自主选择，每天上午写作业、读书、拉二胡，下午一节书法课，一节舞蹈课，这是妻子帮助女儿制订的计划，这样的生活好像持续了30天左右。剩下的假期，女儿相对要自由一些，但每天的计划还是要落实的。事实上，大多数学生的寒暑假生活基本都“被计划”了，不知道学生能够享受多少假期生活的快乐，不知道学生在假期能够读多少有益的书籍，更不知道孩子们能够结识多少新的朋友、增长多少社会实践知识。

说起来我们还是教育工作者，多少还懂点教育，妻子坚持“苦学”育儿之道，常常现学现卖，给我“洗脑”。比如，她专门买了自主教育系列《千万别管孩子》的书让我读，那是一个哈佛学子的成长史，理念先进，做法超前，孩子聪明，父母尽心，其中倡导的“身教重于言教”、“激励教育”、“寓教于乐”等教育方法，可谓家喻户晓。但学归学，做归做，面对过“独木桥”的孩子，面对自己的孩子的教育，妻子像众多的家长一样，绝不“输在起跑线”上，仍然是“一刻不得闲”，学习不能放松，特长不容忽视，监管绝对到位。

究竟是什么原因让家长对自己的孩子“不放心”？一是家长“望子成龙”的心态，没有哪一个家长不想让自己的孩子过得快乐，也没有哪一个家长希望自己的孩子甘居人后。孩子寄托着自己的希望，有的甚至承载着父母曾经的梦想，让孩子承受不能承受之重。家长工作一周，可以消遣，可以放松，而孩子们的时间却一再被剥夺，他们忙碌在特长班，争分夺秒在辅导班。成年人每天8小时工作制，叫苦不迭埋怨不停；而学生呢，白天忙忙碌碌10小时，晚上还得有至少3 ~ 4个小时的自习课和课外作业。难怪有人无奈地说：现在最苦的不是工人，不是农民，而是孩子，是被书山题海补习班“包围”着的孩子。试问：

在这样的大环境下，我们应该如何保证孩子们的学习时间、活动时间、休息时间？我们的教育到底怎么了，凭什么让孩子如此辛苦？二是应试教育的桎梏依然在恶性循环。我们曾经呼唤改革教育评价制度，但评价的指挥棒仍然在头顶高悬。教学质量是生命线，这本无可厚非，但把教学质量和“分数”化等号，把分数看成是考核教师的“法宝”，把分数看成是评价学生的“命根”，为抓平均分、升学率和优秀率，学生起早贪黑，老师煞费苦心，学校始终把这个有“效”的意义定义在“分数”上，他们想“减”的是如何应付上级检查和督促，想“增”的是如何增加学生的作业量和复习时间。如此唯分数是从，又怎么可能推进素质教育？又怎么可能使学生享受到快乐的生活阳光？

学生的假期生活应该丰富多彩，学生应该有自己的计划和选择，家长更应该尊重孩子的假期生活。“分数至上”或许是一种现实，但家长不应该被“绑架”。人的成长是一辈子的事，小学和中学的分数可以说明一些成绩，但绝不是评判孩子的唯一标准，家长要帮助孩子分析没有考好的原因，要切实帮助孩子改进学习方法，做“分数”的“减压器”，减低分数对孩子造成的伤害。新东方的董事长俞敏洪在高考的时候，第一年没考上，第二年没考上，第三年才考上。用俞先生的话说：“我用了三年的时间和我的同学拼了一年，我在北大毕业的时候，我们全班 50 个同学，我是全班倒数第五名，但成绩并没有阻碍我做成自己的事业。”

在当前教育改革的大背景下，家长千万不要以为孩子什么都不懂，不要把自己不能实现的理想强加给孩子，把自己实现不了的梦想寄托给孩子，那样只能剥夺了他们的个性，剥夺了他们与生俱来的权利，与我们的期望和梦想渐行渐远。教育孩子最好的办法就是尊重孩子的自主选择。尊重孩子的意见和建议，尊重孩子的兴趣爱好，就是鼓励孩子按照自己的意愿做自己喜欢的事，这样做，就会使孩子有责任感和自豪感，努力朝着自己的方向进取。因为孩子在做自己喜欢做的事情时，他的创造力和潜力就会得到发挥，他的持之以恒的习惯和意志品质就会得到加强。同时，在这样的家庭氛围中成长起来的孩子，就更会有自信心和主见，从而更加有利于孩子的健康成长。

家长朋友们，尊重孩子的选择，就是尊重孩子的生活；尊重孩子的兴趣，就是让孩子拥有快乐。为孩子的未来搭建舞台，为孩子的成长提供沃土，要教会孩子如何做一个有个性的人，教会孩子如何做一个成功的人，教会孩子如何做一个能够沿着既定目标奋斗不息的人，同时学会品味成功，体验幸福感，这才是我们教育所要达到的终极目标。

（2009 年 8 月 7 日）

开满“鲜花”的办公桌

教师节那天，我去六年级办公室检查，看到几位老师的办公桌上，堆满了贺卡和鲜花。贺卡大多数是学生自制的，大的、小的、花花绿绿，贺卡上写满了教师节祝福，内容虽然稚嫩，却亲切无比。所谓鲜花，都是纸质的，没有苍翠欲滴，没有花香四溢，却因为一句问候而温馨，因为一份爱而感动。平时堆满教科书和作业本的办公桌，因为教师节的到来而显得那么有生机，那么耀眼，那么温暖。

大概是碍于学校的有关规定，老师们显得有点局促，又表现得无可奈何。有的老师连忙给我解释说，都是学生自发的。也有的老师说，学生这样做，我们应该怎样办呢？我虽然坦然地调侃着，但心中却像倒了五味瓶。我可敬的老师，你们的工作多像一艘船，长年累月，来回摆渡，其中的甘苦，唯有自知。而在自己的节日，收到这一点点祝福，怎么反而成了你们的思想包袱呢？

我们点击网络，就会发现媒体对教育的关注今非昔比，对教师职业的期望也与日俱增，尤其对教师的职业道德要求更是充满期待。看看吧，网络中“教师节”变成“送礼节”等言论并不鲜见，并且言之凿凿，使教师的形象大打折扣。不可否认，当下教育已不再是一方净土，个别教师的做法确实叫人不齿，但个别媒体的炒作和谩骂，给教师的心灵蒙上了挥之不去的阴影；再加上学校的“几不准几不要”，都是针对这些现象而制定的，以至于让老师们收到小小的贺卡和祝福，都感到诚惶诚恐，真是让人匪夷所思。

如果抛开学校职业道德建设的因素，抛开教师的功利思想的作怪，就学生的教育而言，我觉得学校更应该注重感恩教育，更应该抓好学生的节假日专题教育，丰富教育的内容，丰富学生的道德和情感。听我的同事说，和曾经是自己的得意门生，面对面地在异地相遇，当老师的问候被冷漠的眼神一带而过时，他的内心真正体验到了什么是灼痛，什么是伤了自尊。就现实生活中，师生关系的建立也需要我们去思考，毕竟我们面对的是信息时代的“娇宝宝”，独生子女的思想品德教育更需要我们去完善和引领。尊重教师，这是学生最起码的品德和修养，一个连老师都不去尊敬的人，怎么会是一个健全的人？何以承担社会未来的责任？时下，受社会风气之影响，一些家长参与到“送礼”的队伍中来，他们甚至把老师“收不收礼”当作晴雨表，更有家长，为了使孩子的教育得到“优先”，把一些不正之风引入学堂，使师生关系染上了铜臭味，使原本纯洁的师生情受到玷污。笔者以为，学生从小学会感恩，学会尊重，应该是人伦素养的重要内容。作为家长，要正确引导孩子，让孩子在一张贺卡中体验真情，在一束小花中感受温暖，在一次活动中学会感恩。作为学校也不应该高举“大棒”，进行“杀无赦”，要从育人的高度，去甄别和判断，多一些人文情怀，少一些刻板的规定；多一些正面引导，少一些围追堵截。而作为媒体，则不应该无限放大，口诛笔伐。因为随着社会的关爱和帮助，随着教师的社会地位日益提高，教师的待遇也在不断改善，绝大多数教师能够抛开喧嚣、抵御诱惑、恪尽职守，他们不完全在乎礼品的贵重，他们更需要的是内心的感受和精神的慰藉，因为这是他们职业的成就感和生命的精神支柱。

也就在那天，我走出六年级办公室的时候，听到一个班的教室里，传来了全班齐声的问候：祝老师节日快乐，天天好心情。我无意去查询这声音来自何方，但我为这位教师感到幸福。是啊，当我们面对五六十个孩子的共同问候时，心中的快乐是无与伦比的。

（2010 年 9 月 28 日）

对“规定”的真心话语

教育部近日印发的《中小学班主任工作规定》第十六条明确指出：“班主任有采取适当方式对学生进行批评教育的权利。”此规定一出，便在网上引起了热议。网友蓝色心情写道：“养不教，父之过；教不严，师之惰。现在不是老师不想严教，是不敢。连批评学生的权利都要出台文件才有。更让人疑惑的是，非班主任老师批评学生，那算不算违法？”网友小李飞哥说：“以我之见，现在的教师，尤其是班主任的权利已经足够大了，教育部下发的这个批评适度的文件，应该成为教师自律的动力，而不应该是个别老师刚愎自用的‘尚方宝剑’”。面对社会的关注、舆论的热议，作为一名教育工作者，以自己的切身体验，以自己的亲身体会，说说真心话，以期对“规定”的正确理解、合理把握、落实贯彻。

我们不能否认这样的事实，独生子女的教育早已不是个案，而是一个社会问题。你只有亲身面对这些孩子的时候，才能感觉到教育的复杂性、多元性和艰巨性，才能感觉到教师工作的无可奈何和两难境界。

镜头一：学生李某，上课不专心，小动作不断，把老师的批评教育当作耳旁风。面对这样的学生，教师要完成教学任务，有什么办法更有效呢？这样的学生虽是少数，影响却不容小觑，班级的班风，教师的情绪，课堂的效果……

镜头二：一天清晨，一学生家长气势汹汹告诉我，老师体罚了他的孩子，要学校处理。我问为什么体罚？经他陈述之后才知道，原来他的孩子上课扔粉笔头砸老师，老师罚站了10分钟，孩子回家又哭又闹，所以来找学校……这样的例子虽是少数，但并不鲜见。事实上，面对五六十个孩子，教育中出现的问题会更多，逃学的，打架的，不写作业的，挑衅老师的，花钱雇人写作业的……教师使出了浑身解数，但与社会的期望仍然存在差距，与家长要求也有一定的距离。如今，物质条件逐渐优越，加之多是独生子女，使得一些学生只能被表扬和赏识，禁不住半点批评和惩罚。老师的几句批评就会导致离家（校）出走，甚至会引起极端事件。而一旦发生这样的事件，当事教师不可避免地成为众矢之的：家长不依不饶、舆论穷追不舍、教育主管部门严肃处理。不仅人被折磨得心力交瘁，而且要承担轻则赔偿、行政处分，重则降级降职、开除公职的严重后果。我一直记得我的老师曾经的教诲：你从事的职业是为了服务社会和实现人生价值，如果在工作过程中自己砸了自己的饭碗，那是得不偿失的。

在从事教育的20年里，无论是教学一线，还是教育管理，我接触到的老师绝大多数都是敬业、勤业、乐业的。他们都是平凡的群体，有的老师一辈子起早贪黑含辛茹苦，没见过一张奖状，没评过一次荣誉，青丝染成了白发，直至退休回家；还有的教师，因为超负荷的工作，疾病缠身，但从不耽误学生的一节课，我至今还不能忘记一位老教师自己在办公室注射治疗的情景。所以，谭千秋把生命定格为永恒，张米亚拥抱死神的姿势……这些从某种程度上来说是一种必然，更是一种责任和品格。当然，“杨不管”的失职是不能推卸的，“范跑跑”是跑不出舆论监督和谴责的，以教谋私的教师也是需要声讨和唾弃的。无论是任何职业，还是任何一个群体，我们都要一分为二地去看待，去分析，我们没有理由把教师群体中的违纪违法的个案无限放大，也没有理由把学生或学校发生的大事小事全部归罪于教师,更没有理由把孩子成才与否的枷锁强加于教师，因为教育是一项系统工程，学校是其中的一个链条，教师是这个链条中的主体，在多元的社会中，更应该多一些包容、理解和关爱。

教育部用这种方式来明确规定、赋予班主任批评权，说明老师不敢批评教育学生已成为一种典型的社会现象，在这种现象的背后，折射出教育者和受教育者之间的矛盾冲突，有困惑，也有无奈。但无论如何，教书育人是教师的天职，管理学生是教师的职责，从古到今，这是天经地义的。《规定》中的“规定”不是什么“尚方宝剑”，有良知的老师绝对不会有这样的感觉，更不会借此去做什么出格的事。我们翻翻《教育法》、《教师法》，看看教师的职业道德的内容，很显然，这确实不是什么新鲜的规定了。只能说有了这样的规定，强化了班主任的职责，使班主任在班级管理、学生管理中有了底气，更为积极，更为有效。我们强调自主教育、赏识教育是应该的，但不能拒绝批评教育、惩罚教育。教育从来就是一门奥妙的艺术。不同的时间、不同的地点、不同的学生都应该有不同的教育方法。班主任即使行使正当的批评教育权利，也应当具有科学的精神、灵活的手段，因为世界上没有两个完全相同的学生。变“他律”为“自律”，变“要我学”为“我要学”，在校园生活中寻求自我、完善自我，在勤奋拼搏中铸造自我，成就自我。

（2011 年 7 月 16 日）

我希望女儿是这样的人

作为父亲，看着女儿一天天长大，心中充满爱怜和惊喜。想对女儿说的话很多，但我最希望女儿能够成为这样的人：

勤奋上进的人。一个人的成长，需要有明确的人生目标，需要脚踏实地付出，这是颠扑不破的真理。我的一位朋友，在天津市某重点高级中学任教。那是一个炎热的暑假，我去他家，走进他家的小院子，他的母亲悄悄地说，他在里屋学习，让我等一会儿。因为我们太熟了，也不在意，就在外面等他出来，在半个小时的时间内，听到他半土半洋的英语朗读，那么认真，那么专注，让人肃然起敬。要知道，他从一个民办教师干起，没有系统地学习英语，却凭着自己默默无闻的工作和勤勤恳恳的学习，把别人消遣娱乐的时间全部用在学习上，硬是读完了大专、本科、研究生，直至评上中学特级教师。所以，勤奋上进应该是人生的基石，不要为自己的懒惰找理由，不要为浑浑噩噩找借口。

坚韧自信的人。新东方的董事长俞敏洪有一句格言：“做事像山，做人像水。”做事像山，如果有一个目标在你眼前，这个目标对你的生命进步很重要，你就要坚定不移地追求，不能随便改变，要像山一样坚强坚定。但做人要像水，水是流动的，水是变化的，水是往低处流的，如果你把自己放得很低，你的容器就会越来越大，你会容纳越来越多的东西，你会变得宽广。因为坚韧，你就会从哪儿跌倒从哪儿爬起，重新审视自己，重新确立起点，走向自己的芳草地；因为自信，你就会永不懈怠永不放弃，“我能行”不要把它当成口号，要当成行动的助推器，前进的加油站。人生其实就是一条抛物线，起起伏伏，坎坎坷坷，无论在何时，都应该坦然面对，不要怨天尤人，不要自暴自弃。坚韧自信是成功人生的通天梯，我们应该要好好呵护、好好珍惜。

热爱读书的人。读书是一个人一生的事业，是生命灿烂的捷径。俞敏洪在上大学时生活比较贫困，但北大每月给补助金22元，为了读书，他干脆把生活费也一分为二，11元用来吃饭，11元用来买书。四年下来，他至少读了800多本书。“底蕴的厚度决定事业的高度。”这是新东方流行的格言，而这种底蕴最重要的就来自于读书。社会进入信息时代，读书不应该带有功利色彩，而应该成为一种习惯，在读书中享受乐趣，在读书中寻找宁静，在读书中提升自我，在读书中净化心灵。只有书读的多了,你人生的天空才会有璀璨夺目穿透天庭的光芒，你心灵的感悟才会如潺潺溪流喷薄而出。爱读书的人，肯定是一个睿智的人，一个优雅的人，一个感情充沛而不空洞的人。

学会感恩的人。一个懂得感恩并知恩图报的人，才是天底下最富有的人。感恩是一份美好感情，是一种健康心态，是一种良知，是一种动力。人有了感恩之情，生命就会得到滋润，并时时闪烁着纯净的光芒。所以感恩社会，你就不会牢骚满腹，只有自己心中有阳光，别人才能感受到阳光的温暖；感恩朋友，不要期望有付出就一定有回报，一定要永远记住别人对你的好，一定要换个角度为他人着想；感恩亲人，无论父母兄弟，还是丈夫妻子，他们都是你最亲最近最爱你的人，都要以仁者之心宽以待人，要以博大的胸怀悦纳他们、关爱他们。永怀感恩之心，常表感激之情，原谅那些伤害过自己的人，人生就会充实而快乐。学会了感恩，你就会坦然面对纷扰复杂的人际关系，就会让自己的内心坚强而丰满，让自己的人生的天空亮丽多姿精彩无限。

（2006 年 8 月）

让落榜生抬起头来走路

对门的同事高朋满座庆祝孩子金榜题名，而我的朋友却把孩子“发配”到炎热的工地提水抱砖，进行着惩罚性的“劳动教育”，一切缘于孩子今年又“落榜”了。一家欢乐一家愁，我对朋友的心情非常理解，但对朋友的做法却实在不敢苟同。

孩子落榜了，社会的舆论，家长的责骂，同学的“另眼相看”，自己的心理落差就已经很大；为自己难过，为父母内疚，那种愤懑已经难以言表。如今，作为家长，不去查找问题的症结所在，不去进行必要的心理疏导，反而进行着这样的摧残式的教育，我真担心这样的教育很可能会适得其反，甚至遗憾终身。

一般而言，孩子能够上大学的原因我们可以找出上百条，但能够“落榜”的原因我们往往就归结为一条，那就是孩子的不用功，家长把所有的美好愿望强加给孩子，甚至把个人在生活或工作中的失意让孩子背负，为高考熬油点灯，为高考疲于奔命，当“落榜”的噩耗击碎那一点点希冀时，便又把所有的罪过让孩子承担。

说实话，每一个家长都想望子成龙，每一个孩子都想金榜题名。高考是一场选拔赛，自然有人金榜题名，有人高考落榜。尽管高校扩招使近几年的升学率大幅度提高，但仍满足不了所有渴望接受高等教育考生的愿望，全国每年都会有400多万考生落榜。有的考生没有上线，有的考生与理想的名牌大学失之交臂，有的考生分数很低以至于没有复读学校愿意接收……在“高考”这个独木桥上行走，谁能保证没有闪失？我们在为优秀学生喝彩时，更有理由为“落榜生”找寻出路。

随着社会的发展，社会对人才的需求也悄然在发生变化。社会离不开精英，但同样不能缺少普通的劳动者。家长应该根据孩子的爱好和特长，积极引导孩子走适合自己的路。少一些责备，多一些交流；少一些惩罚，多一些关爱。我原来单位的一位同事，孩子两年补习未果，在通过认真思考和衡量后，他让孩子选择了独立院校“酷爱”的计算机专业，如今通过努力已经成为一名网络警察，这样成功的事例在现实生活中也并不鲜见。

所以，一扇门关上，必然有另外一扇门向你打开。如今，多元化的教育产品让落榜生有了更多的选择,条条大路通罗马,“落榜”只是一生中的一次坎坷，我们实在没有理由放弃对生命精彩的追求。对社会来说，尽可能提供一切可能，强化正确的舆论导向，让“落榜”者不落志；对家长来说，要抓住一切可能的机遇，疏导孩子的心理，提供宣泄的机会，呵护孩子的心灵，恢复心理平衡，让孩子走出失败的阴影；对考生自己来说，要学会面对现实，学会接受失败。首先要接受现实结果，明白现实是无法改变的，只能调整自己。不承认现实，就是不给自己重新开始的机会。要寻找合理归因 ，尽量少找外因，多从自身找原因，是自己不努力、方法不对，还是临考心态不好。要总结失败的教训，调节自己的心态，必要时调整人生的坐标，抬起头来走路，扬起生命之帆，从而到达理想的彼岸。

（2008 年 8 月 22 日）

除草记

暑假过后，学校月季花坛内争奇斗艳，但花丛下面杂草丛生。五年级三班承担了本次的除草任务。孩子们早早地来到花坛旁边，唧唧喳喳，像快乐的小鸟。在教室里待得久了，孩子们更愿意上户外课，尤其是劳动实践课。

班主任李老师进行了简单的分工，要求以组为单位分片除草，同学们一窝蜂似的散开，迫不及待地投入到劳动中去。“老师，李越的手扎破了。”“老师，张亮的铲子铲到我脚了。”“老师，李小容的脸被花刺扎了。”活没干多少，草没除多少，“告状”的倒真不少，李老师像个“法官”，一会儿给这个讲理，一会儿给那个“包扎”，忙得不可开交。

门卫楚大爷，看着这些“活宝”，笑着说：“孩子们，你们这样除草，怕是两节课也干不完的，盲干是不会除干净的。我给你们做样子，然后自己再干好吗？”楚大爷边说边干，孩子们围拢过来，看着楚大爷的示范，想想自己的样子，不禁会意地笑了。

分散开的孩子们，明白了“除草”也需要学习，首先学着怎样拿铲子，怎样铲草，怎样自我保护，那一个个的认真的样子，是那么专注，那么可爱。看着孩子们干活的样子，忽然想起小时候，为了喂猪喂牛，也为了替父母减轻负担，“除草”是我们每天必做的“功课”，背着小筐，拿着小铲，沿着田埂，没远没近的，直到铲满为止。回到家中，看着牛羊吃得那样香甜，心里也暖暖的，有得意，也有成就感。

再看看现在的“小皇帝”、“小公主”们，讲俚语出口成章，玩游戏废寝忘食，而对于“除草”，无论在城市，还是乡村，家长们已经淡化了类似的劳动，学校的课程表中也有名无实，这样的劳动对大多数孩子来说已经是一种奢望。我们没有理由去埋怨孩子，因为面对一个独生子女，大多数家长都有“望子成龙”、“望女成凤”的心态，不再把这样的劳动当作一种教育内容；大多数学校喊的是素质教育，要的是教学质量，追求的是教学指标，劳动课已经与孩子们渐行渐远，这种现象值得我们深思。学生正在长知识、长身体，如果我们不重视社会实践，不重视劳动课的教育，这样“圈养”起来的孩子，真的令人担忧，令人不安，毕竟我们需要劳动者，不管是什么行业，不论是什么学历，重要的还要看你的意志品质、社会责任和工作水平，而所有这些，都要依靠从小培养，都要进行坚持不懈的磨炼，而社会实践和劳动真的不可或缺。

（2012 年 9 月 11 日）

生命教育，从防震演练开始

一分五十秒，近千名学生全部“逃”出教学楼，看着孩子们脸上荡漾的笑容，我的内心充满了感动。也许，孩子们把防震演练当作一次“游戏”，也许，孩子们对紧急疏散感到“好玩”，但对于一名教育者来说，对于经历过地震的人来说，对于广大的父母亲来说，这种演练的重要性是不言而喻的。从小对孩子们进行生命教育，初步懂得在灾难来临时防护的要领，热爱生命，敬畏生命，应该是学校教育中不可或缺的内容。

经历了汶川地震，我们感受到天灾的残酷，感受到撕心裂肺的凄苦，同时也体验了人间大爱的真诚，体验了共渡难关的坚强，我们抓住了这些教育的素材，让学生收看地震的专题教育片，让学生观看赈灾义演晚会，让学生捐献零钱支援灾区，在点点滴滴的善行中感受人性之美，在防震演练中感受生命的可贵。记得我们第一次演练，尽管事先我们也做了精心的安排，但因为缺乏认识，缺少实践训练，防震演练的效果并不理想。整整 5 分钟，学生还到达不了指定的位置。我们进行了认真的反思和总结，查找存在的问题，改进演练中不合理因素，并且下定决心，再忙，也要坚持；再难，决不放弃。作为一个育人的场所，面对一个个鲜活的生命，我们只有通过少先队会和班会、课堂教学、专题教育等渠道，以影视教育、主题实践等为载体，从一点一滴做起，引导孩子认识到生命的意义，懂得生命的价值所在。功夫不负有心人，5 年的不断坚持，5 年的严格训练，在今年的演练中，我们不定时、不定人地进行演练，终于达到了我们所期望的效果，也让我们感受到教育果实的香甜。

在防震演练过后，一位低年级的班主任说："校长，今天的演练太突然了。在突然听到哨声后，我纳闷啊，今天吹哨干什么呀？当我猛然醒悟后，反而镇定了许多，从容指挥学生撤离，我班是最后跑出来的，今天拖后腿了。"我笑着说："你能够在学生最后面跑出来，也值得老师们学习啊。"一位高年级的学生说："校长，今天我们可是第一啊。虽然我们在二楼，但我们遵守秩序，动作迅速。我们喜欢这样的演练。"我听了，冲这名同学举起大拇指，他高兴地跑开了。是啊，天下大事，必作于细；教育大事，必用于心。试想，在安静的校园，让孩子们进行这样一次演练，其意义远远超出了演练本身，对于增强师生的避险意识，无疑是一种很好的形式，相信孩子们一定会有所感悟、有所收获的。

我站在操场上，看着孩子们走进楼内的身影，内心的暖流喷涌而出。教育如春雨，在潜移默化中见功效；教育如春苗，在不知不觉中见生长。从五分钟到一分五十秒，在时光的隧道中，或许不值一提；但在危险来临时，却是一条漫长的逃生路。让我们为恪尽职守的老师致敬，为活泼可爱的孩子们致敬，为这样一所蓬勃向上的农村小学致敬吧。

（2012 年 5 月 14 日）

有一种幸福叫信任

每当放学的时候，那个扎着辫子的小姑娘就会跑向那个电瓶车，那是一辆只有两个座位的小车，红色的车体，为了遮风挡雨，车上搭有白色的塑料车棚，小女孩像猴子似的钻进小车，可爱的小脸上闪烁着幸福的笑容。

开车的是一位老人，家住在离学校 20 里的农村。为了让 7 岁的孙女上学，60 多岁的爷爷，无论是刮风下雨，还是严冬酷暑，老人风雨无阻，每天坚持接送。每天早上，老人送孩子上学后，就在学校周边找个地方，唠唠家常，打打扑克，下下象棋，中午接孙女回家，下午也是同样如此。

那是严查校车接送的时期，我们对学校门口所有的接送车辆进行排查，与所有的车辆签订了协议，对所有不符合规定的车辆进行清理，老人的车自然也在清理之列，主要是因为老人要同时拉两个孩子。我们对老人进行了劝说，要求更换车辆，不能同时拉两个孩子。老人语重心长的话语，至今犹在耳旁：“我可以签订你们的安全协议，我也可以只接送我的孙女，孩子的父母亲在外地打工，这些孩子本来就很可怜，村里的教学点只有几个学生，在那里上学我们心里不踏实啊。校长，车就不要换了，这是我专门买来接送孩子的，农村的孩子不容易啊。我们的孩子是冲着你们学校来的，因为孩子喜欢这里，我们也相信你们学校的教育质量啊。”从那以后，老人也确实没有再带过别的孩子。我被老人质朴的话语感动了，是啊，能够让教育质量成为学校的立校之本，能够让家长认同一所学校，能够让孩子们喜欢一所学校，这不正是我们所追求的目标所在吗？

静下心来想想，老人为了孩子上学遭受的寂寞与辛苦，我们有什么理由拒绝乡亲们的信任和期望，我们有什么理由不去为孩子们的未来着想呢？我们也深深地认识到，这里曾经是铁路职工子弟小学，生源主要来自于企业，而今，这里 80% 的学生是农村的孩子，随着周边农村学校的撤并，学生生源急剧减少的情况下，这里的学生不减反增，好多的家长送孩子从十几里甚至更远的地方到这里就读，还有一些孩子中午带午饭在学校等待上课，这里面包涵着多少沉甸甸的希冀和渴望啊！而我们，面对这样的状况，如果能够为家长提供一些力所能及的帮助，如果能够为孩子们提供寄宿的方便，如果能够多一些人性化的管理和服务，如果能够把家长的信任化作一种动力，学校教育就会更加花团锦簇，更加充满活力。

学校教育是为每一个孩子奠基未来的幸福工程。幸福也是学校教育的最后归宿，家长的信任其实就是我们幸福的源泉。

让学校更像学校，用心教育，用爱浇筑，让每一位家长通过教育，成就他们的生命中的幸福；让每一个孩子通过享受幸福教育，奠基他们的美丽人生。

（2012 年 12 月 1 日）

师德考核，怎一个量化了得

笔者在参观某重点小学时，看到了该校师德考核的资料。此校教师师德考核实行民主评议，全校教师参与打分，最高分为 100 分，最低分为 91 分，面对这样的分值，我陷入了思考：这个 91 分能够说明什么？这个分值，或许就是这位教师一年来的师德考核，这种一“评”定“终”的考核会给我们的管理带来多少效益呢？

事实上，师德是一个道德范畴的概念，是教师从教立身的基础，如果师德不过关，就不能从事教育事业，这是一个不争的事实。91 分的师德，我们应该怎样看待？是优秀？是合格？还是基本合格？这个定位实在让人挠头。这个 91 分，可能是这个学校的教师对这位教师比较准确的评价，说明这位教师在师德方面确实存在问题；也可能是这位教师不善交流，不善交际，性格内向，不合群，其他教师跟着感觉走，随意打出的分值；还可能是这位教师得罪了同事或领导，“报复性”地出现这样的分数。但不管怎样，这样“量化”了的师德，看似披了“民主”的外衣，其实让我们感到更揪心，更不安。试问：一位辛辛苦苦工作一年的教师，因为制度的缺失，因为随意的考核，得到这样一个评价，公平又在哪里呢？

师德建设是学校教师队伍建设的永恒主题，师德考核是促进师德师风形成的必要途径，好的师德师风形成必须有一套好的考核制度。首先，好的考核制度的形成依赖于学校管理者先进的理念。于管理者而言，以简单的分数衡量一位教师的师德，是一种模糊的、粗暴的、不负责任的行为，真正把师德考核科学化、民主化、系统化，才是每一位教育者思考的问题。其次，好的考核制度的形成要从考核的方式、方法和途径上下功夫，师德是无形的，但考核的过程是有形的，把量化考核和质化考核结合起来，把终端考核和过程考核结合起来，把自我评价和民主评议结合起来，真正把师德考核贯穿于管理的各个层面，比如民主评议，把“全员、全程、全面”作为师德民主评议的一个基本的原则，可把学生评教、家长评价、社区评价、考核小组评价、教师互评结合起来，对每一位教师做出一个公正的、客观的、有效的评价，这样既可以让师德评价有形、有效、有度，又可以调动教师工作积极性、主动性，让考核真正发挥监督、促进和评价的功能，促进良好师德师风的形成。

师德考核，一个常讲常新的话题，一道牵动教师神经的试题，一道让管理者理性思考的命题，解法虽然不同，但需要我们严肃对待，用心思考，妥善实施。

（2007 年 3 月 15 日）

如 果

如果你是一名教师，教学质量就像你的影子，相伴一生，有什么样的质量观，就有什么样的学生观；有什么样的学生观，就有什么样的教学观。教学质量的提高需要脚踏实地，不要羡慕暂时的花团锦簇，如果思想的禁锢不能解开，如果理念的阀门不能打开，一切终将昙花一现。如果扪心自问，老师，你转变了吗？

如果教学质量是枝头的一枚苹果，在丽日蓝天下鲜活摇曳，无论是社会、家长，还是学校、老师，都一样望穿秋水，一样坚韧执着，因为那是希望的篝火，因为那是价值的核心。可是，最甜的果实，它的根是苦的，它需要太阳般的温暖，更需要汲取营养。如果要得到那份鲜甜，老师，你准备好了吗？

如果教学质量是学校的生命线，它关乎学校的未来，决定学校的发展，“质量兴校”就不会是一句口号，你的题海战术是否依旧实施，你的高压管理是否还没有止步。你的师道尊严依然不可侵犯，你的理念还是那样因循守旧呆板依然。还用“一看到底”的眼光，还要“一管到底”的包办，还是“一问到底”的课堂，那么“提高质量”就成为一种奢望。如果要寻出路，老师，你改了吗？

如果教学质量是衡量教师的晴雨表，不管你“朝如青丝暮成雪”也好，“春蚕到死丝方尽”也罢，它可以成就梦想，它可以实现价值，它承载着的是家长的殷切渴望，它点燃的是懵懂心灵的火苗。不管是遥远的未来，还是现行的评价，教学质量依然是核心，是评价教师的指挥棒。如果让你选择，老师，你坚定了吗？

如果课堂教学是教学质量的主阵地，你是否引导学生的思维遨游在知识的天空，你是否陪伴学生搀扶他们走出了迷茫的沼泽地，你是否帮助学生建立了“我能行”的热情和自信，你是否用“一棵树摇动一棵树，一朵云推动一朵云，一个灵魂唤醒另一个灵魂”？我们要牵住课堂教学这个“牛鼻子”，在课堂教学这个舞台上展现作为，努力提高课堂教学的质量。如果让你回答，老师，你做到了吗？

如果教学质量是一把金钥匙，愚蠢的人们急于得到它，聪明的人们在用心探索它。作为教师，不仅需要通过自己的学识、技能去影响学生，还要通过自己的人格和道德力量以及健康成熟的性格去感染学生，以心灵赢得心灵，以真诚换取真诚。教育，付出的不仅仅是辛劳的汗水，还需要高超的技艺和坚韧的爱心。

（2013 年 5 月 6 日）

一张地图，一世情怀

凤凰网 2014 年 1 月 7 日刊登了一张震撼人心的地图，一张邵逸夫先生捐助的“逸夫楼”地图，在广袤的中华大地上，布满了密密麻麻的标志。据教育部网站消息，自 1985 年以来，邵逸夫先生通过邵逸夫基金，与教育部合作，连年向内地教育捐赠巨款建设教育教学设施，迄今赠款金额近 47.5 亿港币，建设各类项目 6013 个，为中国教育事业的发展做出了宝贵贡献。

邵先生于 2014 年 1 月 7 日辞世后，国家主席习近平在唁电中表示，闻悉邵逸夫先生辞世，谨致哀悼，并向其亲属深表慰问。邵逸夫先生一生热爱国家，关心民祉，慷慨捐赠，惠及多方。其爱国之情，其为国之志，人们将铭记在心。香港特区行政长官梁振英在第一时间对邵逸夫的离世表示哀悼，并问候其家人。大陆和香港的同胞纷纷以不同的形式，对邵先生离世表达怀念。正在湖南农业大学就读大三的 90 后李同学在微博上说：“今天很多网友都在上传身边的逸夫楼来悼念邵逸夫先生，我也就来拍一下我们农大的逸夫楼。我这三年几乎每天都在这栋楼学习，要真诚地感谢邵逸夫先生给学生们这么好的学习场所。”

邵先生是爱国的慈善家，他一生经历坎坷，心系祖国，就像那张图中星星点点的教学楼，不但是先生经历风霜雪雨的足迹，而且是先生点点滴滴心血的印记。从 1985 年起，邵逸夫平均每年都拿出 1 亿多元用于支持内地的各项社会公益事业，对教育事业更是情有独钟。邵逸夫先生是乐善好施、热心公益的楷模，生前心系教育慷慨解囊，逝后极尽哀荣，令人心痛。邵逸夫先生躬亲实践，关心教育、热爱教育、回报教育。他的拳拳爱国之心、殷殷民族之情，是值得我们永远珍视和爱惜，并加以继承的精神之源。

邵先生是有良知的企业家，他以他的善良和赤诚之心，为自己的每一份投资精心负责,以企业家情怀对待每一栋教学楼，给数以万计的学子留下的不仅仅是幢幢高质量的学习场所，更是昭示后人的精神财富。他的高风亮节，他的爱国情怀，给那些为富不仁的商人以鞭挞，给那些“豆腐渣工程”以警示，让那些贪得无厌的蛀虫汗颜。华中科大文华学院大一学生黄良曦说，2008 年汶川大地震时，他正和同学在湖北南漳县实验中学的逸夫楼里上课，电灯、吊扇都晃动了，反应快的同学忙喊“地震了”，老师紧急组织全班学生到操场集合。直到完全没有震感了，大家才回到教学楼，发现楼内一切都安然无恙，大家纷纷称赞逸夫楼质量过硬。

十年树木，百年树人。实践告诉我们，要实现中国梦，就要振兴民族的教育。邵逸夫作为一个富人，以发展的眼光，博大的胸怀，把赚来的钱投入到教育上。这张图告诉我们的，除了对学生及后代的关爱，还有对民族教育的关心，对国家的无私奉献。前不久，看了中央电视台《梦想星搭档》的公益节目，看到那些至今上学没有鞋穿的孩子，在耀眼的星光舞台上，因为得到一双鞋而泪水涟涟的时候，我的心一阵灼痛。我们不能忘记那些破败不堪的教室，不能忘记那些摇摇欲坠的课桌，不能忘记那些在撤并中深受其苦的家长。邵先生的善举，与那花天酒地的大佬们，那些偷工减料的奸商们，那些中饱私囊的贪官污吏们相比，应该是一种崇高，是一座道德的丰碑。

邵先生投资的地图已经深深扎根于祖国的版图，邵先生的爱国情怀和慷慨义举赢得了社会各界的广泛赞誉，也必将被世人永远铭记！

（2014 年 2 月 4 日）

有感于教师每日“三问”

在学校教学楼门口，有一块蓝底白字的牌子，上面写着：教师每日三问：“我今天读书了吗？我今天心态好吗？我今天充实吗？”每每路过于此，总是默默地自问，这样的提醒，对每一位教师来说，应该具有一定的约束感。约束感存在于内心，有约束感的教师，他的内心是祥和的、安静的、自强的，有了自我约束感，就能够让为师者温馨每一天，踏实每一天，快乐每一天。

教师是一个崇高的职业，学习是提高教师素质的法宝，教师的学习，需要自觉地投入，自愿地汲取。信息时代瞬息万变，知识更迭日新月异，教师学习也应该与时俱进。“不积跬步，无以成千里；不积小流，无以成江海”，教师对知识的渴求要像朝圣者一样虔诚，要像苦行者一样执着，对于学习，我们不必为忙碌而找借口，也不必为懒惰而找理由，学习需要一种毅力，更需要一种恒久如常的决心。如果教师不屑读书，那是对职业的一种亵渎，更是对学生的一种不负责任。苏霍姆林斯基说的：“每天不间断地读书，跟书籍结下终生的友谊。潺潺小溪，每日不断，注入思想的大河。读书不是为了应付明天的课，而是出自内心的需要和对知识的渴求。如果你想有更多的空闲时间，不至于把备课变成单调乏味的死抠教科书，那你就要读学术著作。应当在你所教的那门科学领域里，使学校教科书里包含的那点科学基础知识，对你来说只不过是入门的常识。在科学知识的大海里，你教给学生的教科书里的那点基础知识，应当只是沧海之一粟。”所以，教师应当把学习当作毕生的事业去追求，每天坚持读书，每天学会读书，应该成为教师的职业习惯。

教师面对的是活生生的人，每天情绪的好坏对职业有着非常巨大的影响。该如何控制好情绪，树立阳光的工作心态？我们的想法就是要教师每天给自己提个醒，把自己调整到一个好的工作状态，塑造阳光心态，愉快地投入到平凡的工作当中。因为心境具有两极性，好的心情使你产生向上的力量，使你喜悦，生机勃勃，沉着，冷静，缔造和谐；差的心情使你向下，使你忧愁，悲观，失望，萎靡不振。如果你的心情不好，就会迁怒于学生，伤害你的同事，不愿意配合别人的工作，人际关系就紧张，工作就不会有幸福可言。调节自己每天的工作心情，拥有阳光的心态是必要的，是符合事物发展规律的。大自然因为有阳光而美丽，教师也会因为拥有阳光心态而更加钟爱自己的事业。

教师的工作是琐碎的，繁杂的，一位有上进心的教师，一位勤奋的教师，必定是充实的，他的每一天是鲜活的、有生命力的；一个慵懒的、不思进取的教师必定是空虚的，他的每一天是灰色的、牢骚满腹的。前不久，读了管建刚老师的《不做教书匠》一文，我非常赞赏管老师的观点，做一名充实的教师，就是要把自己的事当作教育的事来做。不做机械重复的事，做出灵气来；不做不动脑子的事，做出思想来；不做人云亦云的事，做出个性来；不做应付检查的事，做出实效来。我们用思考的头脑把教育的每一天做得更有实效、更富创造性。每一天的劳动都为我们堆积起一块思想的砖石，让我们用这些智慧的砖石垒砌成功的教育大厦，站在教育人生的山巅之上纵谈教育、指点人生，让幸福的教育理念辉映我们多姿多彩的人生。

（2012 年 7 月 28 日）

第四辑　教研成果

爱是教育的真谛，情是教育的桥梁，所以在教育中始终离不开爱和情的话题。没有爱就没有教育，没有爱的教师其实是一口枯井；没有桥就没有坦途，没有情的教师其实就是一尊泥塑。在教育中反思，在反思中完善，在完善中进步，从而达到我们自己心中理想的教育。

《新课程背景下数学教学方式之研究》研究报告

一、课题的提出及意义

新课程标准明确提出“积极倡导自主、合作、探究的学习方式”，这是适应时代发展的需要，是学习方式的变革。作为与生活实践联系异常紧密的数学课，教学方式必将随之产生深刻的变革。新的课程内容要靠教师去实施，新的课程标准要靠教师去推行，新的教学方法和规律要靠教师去探索。但当前的课堂实践仍然存在很多问题，如重“教”轻“学”，重“结果”轻“过程”，重“知识”轻“能力”，重“模仿”轻“创造”，没有从根本上解决学生学习处于被动的局面，学生的一切活动都是在教师事先圈定的范围中有秩序地进行，什么时候该说，什么时候不该说，什么时候做什么，怎么做，都在老师的设计之中。由于教学方式的落后，严重制约了学生学习主动性的发挥和创新能力的培养，因此，如何改进课堂教学，使课堂由“教”为中心向“学”为中心转变，教师由“传授知识”向“培养技能”转变，学生由“接受知识”向“探索知识”转变，是我们在数学课堂教学中深入思考的问题。

针对以上问题，结合本校实际和数学课堂实际，我校抽调数学教学骨干教师，经过认真研究、论证，确定了“新课程背景下数学教学方式之研究”这一研究方向，同时申报了省级课题。2006 年 5 月，课题被甘肃省教科所立项确定为省级规划课题。几年来，课题组紧紧依托课堂教学，努力开展课堂实践，有针对性地开展课题研究，取得了一定的成效。

二、课题的任务及目标

素质教育的核心内容是培养学生的主体精神和创新意识，在课堂教学中，教师必须在学生的认知发展水平和已有知识经验的基础之上，向学生提供充分从事学习活动的机会，帮助他们在自主探索和合作交流的过程中真正理解和掌握基本的数学知识和技能、数学思想和方法，获得广泛的数学活动经验；结合学生的实际经验和已有知识设计富有情趣和意义的活动，使他们有更多的机会从周围熟悉的事物中学习和理解数学，感受数学与现实生活的密切联系，提高学生运用数学知识解决实际问题的能力，从而提高学生的综合素质。针对新教材的特点，按照因材施教、精讲精练的原则，围绕一个中心，即变“要我学”为“我要学”；抓好两项基本点，即口算训练和应用题训练；做到“三个当堂”，即当堂作业当堂完成，当堂作业当堂批改，当堂问题当堂解决；体现“四个为主”：以学生为主，以合作交流为主，以练习训练为主，以创新能力为主；做到“五个到位”：传授知识到位，学法指导到位，创设情境到位，练习设计到位，学习时间到位。其目的在于充分调动学生的学习兴趣，发挥学生的课堂主体作用。通过这一课题的实验研究，使学生的自学能力、分析问题能力、动手操作能力、逻辑推理能力、实践能力、创新能力等都有大的提高，切实使学生由“学会”向“会学”转变，进而大面积提高教育教学质量。

三、课题研究的主要措施

1. 重视情境教学，激发学生探索欲望。《数学课程标准》十分强调数学与现实生活的联系，不仅要求选材必须密切联系学生生活实际，从学生熟悉的生活情景和感兴趣的事物出发，而且要将自己学到的数学方法应用到实际生活中去，解决生活中的一些实际问题。因此培养学生提出问题解决问题的能力，是新教材所要达到的一个重要的教学目标。新教材为我们提供了丰厚的情景资源，我们要指导学生从这些资源中选择一定的信息，引导学生提出数学问题，抽象出算式，并用自己喜欢的方法计算出结果。如在教学“9 加几”时，教材为我们提供的资源是学校运动会的场景图，先引导学生观察，并把观察到的结果说给组内同学听，在学生初步感知场景图意的基础上，教师引导学生提出：“学生们喝了一些饮料，还有多少盒？你能算出来吗？”这一数学问题，把学生的注意力转移到计算方法上。这时让学生把自己的方法在组内进行交流，然后在全班交流。通过这一环节让学生经历交流多种算法的过程，逐步体会各种算法的特点，从而选择更适合自己的算法。如在教学“美丽的田园”时，教材为我们展现了一幅美丽的田园风景画。教师先让学生观察图画，指名让学生说说图上画了什么？在学生初步了解意图后，教师引导学生根据情景图提出数学问题，这时学生思维很活跃，提出了很多数学问题，有求总数的，还有求相差数的，如：天上飞的小鸟一共有多少只？河里有多少只鸭子？红花有多少朵？白羊比黑羊多几只？红花比黄花多几朵？……每个学生都能提出至少一个问题，有的孩子甚至能一口气提出五六个问题。然后教师再引导学生逐个解决这些问题。这不仅体现了新教材倡导的算法的多样性，而且拓宽了学生的思维，培养了学生的问题意识以及解决问题的能力。

2. 开展探究性学习，引导学生主动参与学习。现代教学理论认为，学生是教学的主体，是学习的主人，把学生置于恰当的位置，可以充分调动学生的学习积极性，提高教学效率。探究性学习的教学方式,就是要在教学过程中培养学生的独立性、自主性，引导学生在质疑、调查、实验、收集、分析、推理、判断和反思等探究活动中，理解知识、掌握知识和应用知识。这样有利于发展学生收集、处理科学信息的能力，获取新知识的能力，分析解决问题的能力以及交流与合作的能力。小组合作交流是新课程所倡导的学生学习的重要方式，教学时要有意识地为学生创设合作交流的情境与机会，鼓励学生发表自己的见解，并大胆与同学互相交流，与老师探讨，进而实现教学相长。在新课程教学实践初期，学生小组合作学习能力并不强，缺乏合作交流学习的意识。有的学生在组内学习时，往往为了一点小小的得失而产生矛盾；在交流中，不懂得听取别人的意见; 在别人的意见与自己的意见不合时, 难以吸收别人的意见,也不会对别人的意见加以补充。课堂秩序乱，教学效果差。对于刚入学的一年级小学生而言，让他们合作交流有很大困难。但具备一定的小组学习能力和形成小组学习的规范的组织秩序又是学生进行小组合作学习的根本保证，这时教师的引导就显得尤为重要。首先，在课余时间，我加强了对小组长的培训。培训的内容是：怎样组织学生发言，怎样在小组内分工，遇到小组内意见不统一时怎么办；其次，教会学生尊重他人，讲礼貌，在别人发言时，注意倾听，学会补充；再次，为了增强学生的适应能力，也为了尽可能使每一个学生都有与其他同学共同学习的机会，定期调整小组结构和座位，便于学生与更多的同学进行接触、合作与交流。小组合作学习开始后，教师观察每组是否都有组织地开展活动，如果没有，应及时加以指导。在此基础上深入到一个组内，作为组内普通一员，把自己的思维转换到学生状态，并与学生共同学习。凡是学生会的，教师决不代替，只有在学生遇到困难难以解决时才加以点拨，协助学生完成任务。一学年下来，课堂教学发生了很大变化，学生活泼而不散漫，规矩而不死板，愿意与同学、老师交流，敢于质疑。学生自主探究、合作学习的意识增强了，合作交流的能力也得到了提高。

3. 加强操作感知，激励学生自主钻研。心理学的有关研究表明：听和看虽然可以帮助学生获得一定的信息和学识，但远远不如动手操作给人的印象那样深刻；不如动手操作掌握得那样牢固；不如动手操作更能将有关知识转化为实践行为和能力。依据教材需要，可让学生在课前进行调查、了解、测量等活动，获取与新课有关的感性认识，为学习新知提供铺垫。如教学“分数的初步认识”，教师在引导学生用相同的长方形纸折出 1/4 和 1/8，并比较得出 1/8 小于 1/4 后，问：“你们还能用同样的长方形纸折出分子是 1，又比 1/8 小的分数吗？”学生通过动手操作，很快折出了 1/16、1/32 等，如果教师此时以“看来分子是1，又比 1/8 小的分数还有很多”来结束本教学环节的话，显然是不够的，教师应引导学生结合刚才的操作展开思考：“只要怎样折，折出的分数就一定比 1/8 小？”“比较你折出的这些分数，你有什么新发现”等等，这样就可以使学生将操作过程转化为数学思考，实现操作活动的“内化”。在课堂教学中，应从学生和教学内容的实际出发，为学生创设一种动手操作，独立观察，引起思考的实际活动，使学生在活动中亲身经历新知识产生、形成的探究过程，自觉完成对信息的加工，达到使知识成为学生精神财富的目的。

4. 运用多媒体技术，改善课堂教学。在常规教学中，由于受客观条件的限制，有些概念的理解，用常规的教学手段难以达到一定的效果，而用多媒体技术制作的课件图文并茂，具有信息量大、动态感强等传统教学技术无法具备的优点，使抽象的数学问题具体化，枯燥的数学问题趣味化，静止的数学问题动态化，复杂的数学问题简单化等等。同时，我们应该更加理性地认识到，现代教学技术进课堂，强有力地冲击了传统的数学教学。可是，一个无法回避的问题摆在我们面前：尽管这些现代化技术的作用很大，有助于学生思维的发展，但它们还仍然只是老师手中的工具，而不是学生主动学习的武器。如何使计算机技术成为学生手中的利器，成为学生开展自主学习和探索解决问题时的工具，是我们这个课题研究的目的之一。我们应该在教学实践中去积极探索传统教学和现代技术的最佳结合点，改变我们的教学方式，让现代化的教学手段发挥更大的作用，取得最佳的教学效果。

四、课题研究的步骤

第一阶段：理论学习、专题探讨与课堂实践阶段（2006.7 ~ 2007.6）；

第二阶段：探讨论证，组织评估与再实践阶段（2007.7 ~ 2008.6）；

第三阶段：总结经验，表彰成果与验收推广阶段（2008.7 ~ 2009.6）。

五、课题实施的过程

1. 健全组织，加强管理

我校于2006年2月组建课题组，明确课题研究的必要性，开始收集并研究有关资料，落实了阶段性开发措施，筹备教育科研中所需的各种资金，保障经费开支。由教导处、课题组成员做好各类资料收集、分类、整理工作，保证了整个课题资源建设的交流性、计划性、有序性。

2. 转变观念，强化学习

我们把课题研究与新课程改革相结合，抓实教研活动，集中学习与自学相结合，要求课题组成员按课题的总体目标确立课题理念、策略，重点了解数学课堂教学方式的实践经验、方法理论以及数学课堂的调控与管理。

3. 调查研究，加强指导

通过对学生的学习兴趣、学习动机、学习状态、学习能力、个性特点等方面的调查，我们发现学生的自主学习能力普遍较差，合作探究的习惯不够，联系生活实践解决问题的能力较差。针对这些现象，我们感到必须对学生的学习方式进行转变，从而为课题的全面开展做好铺垫。

4. 强化课题研讨，提倡集体备课

“新课程背景下数学教学方式之研究”课题被列为学校重点工作，写入了学校的工作计划，领导亲自抓，对每学期课题实施工作都按照实施计划进行具体安排，教研组每两周进行一次集体备课，学校课题组每学期进行四次研讨，使课题得以顺利实施。

5. 研究教学，常抓不懈

课题组每学期进行四次公开教学课，课题组成员自始至终进行听课、评课、研究。试讲课、研讨课、说课接连不断，大家互相听，共同评，依照课题的评价标准去要求，每节课都是试验课题的研究课、探索课。

6. 赛课评比，激励探索

为进一步探索课堂教学中的教学方式，促进实验课题的深入开展，我校每学期举行课堂教学比赛。2006年秋季举行了“三优”课评比活动，2007年春季举行了“五佳”授课竞赛活动，2008年春季开展了“新课标、新方法、新评价”授课竞赛活动，2009年秋季举行了校级“骨干教师”献优课活动，2006年和2008年分别举行了第一届、第二届校级教学能手竞赛。

7. 专家指导，交流学习

利用“请进来，走出去”的方式，分别请凉州区教育局教研室刘世金老师，特级教师、河西学院客座教授蔡正学来我校进行教科研专题讲座。利用一切机会组织外出听课活动，2006 ~ 2009年分别到兰州、嘉峪关、武威学习8次之多，以提高教师的教研能力，推动课题研究的进程。

8. 跟踪实验，总结规律

课题组教师在学习、收集科研信息，认真备课的基础上，通过课堂教学实践，反思教学，研究课题，跟踪记录，探索数学课堂教学方式的不同模式。最后，形成完整的“新课程背景下数学教学方式之研究”课题资源体系，整理活动成果，撰写结题报告，进行成果鉴定。

六、课题的研究成果

1. 教学方式的转变，带动了观念的转变，打破了“模式化”、“包办化”，建立“系统化”和“多样化”的体系。教学方法是受教与学相互依存的教学规律所制约的，数学学法指导要从培养学生学习能力为出发点，更好地体现以学生为主体，在继承传统学法指导的基础上，根据新课标中“改变课程实施过于强调接受学习，死记硬背、机械训练的现状，倡导学生主动参与，乐于探究、勤于动手、培养学生搜集和处理信息的能力，获取新知识的能力，分析和解决问题能力，交流与合作能力”的目标，学法指导的重心应放在形成良好非智力因素的指导和数学学习方法内化指导上。非智力因素是学法指导得以进行的动力，积极的非智力因素，可以使学生的学习积极性长盛不衰，激发学生的学习动机，锻炼其学习意志，培养其良好的学习习惯，正视学生的个体差异，使后进生“能吃”，使中等生“吃饱”，使优等生“吃好”，指导学生掌握科学的数学学习方法，合理渗透，精心策划，寓学于教，相机点拨，及时总结，使学习方法的指导系统化、多样化、信息化，要把“指”和“导”有机统一，“教”和“学”相得益彰，不是大撒手的“放羊”，也不是形式主义的“作秀”。要力求做到转变观念和传授方法结合，课堂教学与课堂活动结合；统一指导和个性发展结合，教师点拨与学生自主探索结合，促进学生掌握正确的学习方法，内化“指导方法”，掌握科学的学习策略，提高学习效率。

2. 教学方式的转变，促进了学习方式的转变，由“被动性”和“单一化”转变为“合作化”和“生活化”。学习方式的转变是本次课程改革的显著特征，转变学习方式从根本上说就是要从传统学习方式转向现代学习方式，而现代学习方式的首要特征是主动性，核心特征是独立性，如果说主动性是“我要学”，那么独立性则是“我能学”。因此，在数学学法指导中应力求从学生熟悉的生活情景与童话世界出发，选择身边的、感兴趣的事物，提出有关数学问题，激发学生的学习兴趣。正如中科院林群院士讲，数学要“傻瓜化”，要“机械化”，要能被生活中的人们使用，不是只属于“聪明”人的。在新课程标准理念的指导下，积极鼓励学生在合作中探索，在探索中讨论，在讨论中获得新知，利用学到的知识独立解决问题，发挥学生主观能动性。如在教学应用题时，课一开始，出示本年级数学竞赛部分同学的比赛成绩，要求学生做评委，算出哪个班的成绩好，学生看到表中熟悉的名字，脸上露出新鲜感，但怎样算呢？我不失时机地出示了学生讨论指导纲要：（1）以四人为小组讨论重点想解决什么问题；（2）如果让你估算，你认为平均成绩应是多少；（3）如果比赛规则是按平均成绩取名次，那么平均成绩怎样求；（4）求平均数必备的两个条件是什么？教师将学生置于学校生活问题的情境中，允许学生从不同角度考虑和解决问题，使教学活动达到了“创造一种学生容易接受”的气氛的佳境，具有较为浓厚的生活气息。然后让学生自学立例题，找出解决问题的“入口”，提出解决身边问题的方法，虽然是同一内容，但学生能够根据自己的理解提出解决问题的方法，使本节课的学习内容得以很好的落实，完成了从依赖到独立的过程。

3. 教学方式的转变，促进了教师的发展，使教师的综合素质和授课水平得到有效的提升。通过课题研究，教师对有效教学的理念和教学策略有了较为深入的了解，研究促使教师走进“有效教学”，研究“有效教学”，实施“有效教学”。在过程中，老师们进一步认识到了有效教学的本质，理解了开展有效教学的目的，感受到实施有效教学的必要性。在研究中，他们了解了新课程背景下小学数学有效教学方式的基本流程，并且对优化每个流程的有效策略有了较为清晰的认识。教师的科研意识普遍增强，科研水平显著提高，名师成长梯队已经形成，教师们深刻认识到科研给学校带来的活力，他们都力图借助课题研究提升学校教学品位，改变教师的教学状态，提升自身的工作质态。在研究中，我们积极组织教师撰写课题论文和案例反思，并汇编成《武南铁二小教研论文集》，我们在校园网上开辟专栏，展示教师的课题研究成果，经过教、研、思、写等多层次的磨炼，不少教师在课题研究中脱颖而出，成为学校、区、市的教学骨干。我校小学数学教科研骨干队伍已经形成，一批教科研骨干正在逐步成为本地的品牌教师，影响和带动着学校教师队伍素质的整体提高。可以说，这批教科研骨干既是科研课题的参与者、研究者，又是教科研的直接受益者。课题组成员中，刘晓洁、许莉在省级说课比赛中获奖，课题组唐兴爱、刘晓洁在甘肃网络研修中被评为优秀教师，同时唐兴爱同志被评为甘肃省“网络研修十佳人物”，课题组成员唐兴爱、刘晓洁、许莉、蔺新萍在甘肃省教科所“课改十年回望”征文中获奖，课题组王鹏堂、刘晓洁、蔺新萍、许莉等人被评为区级教学能手、骨干教师、优秀教师，在学校举办的各项活动中表现突出，受到好评。课题组组长唐兴爱同志主持《新课程背景下数学教学方式之研究》课题以来，在《教育革新》、《未来导报》、《武威教育》等杂志上发表了《浅谈在数学课堂教学中多媒体教学的思考》、《新课标下学法指导的转变》等论文 11 篇，有效地指导了课堂教学改革。刘晓洁撰写的《培养创新能力 促进学生发展》在武威教育上发表，许莉、刘晓洁撰写的《让“传统”在实践中闪光》在武威市第二届基础教育科研优秀成果三等奖，刘晓洁执教的《确定位置》获得甘肃省中小学交互式电子白板教学课例大奖赛优秀奖，蔺新萍撰写的《发挥新教材优势 培养学生学习能力》等6篇论文在《教育革新》、《甘肃教育》、《信息教研周刊》上发表或获奖，蔺新萍设计的《比较数的大小》等3篇教学设计在省、市、区教学竞赛中获奖，许莉在省、市说课竞赛中多次获奖，王鹏堂有2篇论文发表和获奖，并被评为凉州区“教学质量标兵”，课题组教师的教研能力不断得到加强。

4. 教学方式的转变，进一步明确了教学目标，优化了课堂教学，变“要我学”为“我要学”，提高课堂教学质量。在研究中，我们进一步明确了新课程背景下我校小学数学课堂教学的发展目标，即“轻负高效”，有效地促进学生全面地发展。为了达成这个目标，我们进一步规范了教学常规管理的流程，细化了有效课堂教学实施的评价标准，引领教师的教学工作向着健康、有效的方向发展。在课堂教学中，课题组坚持以人为本，面向全体学生，实施素质教育，积极营造和谐的教学环境，尽可能地全面发展每一个学生的个性智能和综合智能。在课题实验过程中，学生的思维能力、探究水平较以前都有很大程度的提高。主要表现在，学生的课堂语言丰富了，参与课堂学习的积极性高了，课堂气氛活跃了，学生学习效果明显提高了。通过课题实验，大大激发了学生的求知欲望，学生的参与意识增强了，学习兴趣更加浓厚了，由“学会”向“会学”转变，由“会学”向“创新学习”转变，有力地促进了学生良好品质和创新精神的培养。下面是实验班和对比班在2007 ~ 2008学年，2008 ~ 2009学年成绩对照表：

2007 ~ 2008 学年实验班、对比班成绩表

年 级	班 级	人 数	平均分	及格率 %	优秀率 %
四年级	对比班	53	84.8	90.0	81.1
	实验班	55	89.5	98.9	92.9
五年级	对比班	55	78.2	90.9	78.1
	实验班	54	87.4	98.4	88.3

2008 ~ 2009 学年实验班、对比班成绩表

年 级	班 级	人 数	平均分	及格率 %	优秀率 %
五年级	对比班	56	85.1	90.8	80.3
	实验班	57	92	96.5	93
六年级	对比班	55	78	90.7	81.8
	实验班	57	89	98.5	93

实验班学生学习情况问卷调查表

问题（和以前比较）	反馈统计					
	是		有时		不	
	人数	%	人数	%	人数	%
你喜欢数学吗？	45	100				
你喜欢现在的方式吗？	43	96	2	4		
敢问老师问题吗？	38	85	5	11	2	4
上课发言积极吗？	40	89	4	8.9	1	3.1
喜欢和同学们讨论吗？	41	90	3	6.7	1	3.3
学习有进步吗？	45	100				

从以上成绩对照表可以看出，实验班和对比班成绩差异比较大，实验班学生在学习质量和效果方面提高较快，特别在学习主动性方面，能够积极参与到课堂教学中去。从学生试卷分析来看，学生的计算能力有了较大的提高，学生解答和解决应用题的能力有了一定的提高，教学成绩在同年级中提高较快，这说明课题研究的实效性是显而易见的。

七、主要存在的问题

1. 在课题实施过程中，教学方式的转变有反复，并且存在“抓一抓，改一改”、“新瓶装旧酒”的问题，这从根本上说明课题研究的深入不够，尤其是理论指导及探索方面，需要进一步加大研究步伐，使课题研究真正成为改革课堂教学提高课堂效率的有力武器。

2. 在成果推广和运用方面，虽然我们也一再努力，课题组成员也在不断壮大，课堂教学正在发生变化，教学方式也得到优化，但成果的辐射性、实效性方面还没有得到完全体现，还需要我们不断探索，不断总结，不断完善，不断提高。

八、今后的研究设想

1. 切实转变观念，在理论学习方面下功夫。任何研究，都需要理论支撑，理论的成熟是课题研究成果形成的重要依据。因此，每个课题组成员要注重学习，注重积累，注重形成、勤耕不辍，把课题研究的理论形成系统性、强化实效性，不断引领课堂教学改革。

2. 坚持课堂实践，在实施中不断完善和充实，课堂教学是课题研究的主渠道，课堂教学中要努力实现“四个优化”，即优化课堂结构，优化教学策略，优化练习设计，优化有效课堂时间，把课堂教学中存在的问题及时进行反馈、讨论和探索，不断完善课题研究的内容、方法，强化教研成果的生成，努力促进教师的专业发展和个性发展，争取在省级教学竞赛中再创佳绩，在国家级课堂竞赛中有所成就。

3. 狠抓落实，在成果推广上下功夫，课题研究的确立、形成、研究、发展、推广等环节，无不浸透着课题组每位成员的心血，课题的推广需要建立长效机制和考核机制，每位课题组成员要主动在课堂中实践、研究、探索，不断优化课题研究成果的过程，同时要带动同事积极参与到课题研究中去，真正把课题的研究和推广落实到位，不断改革教法，研究学法，提高效率，提高质量。

（该课题在甘肃省第九届基础教育成果评比中荣获二等奖，由唐兴爱同志主持，参与人员为：刘晓洁、蔺新萍、许莉、王鹏堂、张学明、詹玉萍）

运用信息技术 构建新型课堂

——“信息技术与课堂教学整合”阶段研究报告

一、信息技术与课堂教学整合的背景及意义

信息化是当今世界经济和社会发展的大趋势，以网络技术和多媒体技术为核心的信息技术已成为拓展人类能力的创造性工具。为了适应这个发展趋势，我国已经确定在中小学中普及信息技术教育，同时要加强信息技术与其他课程的整合。“课程整合”的教学模式是我国面向21世纪基础教育教学改革的新视点，它与传统的学科教学有一定的交叉性、继承性、综合

性，它的研究与实施为学生主体性、创造性的发挥创设了良好的基础，使学校教育朝着自主的、有特色的课程教学方向发展。从这个角度讲，教育正面临着严峻的挑战，教育内容的不断更新，教育手段的日益先进，课程改革的不断深入，需要广大教育工作者尽快熟练掌握信息技术。课程改革的核心是学科教学的改革，学科教学的改革与课堂教学息息相关，高科技的迅速发展正在促进学科的分化和整合，信息技术的应用也在推动着课堂教学的变革。学校教育已经不能仅从传授新知识来考虑，它需要重视教学方式的推陈出新，教学效果的不断提高，学生智力的开发和挖掘，创新能力的激发和培养。教育需要寻求新的模式和传播手段，以适应终身教育需要。基于此，我们才以“信息技术和课堂教学整合”为研究对象，充分利用新信息技术提供的新的传播手段，对课堂教学进行探索和研究，以期变革课堂教学的模式，加强学生对获取知识的能力的培养，适应信息时代的需要。

1. 信息技术和课堂教学的整合是新课程改革的需要。教育部颁布的《基础教育课程改革纲要（试行）》，是新一轮课程改革的纲领性文件。它突破了历次课程改革围绕教材进行改革的局限，在课堂教学方面提出“自主，合作，探究”的模式，旨在构建一个整体性、全方位的、符合素质教育要求的新的基础教育课程体系。它强调学生学习方式的多样化，倡导自主学习、合作学习、研究性学习，积极推行信息技术支持下的协同教育环境的全新的课堂教学模式。课堂教学全新模式离不开信息技术，只有把课堂教学和信息技术有机整合，才能正确处理好传授知识和培养能力的关系，才能处理继承传统和创新课堂的关系，才能引导学生进行富有个性的、主动的学习。

2. 信息技术和课堂教学整合是学校科学发展的需要。2005年，课程改革进入攻坚阶段，怎样把课程改革引向深入，怎样引导学生进入全新的课堂，怎样引导教师建构全新的课堂教学模式，成为我们必须面对的现实问题。针对这种情况，学校制订了信息技术与课堂教学整合的方案，设置了专门的培训机构，建立了培训制度，制定了培训方案，并且确定了“以信息技术为切入点，以课堂教学为突破口”的思路，探索信息技术和课堂教学整合的途径和方法，并以此为研究课题，在全校各科教学中进行了探索和实践，努力促进新课程改革的推进，把信息技术渗透到各科教学中，为课堂教学的改革带来机遇，提升课堂教学的质量。

3. 信息技术与课堂教学整合是个人发展的需要。在以往的教学过程中，教师扮演的是一种家长式的角色，传播知识的角色。而在信息技术应用中，教师角色主要表现在教学的设计者、帮助者，品德的示范者等方面。特别是作为教学的设计者，必须掌握以现代学习理论为基础的教学设计能力，能依据学习需要来设计不同的教学过程和模式，选择和创造不同需要的学习条件和环境，促进课堂教学的革新。教师要不断更新自己的知识，要认识到以多媒体计算机技术和网络通讯技术为主要标志的信息技术，作为现代技术革命的基础和核心，积极渗透到教育教学之中。教师在职前、职后的学习中，一方面增加了自己获取、处理信息的方法和途径，提高了自身不断学习的能力；另一个方面又扩展了自己在教育教学中运用媒体手段和资源的范围，提高了教学能力，拓宽了教师的视野。

4. 信息技术和课堂教学整合是学生的探究性学习的需要。网络信息技术在教学中的深入运用，网上资源也为各科的学习提供了一个重要的学习操作平台。从这个角度上讲，网络环境下学习是基于丰富资源上的学习。在学习的过程中，伴随着课本知识问题的讨论、研究，需要寻找答案来解决。为了尽快解决问题，就需要学习者通过各种途径尽快搜寻与问题相关的许多信息，做出决策与进行评价。例如，老师在《年月日》的教学中，对于“闰年”的教学，就需要学生搜索相关的知识和整理已有的经验，学生对这个问题予以分析，根据问题收集到信息，找出问题的答案，在材料收集的基础上对信息加以分析与解释，然后提出讨论，达到自主、合作、探究的要求。

二、信息技术与课堂教学整合的原则

信息技术与学科整合，是将信息技术有机地融合在各学科教学过程中。但整合不等于混合，在利用信息技术之前，教师要清楚信息技术的优势和不足，并了解学科教学的需求。在整合过程中，教师要设法找出信息技术在哪些地方能提高学习效果，从而使学生用信息技术来完成那些用其他方法做不到或效果不好的学习任务。因此，在整合过程中要遵循以下几条原则：

1. 运用信息技术构建教学模式的原则。每个学科都有其固有的知识结构和学科特点，它们对学生的要求也是不同的。如果需要培养学生的操作能力，那么用计算机的模拟实验全部代替学生的亲手实验，将会违背学科的特点，背离教学目标中对学生动手能力的培养。自主探讨，积极实践，应该是整合的主旋律，“自主化”是指引导学生用探索法和发现法去建构知识的意义。在信息技术与课程整合的教学设计中，这一点是要贯彻始终的。教师要调用一切可用的信息技术手段和信息资源，为学生营造一个进行探索学习的环境和平台。这个环境的感染力和趣味性是信息技术与课程整合成败的关键。“探讨化”是组织学生对学习资源进行分组讨论或全班集体讨论，找出事物的性质、规律和事物之间的内在联系，使学生形成意义建构的一种教学模式。教师可把学习资源通过多媒体教学网络公布给学生，有条件的也可在网上进行讨论，注意学生个性的发展。

2. 把信息技术和教学内容有机结合的原则。信息技术与课程的整合应该根据不同的教学对象，实施多样性、多元化和多层次的整合策略。对于学习类型和思维类型不同的人来说，他们所处的学习环境和所选择的学习方法将直接影响他们的学习效果。如有的学生不能主动地对外来信息进行加工，喜欢有人际交流的学习环境，需要明确地指导和讲授。而有的学生在认知活动中，则更愿意独立学习、进行个人钻研，更能适应结构松散的教学方法或个别化的学习环境。而教师要根据学生的需求，利用文字处理、图像处理、信息集成的数字化工具、课程教学平台等工具，对课程知识内容、网上获取的素材和实践中取得的数据等进行处理、重组，从而使学生能对所学课程知识进行“意义建构”。

3. 因材施教和学教并重相结合的原则。通过教师开发和学生创作，把课程学习内容转化为信息化的学习资源，并提供给学习者共享，即可以把课程内容编制成电子文稿、多媒体课件、专题主页、网络课程等，作为教师指导学生学习的学习资源。信息技术最大的优势在于，足不出户就可以查阅世界各地的你要学习探究的问题的相关资料（包括视频、图像、文本、声音等多媒体资料），让学习者充分利用网上信息资源，让不同的学生在学习过程中有不同的体验和感悟，从而提高自己的认知水平和学习能力。我们知道，目前流行的教学设计理论主要有

“以教为主”的教学设计和“以学为主”的教学设计两大类。理想的方法是将二者结合起来，取长补短，形成优势互补、“学教并重”的教学设计理论。而且这种理论也正好能适应“既要发挥教师主导作用，又要充分体现学生主体作用的新型教学结构”的要求，将信息技术作为促进学生自主学习的认知工具与情感激励工具。

4. 个别化学习与合作学习统一的原则。信息技术给我们提供了一个开放性的实践平台，利用它实现相同的目标，我们可以采用多种不同的方法。同时，课程整合强调“具体问题具体分析”，教学目标确定后，可以整合不同的任务来实现，每一位学生也可以采用不同的方法、工具来完成同一个任务。这种个别化教学策略对于发挥学生的主动性和进行因人而异的学习是很有帮助的。但社会化大生产的发展，要求人们具有协同工作的精神。同样，在现代学习中，尤其是一些高级认知场合（例如复杂问题的解决、作品评价等）要求多个学生能对同一问题发表不同的观点，并在综合评价的基础上，协作完成任务。而网络环境（尤其互联网）正为这种协作学习提供了很好的平台。

三、信息技术与课堂教学整合的理论依据

1. 建构主义理论。建构主义者主张，世界是客观存在的，但是对于世界的理解和赋予的意义却是由每个人自己决定的。我们是以自己的经验为基础来建构事实，或者至少说是在解释事实，我们个人的经验世界是用我们个人的头脑创建的。由于我们的经验以及对经验的信念不同，于是我们对外部世界的理解便也迥异。所以他们更关注如何以原有的经验、心理结构和信念为基础来建构知识。他们强调学习的主动性、社会性和情

境性，对学习和教学提出了许多新的见解。建构主义认为，学习环境是学习者可以在其中进行自由探索和自主学习的场所。在此环境中学生可以利用各种工具和信息资源(如文字材料、书籍、音像资料、CAI与多媒体课件以及Internet上的信息等)来达到自己的学习目标。在这一过程中，学生不仅能得到教师的帮助与支持，而且学生之间也可以相互协作和支持。学习应当被促进和支持而不应受到严格的控制与支配；学习环境则是一个支持和促进学习的场所。在建构主义学习理论指导下的教学设计应是针对学习环境的设计而非教学环境的设计。因为，教学意味着更多的控制与支配，而学习则意味着更多的主动与自由。

2. 创新思维理论。21世纪是知识经济的时代，知识经济的核心就是创新。教育是知识创新、传播和应用的主要基础，也是培养创新精神和创新人才的重要摇篮。基础教育在这方面起着奠基的作用。然而随着我国改革开放的不断深入和全面建设小康社会步伐的加快以及激烈的国际竞争所带来的挑战，劳动者素质不高，特别是创新能力不高已经成为制约我国经济发展和国际竞争能力增强的一个主要因素。面对时代的发展呼唤，我们每一位教育工作者，要从民族兴衰存亡的高度来认识自己在培养民族创新精神和创新能力方面所担负的重要使命和所起的重要作用，解放思想、与时俱进、发挥新课改优势，秉持教育创新理念，做教育创新的“助推器”，不断促进教育管理创新、教育方法创新、课堂教学的创新，努力培养大批时代需要的创新型人才。

四、实验的阶段及步骤

第一阶段：培训及探索阶段（2005 年 11 月 ~ 2006 年 7 月）

继续加大计算机知识技能的培训、网络媒体的培训和远程教育知识的培训，夯实信息技术基础知识和基本技能的基础，结合已经实施了四年的多媒体课堂教学，结合新配制的远程教育系统，研究信息技术在课堂教学中的应用，逐步熟悉远程教育的播放内容，并逐步利用远教资源，进行加工、整理、创新，结合自制课件，形成新的教学理念和教学方式，在学期末，课题承担者每人写一篇专题总结，并在全校交流。

第二阶段：实践和应用阶段（2006 年 9 月 ~ 2008 年 7 月）

通过半年的对远教系统播放内容的熟悉，研究新的电化教学模式，使信息技术能与课堂教学做到良好的整合，并逐步在全校推广和应用。第一学年（2006 年 9 月 ~ 2007 年 7 月）争取 35 岁以下中青年教师能较好地掌握信息技术在课堂教学中的应用，每人做一节校级多媒体公开课，在学期末每人能写一篇信息技术在课堂教学中的应用方面的教学新得。第二学年（2007 年 9 月 ~ 2008 年 7 月），逐步将课题研究与课堂实践推向全校，并带动其他学科的多媒体教学研究。全校教师每人每学期要有一节优质多媒体教学公开课，学期末每人要有一篇多媒体教学总结。

第三阶段：总结和推广阶段（2008 年 9 月 ~ 2009 年 7 月）

积极创建各种活动平台，创造各种有利的条件，举办校园信息技术成果展示会，积极参加各科教学关于课堂教学的评优活动，鼓励教师确立相关内容的课题研究，鼓励教师积极参加教育行政部门组织的信息技术和学科教学整合的比赛，努力形成自己的教学特色，以点带面，全面带动学校课堂教学改革的不断深入、探索和实践，逐步形成研究成果并总结、完善、推广。

五、信息技术与课堂整合的主要内容

1. 强化信息技术素养，夯实信息技术的基础。关于信息技术的学习并不仅仅是简单地为了学习信息技术本身，还要培养教师和学生利用信息技术解决问题的习惯和能力。因此，同样要按照课程整合的理念，把信息技术作为一种工具，整合到实际教学活动中。这些工具可以是媒体知识、网络知识、课件制作知识、专用教学软件 CAI、Web-based CAI，CMI、校内闭路电视、卫星传输教学节目。在培训时，将其与各学科教学联系起来，设计时要灵活创新，对于相同的知识点，在完成所要求的学科目标的前提下，要根据不同的环境、教师特长，创设不同的情景任务进行培训。作为对学生的信息技术教学，信息技术作为教学工具（Learn from IT），学生在教师的组织下利用信息技术进行学习，信息技术完全为其他学科的教学服务。因此，是否能够实现信息技术与各学科的整合，对教师与学生的信息技术素养的培养尤为重要。其过程主要分两部分来完成：第一，指派专人对全体教师进行有计划的培训，在两至三年内完成对学校现有设备的使用培训，卫星传输教学节目使用的培训，计算机基本应用能力的培训，专用教学软件使用的培训，网络资源使用的培训，个人网站、聊天室、博客等协同学习技术应用的培训，课件研发培训等；第二，对信息技术课程的开设提出明确的要求，学生对信息技术的学习，要建立在信息技术与其他学科进行整合的前提下，为其他学科的教学服务。

2. 立足课堂教学的应用，确定整合的内容和途径。本阶段主要整合的内容和形式是：

将新的信息技术引入各科课堂教学				
媒体形式	保留原有的投影、录音机等形式	应用双向闭路电视教学系统	应用多媒体教学系统进行展示	将卫星传输节目引入课堂教学
资源	幻灯片、录音带	教学光盘、录音带、录像带	课件、教学光盘、录音带、录像带	卫星节目
资源获取方式	学校发放	学校发放	学校发放 自制课件	接收
学习方式	教师准备 学生听讲	教师准备 集体听讲	教师准备 集体听讲	教师准备 集体听讲
教学形式	传统教学	引入信息技术	引入信息技术	引入信息技术
教学评价	以教师评价为主	以教师评价为主	以教师评价为主	以教师评价为主

在本阶段，教师边学习边实践，以青年教师为龙头，以点带面，将现代教学理念引入课堂，并积极参加教育局举办的各项竞赛,以提高广大教师学习和运用信息技术进行教学的兴趣。

3. 搭建整合的技术平台，深化整合的内容。

将信息技术与各科教学整合				
媒体形式	保留原有的投影、录音机等形式	应用双向闭路电视教学系统	应用多媒体教学系统进行展示	将卫星传输节目引入课堂教学
资源	幻灯片、录音带	教学光盘、录音带、录像带	课件、教学光盘、录音带、录像带、网络资源	卫星节目
资源获取方式	学校发放与学生自备相结合	学校发放与学生自备相结合	学校发放、教师自制、学生收集相结合	接收
学习方式	以师生互动为主 以解决问题为主	以师生互动为主 以解决问题为主	以师生互动为主 以解决问题为主	以师生互动为主 以解决问题为主
教学形式	开方式教学 （师生共同准备）	开方式教学 （师生共同准备）	开方式教学 （师生共同准备）	引入信息技术
教学评价	以学生互评为主	以学生互评为主	以学生互评为主	以学生互评为主

学校建立信息资源库，教师可以使用互联网资源，学生可以自备互联网资源，为教师提供丰富的、有价值的材料，体现

以学生为主体的教学整合。教师不仅要在课堂上与学生进行互动，还可以建立个人网站、博客等，利用留言板、聊天室、信箱等信息技术与学生进行沟通，为学生获取知识提供广阔的空间，达到知识共享，获取的资源共享。同时，还应充分利用计算机网络进行教学研究，与学生在局域网进行互动。

4. 探索新的整合模式，促进信息技术与学习活动的整合。这一层面整合结果包括：CAL、CSCL、利用计算机网络开展讨论，在线会议，利用视频开展网上讨论学习、在线答疑等模式。这一层面的整合体现了信息技术不只是作为呈现教学信息和抽象知识的载体，更多的是作为教与学的互动，学生之间的交流与沟通的工具特点。如，通过 E-mail 与远离自己的其他学校小朋友交换信息，获取解决问题的方法。利用信息技术工具 E-mail 开展校际交流，获取所需的信息。这一过程中既需要用到信息工具，又需要熟练的语言文字的交流、表达的技能。

六、信息技术和课堂教学整合的主要做法

（一）强化教师培训，促进教师行为的转变。

信息技术与课堂整合，关键是教师，离开了教师，全面实现整合就无从谈起，因此，我们的教师在系统培训信息技术理论知识的基础上，又分批参加现代信息技术教学培训和考试，每学期定期请进来或派人走出去进行培训，使教师的信息技术能力全面提高，对自己如何运用所学技术来表达教学内容、方法，优化教学结构有了较高的技术支撑。

1. 信息技术背景下教师角色的转变。在传统教育中，教师由于受传统教育的思维和习惯的影响，在教学过程中习惯“三中心论”，即以教师为中心、以教材为中心、以课堂为中心，

学生成为知识的被动接受者，被牢牢地禁锢在课堂上和书本上。从教育技术而言，传统教育不重视教育技术，教师只是教育技术的被动使用者。传统教育模式下的教师备课、授课时各采用不同的教学方式向学生灌输知识，这种传统的灌输式教学形式成为教学中的主宰。但是，对于远程教育而言，教学空间得到了延伸，教学的形式发生了质的改变，每个学生都可以按照自己的需要选择学习方法。现代教育技术的出现，将过去知识原始单一的传播媒体发展为集文字、声音、图像、视频影像为一体的多媒体作为信息载体的传播方式，使教学资源、教学效果和教学效益达到最优化组合。这就要求教师在教学中，必须转变成为一名导学者，即由传统教学中的主要信息提供者转变为指导学生正确获取信息的方法和技能的导学者；以教师为中心转向以学生为中心。教师不再是知识的传授者，而是学生学习的促进者、组织者和伙伴。

2. 信息技术背景下教师观念的转变。传统教育模式下的教师地位是极其权威的，他们被认为是传授知识和技能的大师，总是以权威的面孔与学生打交道。让学生在预先设定的教学内容的框架下进行学习。而在现代远程教育条件下，教师应营造出一个开放的、民主的学习环境。这有利于教师从学生的角度来检验自己的教学成果，从而将学生的被动学习转化为自主学习。在知识经济时代，从某种意义上说，教师必须确认而且相信自己也是一个学习者，一个在教学中进行学习的学习者。他获取知识的源泉不仅依靠自身的努力，而且还包括从与学生交流、切磋中获得的知识和实践经验。因此，在开展现代远程教育的过程中，教师不应该仅仅满足于做一位权威的导学主体，还应该自觉地向平等学习主体转变。

作为从事教育的一线教师，要清醒地意识到现代教师职责，从而切实摆脱传统教育观念的束缚，积极树立“以学生为中心”的教育观念，确立一切教育教学活动都必须服从和服务于学习者自主学习的指导思想，自觉地调整教师与学习者的关系，努力成为学习知识的参与者、启发者、引路者，完成从知识的讲授者向学习的组织者、指导者和管理者的转变，以适应现代化学习的需要。

3. 信息技术背景下教师业务素质的转变。教师应该成为本专业、本学科知识的行家。对于教师而言，熟知某一学科的专业知识是最起码的要求。熟知某一学科不仅是要能熟练地掌握本学科的理论知识框架，而且还应对相关课程的知识重点、难点及与邻近学科的关系有足够的了解。除此之外，他还应该不断地吸取、涉猎本学科的最新学术成果。由于当今时代知识运用和更新周期的日趋缩短，不同学科之间的渗透愈趋明显，因此，教师还应该对与本学科相关的知识尽可能多地涉及。例如，一名语文教师，还应该懂得数学知识，了解历史地理，知道音乐美术的基本理论以及自然生物学方面的知识。

随着多媒体技术在教育领域中的普遍应用，教育的空间和时间结构已经重新置换，课堂和教室已经不是唯一的学习场所。只要有一台多媒体计算机，学习在时时处处皆可进行。因此，作为教师，主动迎接挑战，掌握远程教育技术尤其是网络技术进行教学，是最起码的素质。在现代远程教学模式中，学习过程和教学资源、传输系统与多媒体运用是密切联系在一起的。教师只有通晓和掌握远程教学要素的全部并做到科学组合，才能收到良好的教学效果。在多媒体、网络化的教学环境中，教师应该掌握多媒体、网络教学应该具有的基本知识和教学技能，主要包括：（1）教学设计的知识与技能。教师应掌握教学设计的基本原理,并能运用教学设计的方法指导实际的教学。包括学习目标编写、教学策略设计、教学媒体设计、教学媒体选择、教学评价等内容，并能根据教学目标，掌握设计教学的能力。（2）计算机基础知识与基本操作：包括计算机基本知识、DOS 操作、Windows 操作、汉字输入、Excel、Foxpro、Powerpoint 的使用。（3）多媒体 CAI 的基础理论与多媒体课件的制作：多媒体 CAI 的基本模式；多媒体 CAI 的硬件配置；多媒体 CAI 的设计方法；多媒体课件的选择和应用、评价；多媒体 CAI 的教学方法；多媒体课件的制作与开发。（4）计算机网络的一般原理与操作：学会网络查询、网络通讯、网络上进行教学的方法。包括 Internet 一般原理与硬件配置、浏览器的使用、E-mail 等基本服务项目的使用、用 Frontpage 编制网页的技术。能在网上创建班级网页，建立个人电子信箱，并能够运用这些手段在课外同学生进行交互式的导学，使自己成为教育资源传输专家和教学过程组织专家。

（二）建立示范学科体系，合理使用多媒体教学技术。

在信息技术和学科的实施中，建立应用示范科目，培养骨干教师。每学期推出一些具有创新的典型课,组织教师听课学习;每位教师每学期上好两节内容不同的网络教学课，并收入教学资源库，供其他教师学习，享受资源共享，通过这些举措，以点带面，推动了信息技术和课程的全面整合。特别是多媒体教学走进课堂教学以来，深受广大教师的喜爱。它为释疑解难创设巧妙的突破口,为课堂教学营造浓厚的氛围,使课堂教学直观、形象、生动,具有其他教学手段不可比拟的优势。但若使用不当,效果往往适得其反。如何发挥其独特优势，使之真正融于整体教学之中，制定明确的多媒体教学目标，选择适当的多媒体介入时机，注重课堂的多媒体教学实效是非常必要的。

1. 明确目标，优化教法。选用多媒体教学，首要原则就是媒体要服从于目标。一堂课中教师讲什么，学生练什么比较容易把握，而怎样讲，如何练的问题则需要深入研究与探讨。要不要用多媒体，哪些过程要用多媒体，用什么类型的多媒体，都会直接影响教学效果。因此，教师必须深刻钻研教材，把握教学重点和难点，然后制订出明确的课堂教学目标，进而设计出为之服务的多媒体教学方案，确定有效传递教学信息的媒体类型和使用技巧，以便使多媒体教学发挥更大的作用，使学生更准确地把握、理解教材内容，培养学生敏锐的观察力、深刻的思维能力，变苦学为乐学，变被动学为主动学，促使学生在知识、能力、个性、心理等诸方面得以和谐发展。例如二年级语文《我要的是葫芦》一课，“了解植物的叶子与果实的关系，懂得这个故事说明的道理”，这既是教学目标又是教学难点。教学中可把四幅图制成动画片输入电脑，利用多媒体让学生观察人物的神态，理解人物的心理活动；画面旁再配以揭示人物性格的语言进行朗读训练，使多媒体教学手段的直观性与语文教学的工具性有机地融为一体，有效地达成教学目标。为了更好地解决教学难点，教师在讲读第 4 节时，把第一幅图与第四幅图整合到一张画面上进行比较观察，借助剖面示意图认识叶子与果实的关系，并用闪烁光亮提醒学生注意，学生由表象到思维，由形象思维到抽象思维，清楚明白地认识了事物之间的关系。这样，多媒体手段的效能也就在目标达成中得到艺术的体现。

2. 巧妙介入，合理取舍。多媒体教学生动形象，易被感知，吸引学生，具有其他教学手段不可比拟的优势。但若使用不当，则画蛇添足，效果往往适得其反。如何发挥其独特优势，使之真正融于整体教学之中，选择适当的介入时机非常重要，一般地说，教材中难以用言语表达、学生缺少感性认识而难以领悟的地方介入多媒体环节，就能起到画龙点睛的作用，使学生茅塞顿开。例如《詹天佑》中的人字形铁路、两端凿进法和中部凿井法，《翼中地道战》中的“孑口”、“活道”、“死道”等，这些专用名词就可利用投影图片，或制作多媒体软件，在关键部位进行动态演示，这样教师不必用太多的语言就可把难点顺利化解。

多媒体技术只有适时使用，恰到好处，才能获得最佳教学效果。如果以“激趣、整体感知”为主的课，媒体可放在新授课之前出现，以激发学生认知和学习的兴奋度，从无意注意向有意注意过渡。如果以“明理”为主的课，媒体可放在新授课之后出现，以巩固深化所学内容。如果以“思维训练”或“突破难点”为主的课，媒体则放在授课过程中出现，用定格、重放、补充等方法，以帮助学生掌握新知、理解新知、发挥新知，维持良好的学习氛围。如《爬山虎的脚》一文，爬山虎的脚是怎样形成的，单靠语言描述，学生难以建立清晰概念。如果在讲解过程中，配以多媒体，展示出这一动态过程，发挥学生听觉和视觉的感知能力，就能加速理解，强化记忆。因此，只有设计出周密的媒体介入方案，才能取得应用的教学效果。

3. 注重实效，充实内容。电教媒体有其优势，在教学中扮演着重要的角色，可为课堂教学营造浓厚的氛围，使学生以最佳的状态投入学习；可增强教学的直观性、形象性和生动性，为释疑解难创设巧妙的突破口；可使课文的语言材料变成可感的声音，为学生的朗读激发丰富的情感；可为学生提供创新思维的感性材料和空间，给学生思维创新带来无限的遐想。但具体操作时一定要实事求是，注重实效，切不能摆花架子，影像、声音、图片、动画满天飞，要把理解教材作为首要任务来完成。如《鸟的天堂》一课，引入课文时，可利用多媒体再现课文的情境：那茂盛的大榕树绿得发亮、绿得可爱，那众鸟纷飞、百鸟争鸣的生动场景，栩栩如生地展现在学生眼前，使学生进入一个有声有色的动感画面，仿佛置身于“鸟的天堂”，有身临其境的感觉。这样，情随境生，学习的兴趣立刻被激发起来。又如《草原》一文中：“那些小丘的线条是那么柔美，就像只用绿色渲染，不用墨线勾勒的中国画那样……”句子中的“勾勒”、“渲染”这两个词语比较抽象，难以用语言描述清楚。这时可利用多媒体，以动态的效果展示给学生，把中国画和工笔素描的作画过程惟妙惟肖地表现出来，给学生直观的形象，教师再稍作点拨，学生就会茅塞顿开。这样，原来枯燥的词语立刻鲜活起来,本来不易于用言语解释说明的也变得一目了然，同时，学生也通过形象的、流动变化的画面充分地领略到草原美丽的风光，并沉醉其间，回味无穷。又如《画杨桃》一文中“从不同的角度看，杨桃的样子也各不相同”这话比较抽象，是课文的教学难点，如果应用多媒体的动画功能对杨桃的各个不同角度进行翻转、定格，让学生设身处地地从不同角度反复观察，改变以教师分析为主，学生被动接受的静止平面的教学方式，使平常的教学跳出时空的界限，学生迅速进入动态的教学环境，从而学得生动活泼，学得兴趣盎然，同时，课文的难点也在不知不觉中巧妙地化解了。再如教学六年级数学“圆的周长”一节内容时，在学生初步认识圆的周长后，利用投影、电脑在屏幕上打出一个圆及其直径，然后随意改变圆的大小，屏幕上就出现圆变大直径变长、圆变小直径变短的变化，这时教师适时提问：你们观察到什么？发现了什么规律？学生就很容易理解圆的周长与直径的关系，形成正确的概念。这既克服了教学时受时空限制的缺点，又培养了学生探索的兴趣，形成强烈的求知欲望。

（三）积极进行课题研究，创新整合的思路。

网络信息技术与学科整合的核心是课堂教学，它是利用网络资源、信息技术、人力资源与课程有机结合，并创造出全新的课堂教学模式，在实践中探索，在探索中总结，在总结中提高，使信息技术与课堂整合，并进行了相关的课题研究。如，我们学校围绕“坚持三为主，培养创新能力”省级教改课题，实践了信息技术应渗透“以学生为主”的原则，教师只是课堂教学的组织者和服务者，要借助现代化的知识载体，为学生提出学习的目标要点，分解学习中的重点、难点，使学生能积极、主动地参与学习，激发他们的求知欲望，增强其独立的学习意识。在课堂上要敢于让学生多说，敢于留有时间思考，敢于让其讨论，使课堂呈现“人人参与、人人平等、竞相发言”的热烈气氛，使学生真正成为学习的主人，课堂的支配者。这就要求教师在设计课件时，能从有益于发展学生思维、调动其各种感官参与的角度出发，设计的问题力求新颖、灵活、取材广泛。实践了信息技术多应渗透“以自学为主” 的原则多媒体电化教学手段的大量引入课堂，有时让教师借助媒体为学生做了更多的工作，相对削弱了学生的“自学能力”，为此，在设计课件时，应有意识地把重点、难点及抽象难懂的问题进行处理，万不可面面俱到，将所有课本知识均以直观、图画方式出现，剥夺了学生独立思考的权力，使学习知识变成了一部在老师鼠标的操作下简单闪现答案的“电影”，压抑了学生的主观能动性。如教学《蛇与庄稼》一课中，教师首先利用多媒体形、声、图并茂的课件向学生演示了蛇与庄稼的联系后，布置自学任务：课文中还介绍了哪些事物之间的联系？你能用简单的示意图表示它们之间的联系吗？在先前丰富的画面的感官刺激下，学生兴趣大增，全副精力地投入到自学课文、自绘示意图的学习过程中，收到了良好的效果。实践了教学应渗透“以阅读为主”的原则。在设计多媒体课件时，要注重创设情景氛围，诱发学生阅读兴趣，使其在不自觉中把注意力转变为探求答案的行动，从而为帮助学生理解课文的重、难点起到铺垫或渲染的作用。如《蛇与庄稼》一文的教学中，为了使学生了解事物之间各种各样的联系，调动学生眼、耳、口、脑各种器官的参与，最大限度地投入学习，教师设计了一组具有动画效果的画面：1. 风吹树动；2. 天降大雨，河水暴涨；3. 太阳蒸发海水；4. 啄木鸟、害虫、小树组合图形；5、燕子、害虫、菜地组合图形。让同学们结合课外知识和生活经验，判断它们是简单联系还是复杂联系。这个练习既培养了学生独立阅读并理解画面的能力，又为他们创造性思维的发展提供了机会，收效甚好。

七、取得的主要成果

序号	获奖题目	发表或获奖名称及时间	作者或获奖人	指导人
1	《小数的意义》	2008 年 6 月全省优质课评比一等奖 指导人获优秀指导奖	李 星	唐兴爱
2	《龙的传人》	2007 年 9 月全省青年教师教学基本功大赛一等奖 指导人获优秀指导奖	石玉伟	唐兴爱

序号	获奖题目	发表或获奖名称及时间	作者或获奖人	指导人
3	《鲸》	2009 年获省小语会录像课评比二等奖 指导人获优秀指导奖	冯柏昌	唐兴爱
4	《年月日》的教学设计	2008 年在全省小学数学教学设计评选中获二等奖	唐兴爱	
5	《卖东西的学问》	2006 年获省思品课评比二等奖 指导人获优秀指导奖	王惠琴	唐兴爱
6	《数学课堂教学中的评价》	2006 年在全省新课程评价工具大赛中获二等奖	唐兴爱	
7	《试论小学数学教育中的荣辱观教育》	2007 年在甘肃省小学数学优秀教学论文评选获二等奖	唐兴爱	
8	《多媒体教学的思考》	2009 年在《教育革新》发表	唐兴爱	
9	《教育教学方式的转变》	2009 年在《武威教育》发表	唐兴爱	
10	《创新教研活动，促进教育科研》研究报告	2008 年首届武威市教研成果评比中荣获二等到奖	唐兴爱	
11	《自主尝试，积极创新》实验报告等	在凉州区第四届、第五届教研成果评比中有三项成果分获二等奖	唐兴爱	
12	教研成绩显著	在 2008 年被凉州区教育局授予教科研先进个人	唐兴爱	
13	《浅谈小学美术多媒体备课》	2007 年 12 月在全市农村中小学现代远程教育“三种模式”教学应用优秀论文评选中荣获二等奖	许 伟	石国林
14	《海底世界》	2007 年 12 月在全市农村中小学现代远程教育“三种模式”教学应用多媒体课件评选中荣获三等奖	许 伟	石国林
15	《三个儿子》	2007 年 12 月在全市农村中小学现代远程教育“三种模式”教学应用多媒体课件评选中荣获二等奖	臧 丽	石国林
16	《浅谈现代远程教育中教师行为的转变》	2007 年 8 月获“海洋杯”现代远程教育优秀论文评选三等奖	石国林	

（续表）

序号	获奖题目	发表或获奖名称及时间	作者或获奖人	指导人
17	《一面五星红旗》	2007 年获凉州区第四届“银科杯”教师多媒体课件制作竞赛小学组优秀奖	王凤梅	石国林
18	《画风》	2006 年 8 月获凉州区第三届“银科杯”教师多媒体课件制作竞赛小学组二等奖	杜三娟	石国林
19	《画家和牧童》	2006 年 8 月获凉州区第三届“银科杯”教师多媒体课件制作竞赛小学组三等奖	何长征	石国林
20	《有余数的除法应用题》	2007 年 8 月获凉州区第四届“银科杯”教师多媒体课件制作竞赛小学组三等奖	王鹏堂	石国林
21	《浅谈现代远程教育中教师行为的转变》	2007 年 12 月在全市农村中小学现代远程教育“三种模式”教学应用优秀论文评选中荣获三等奖	石国林	
22	《认识角》	2008 年 8 月获凉州区第五届“银科杯”教师多媒体课件制作竞赛小学组二等奖	刘晓洁	石国林
23	《春风》	2008 年 8 月获凉州区第五届“银科杯”教师多媒体课件制作竞赛小学组二等奖	杜三娟	石国林
24	《合理使用多媒体教学技术》	2008 年 8 月获第二届“海洋杯”优秀论文评选二等奖	石国林	
25	《浅谈远程教育资源在小学数学教学中的运用》	2008 年 8 月获第二届“海洋杯”优秀论文评选二等奖	卢娟	石国林
26	《小壁虎借尾巴》	2008 年 8 月获凉州区第五届“银科杯”教师多媒体课件制作竞赛小学组一等奖	臧丽	石国林
27	《浅谈远程教育资源在小学语文教学中的作用》	2008 年 8 月获第二届“海洋杯”优秀论文评选一等奖	王凤梅	石国林

八、存在的问题及思考

1. 在整合管理方面，一是教师培训不能只强调对多媒体教学技术的培训，例如，教老师怎样做课件，怎样做使用网络和远程教育技术，怎样制作动画，怎样进行媒体教学的组合，忽略了这些技术在教学过程中的整合；二是办学条件是制约信息技术与课程整合向更高层次发展的关键所在。能在信息技术与课程整合过程中，充分调动学生参与，给学生以充分的、自主学习的空间，才是信息技术与课程整合的最高境界。建议学校领导争取资金，建立独立的于信息技术教学之外的计算机网络教室，用于非信息技术课程的教学。引导教师充分利用网络技术、博客、聊天室、电子信箱等与学生进行课前、课堂与课后的沟通与交流，建立班级网页、班级博客，让更多的学生有充分展示自己能力的空间。

2. 在课堂教学方面，许多人很容易进入一个误区，即形式一定要多种多样，内容一定要丰富多彩，过程一定要轰轰烈烈，学生与听课的人一定看得目瞪口呆。部分教师利用多媒体技术时，鼠标一点到底，只要是课件中准备的内容，全部都要展示给学生；只要是播放的录像，从头看到尾；只要是远教课程，从上课听到下课。综合起来主要存在以下问题：一是追求形式，脱离实际，多媒体教学成为一种时髦；二是走马观花，哗众取宠，多媒体成为一把万能钥匙；三是弱化主导，喧宾夺主，多媒体大有取代板书之势；四是重视直观，忽视思维，学生训练不能落实到位。

（该课题在2010年中国“移动杯”甘肃赛区荣获一等奖；在2012年武威市教研成果评比中获二等奖，由唐兴爱主持，石国林参与实施）

第五辑　网研之歌

网络研修是一扇窗，即使屋内很温馨，却也不能替代窗外的风景，看连绵的青山，才知道什么是高度；看千里碧野，才知道什么是广阔。网络研修是一个舞台，无须浓妆艳抹，只要勤勉务实，用你的真诚赢得观众，展示一个与众不同的自己。网络研修是一个宝库，精品等你赏，困惑有人释，对着屏幕遨游教海，学有所获，学有所思，为梦中的芳草地，感觉已胜却人间无数。

相 逢

——指导广西“国培”网络研修随感

时间狭窄得无法容身
脚步凌乱得无法从容
我在大漠孤烟直的北方
追赶太阳
向着心中的芳草地进发
那些期待的眼神
那些闪烁的头像
那些亲切的交流
那些新颖的观点
在美丽的广西涌动
千里相遇之缘
忙碌又算得了什么
相逢是年轻的海
充满了快乐和活泼
相逢是经典的歌
拨动心中的琴弦
燃起心中的希望之火

因为热爱

——参加湖南岳阳指导有感

那声清脆的“老师”
充满多少敬意
那双深情的眼眸
盛满了多少希冀
因为热爱
小讲台演绎成
网修大舞台
因为热爱
似曾相识的你
从远方走来
因为热爱
我们挥汗如雨
因为热爱
我们激情澎湃
因为热爱
我们用心描摹
因为热爱
我们不敢懈怠

因为热爱
坚定地相信未来吧
相信我们不屈不挠的努力
相信我们战胜一切的年轻

研修情未了

——参加青海“国培”项目有感

从课上到课下，我们琐琐碎碎
从清晨到日暮，我们忙忙碌碌
精讲巧练 精批细改
日子排列得像多米诺骨牌
不敢停下追寻的脚步
不想落下太多的距离
相聚美丽的青海湖畔
在烟波浩瀚的教海中
千帆进发 百舸争流
在乍寒还暖的季风中
我们手挽手，心贴心
在网络的电波中
感受自由、开放和真诚

你有你的精辟论述
我有我的独到见解
思想的交锋 观点的碰撞
才是我们相聚的由头
来吧，朋友
研修，是一段美妙的时光
研修，是一次虔诚的守望
研修，是一段未了的情感
走了，永久的思念
来了，默默的祝愿

追寻明天

——参加甘肃网络研修有感

走过荒芜原野
走过泥泞小路
日子寂寞迷惘
是认不全的山珍海味
是教不完的周而复始
平淡伴随生命
琐碎充斥生活

行进在孤独旅途
网研绿洲的出现
山崖上流淌清泉
激荡春天的梦想
催生前行的力量
把脚步整理得更像脚步
把讲桌演绎得更像讲桌
守住平淡
守望辉煌
让我们携手共进
追寻着不屈的信念

期 待

“国培”的号角吹响
叩开无数人的心扉
让爱与希望
在平台的某个地方闪现
牵手执着和坚强
行进在网络研修的路上
做一株谦卑的小草

以破土重生的勇气
孕育出装点大地的新绿
做一株山崖上的松树
以面临绝境的选择
接受生命的高贵洗礼
做一朵秋霜严逼的菊花
以一往无前的勇气
追寻生命的真谛
践行的脚步
在所有的期待中匆匆赶路
不问收获和希冀
只有你的关怀和注视
永留心底

等待花开

天寒地冻
谁能否认
大地在孕育奇迹
春天的某个早上
含苞欲放

挂在枝头
夏天的狂热
其实不是错
静静地等候
让我们用心领略
在妩媚的秋风里
心灵之约
在等待中激活
积聚着花雨
喷洒而出
湿润干枯
芬芳满枝

改 变

当陈旧的框框束缚我们的思想
当教师的豪情倦怠蔓延
当课改的呼声在耳边回旋
我坚定地在黑板上写下了：需要改变

当分数像苹果在头顶高悬

当创新的思维泯灭不堪
当想象力正在折断翅膀
我坚定地在心中写下了：必须改变

网络研修的春风骤响
心海中的涟漪点点
聆听，专家为你指引航线
阅读，尽情吮吸着甘甜
作业，随风潜入心的滋养
交流， 同行互动的肺腑之言
在网络中幸福徜徉
只要我们忠诚守望
只要我们用心改变
未来一定会星光灿烂

你的足迹

——写给评判的老师

如果我们曾经相识
你的期语
让我重温美好的记忆

如果你我未曾谋面
你的判词
让我温馨甜蜜
你来过了
雪花一样恬淡委婉
橄榄一样挂满遐思
或浓或淡
缘来缘去
走过我的空间
留下的就是一份情谊

今夜，我在守候你

静谧的夜
是否听到我的脚步
在这个百花园内
寻寻觅觅
曾经的忙碌
演绎成难舍的情愫
精彩的研修
鸣响远航的汽笛

曲终人散
怅然若失
这不是表演的舞台
不需要凤冠霞帔
让我们化作
蜜蜂一只
穿梭在花丛里
寻找属于自己的美丽

请你告诉我

——写在网络研修

农民的耕种
只为秋天的收获
过程的甘苦
只为打理沉重的岁月
守望秋天的麦田
他们一生的价值
请你　告诉我

教师的执着

只为桃李满枝芬芳
活着的崇高
倾听三尺讲台的诉说
守护心中的信念
他们一生在追求什么
请你 告诉我

网络的研修
只为许多的困惑
心的虔诚
只为点亮懵懂的眼神
如果你有灼见
还要犹豫什么
请你 告诉我

简 报

在浩瀚无比的网络世界追寻
步履匆匆在三尺讲台行进
在璞玉中用心打磨珍珠
见证岁月的往来寒暑
铸造成的精神圣宴
让我们心儿驻足
静静品味分享
无言的美丽
连接一段
永恒的
回忆

午夜，我们在守望

——写给简报制作老师

即使精挑细选
总会有挂一漏万
即使耐心剪裁
总会留有缺憾
即使简报还在难产
总会有人守望
亲切的问候
滚烫的语言
真诚的鼓励
没有什么怨言
零点以后了
你忙碌的身影
让我们感慨万千
不仅在编辑一份简报
而是一颗心
沉甸甸的
把午夜的星空照亮

用我的真心换你的热情

游走网络平台
多少作品焦急等待
糟粕剔除 精品分享
跳动的头像激荡火热情怀
有多少陌路相逢可以留驻
有多少美丽邂逅可以记忆
无言的交流
胜过有声的交谈
委婉含蓄是艺术
直言相告细思量
所有的留言是真诚热胆
只要你我今生有缘
让我轻轻地告诉你
用我的真心换你的热情
在静谧孤独的夜晚
我真诚的评判
是注视你的眼

泥沙去尽终见金

——有感在线研讨

你来，我也到
不必寒暄握手
来宾不是客
讲什么繁文缛节
多少困惑尽管说
亮剑的勇气谁都有过
你来我往 思想交锋
畅所欲言 观点对接
百花齐放难分对错
圣坛终需有人过
花开毕竟历蹉跎
借我睿智的慧眼
给我重生的力量
纵然为伊消得人憔悴
却也是泥沙去尽终见金

我知道你忙碌的身影

——写给网修班主任

像勤劳的蚂蚁
牵引别人走出迷途
像忙碌的蜜蜂
让别人品尝甜蜜
有神的语言
诠释一种精神
无言的行动
追寻心中的美丽
拿什么献给你
我只有一支秃笔
写不出什么豪言壮语
还有沉默
沉默是脚踏实地
沉默是感恩的脚步

寻 觅

——作业点评有感

千万里注视着你
不知道你是否在意
无数次寻找着你
不知道是否错过你
轻轻的点击
键盘嗒嗒的输入
你无尽的心血
痴痴地守望
平台是你翱翔的翅膀
不敢懈怠
怕你的身影一闪而过
细心的关注
怕雪藏了珍珠
埋没了精品佳作
忽远忽近的脚步啊
始终就在你身边
脚踏实地 不曾停息

“网”事如意

——给专家团队

不经意间翻阅在线研讨专题
您的精彩激荡我内心的情愫
前一天零零碎碎的研讨记录
一夜之间编辑在精美简报里
在我二十八次的选修作业中
您的身影出现了十一次
因为困惑的一个问题
您的解答竟然有四百余字
我知道，在数以万计的学员中
我只是网海一粟
原本不想做这样的统计
您的精神却时时让我折服
没有您的倾情参与
研修将在黯淡无光中迷失
没有您勤劳的脚步
谁来丈量网修舞台的深度
我不是深沉多情的诗人

无法完全用语言表情达意
但我是一名教育的守望者
敬畏和祝福始终流动在我心里
我知道我将消失在研修的地平线
“网”事如意的祝福却从未停止
您执着而坚实的脚步
将永远叩响在我们的心坎里

谢谢你，朋友

假如时光可以复制
我还想畅游在研修的海洋
孤帆远影　搏击风浪
才能品尝生命的甘甜
有远方永恒的灯塔
有海鸟　有阳光　有沙滩
还有海风一样柔软的鼓励
你深情注视的目光
就是那条长长的海岸线
收获着你的真诚

感恩着你的脚步
一如我永不停歇的思念

惜　别

静静的
我们握别
你的余温
在我心中荡漾
来时的迷惘
化作一点星光
让我们仰望
那些晦涩难懂的向往
深邃的夜空
散落的星子
忽远忽近
或大或小
都是不可或缺的装点
你的星座
可能会被人忽略
但热情却被你点燃

就这样告别
我们的真情难舍
因为家的感觉
是抹不去的记忆
这一次相约
我们不愿做匆匆的过客
就像启明星
守望永恒的明天
把心中的美好抒写

与“国培”同行

在周而复始的琐碎追逐中
在苦思冥想的教学困惑中
在三尺讲台的职业疲倦中
我们在默默守望
“国培”向我们走来
如荒原之绿洲
似沙漠之清泉
点缀我们心灵之荒芜

滋润我们干涸之心田
无论在漠北高原
还是在江南水乡
容颜也许是陌生的
追寻的脚步却不曾停歇
在迷惘中践行教育之理想
在平台中行进不必寒暄
大胆说出你的困惑与希望
在交流中让心灵彼此滋养
让专家的智慧滋润你的心田
别让懒惰错过这一次美丽邂逅
让“国培”的惠风吹起心灵的涟漪
寻寻觅觅　生生不息

研修，没有别离

像虔诚的信徒
在晨钟暮鼓中
用心吟诵
感悟

点评
聆听
那轮回的梵音
绕梁三匝
余音难绝
蒙蒙细雨中
亦真亦幻
滋养心窝
流水不腐
苦难不惧
别离
是朝圣的脚步
正沐浴阳光
在蹉跎岁月里
思念
不绝如缕
承载美丽心情
牵手平淡
铸造幸福

我的“教育梦”

（后 记）

小的时候，因为家庭及诸方面的原因，八岁才入一年级读书，我的学前幼儿时期，就在孩童的闲散和贪玩中度过。常常在村教学点教室的窗外“偷窥”，羡慕伙伴们坐在教室里大声朗读、奋笔疾书的样子。天晴的时候，伙伴们在操场的地上写字，我也装模作样，在离他们不远的地方“涂鸦”。那时候，更羡慕拿着教鞭的老师，在教室里气定神闲地走来走去，使我敬若神明。于是，常常模仿老师的一举一动，把更小的伙伴们集中起来给他们上课，梦想着有一天自己也能在教室中走来走去，在讲台上滔滔不绝，和孩子们一起游戏，与孩子们一起追寻自己想要的生活。

随着年龄的增长，这样的想法越来越强烈，越来越真切，记得上小学四年级时，因为压制不住对老师批改作业的好奇，居然拿了老师的红笔，偷偷给同桌批改作业。当同桌哭着给老师告状时，我满心惊悸，然而，老师不但没有批评我，反而让我负责批改全班 16 个同学的家庭作业。那时我担任学习委员，对家庭作业检查得一丝不苟，批改得极其认真，得到老师和同学们的赞赏．同学们私下里都叫我“小老师”，听到这样的称呼，我心里比吃了蜜还甜。

上初一时，班主任老师是一位和蔼可亲的长者，他仅带了我两年数学，但他是我心中永远的丰碑。忘不了他每天晚上给我们无偿地上自习，除了给我们讲习题外，还总是给我们提供许多图书，在晚自习时让我们阅读。那些图书开阔了我的视野，启迪了我的思维；他的心中总是装着大把的故事，那些故事教给我做事的原则，做人的道理。忘不了他拿着手电筒，深夜后到寝室查宿时，为这个掖被角，为那个盖衣服。其实我们大多数同学都醒着，只是闭着眼睛享受老师给我们的温暖，感念老师给我们的午夜温馨。忘不了他为了防止苍蝇落入锅内发明的“防蝇罩”，让我们吃干净的饭菜。也许是因为他过于劳累，也许是上天嫉妒老师对我们的爱，也许是命中注定他与我们只有两年的缘分，他因病过早地离开了我们。

中考填报志愿时，父亲语重心长地嘱咐我，老师是个好职业，风吹不着，雨淋不着，吃公家的饭，拿国家的钱，活得比较有尊严。童年“伟大”的梦想再一次清晰，恩师鲜活的面容再一次浮现，他讲课的身影如在昨日，他的教诲犹在耳旁。于是，我毫不犹豫地选择了师范学校。我当时想，一个人能够朝着自己的梦想前进，这是人生的一种幸运；一个人能够做他喜欢做的事，是人生的一种快乐；一个人能够在自己感兴趣的领域有所收获和建树，则是人生的一种幸福。我当时想，无论远方是泥泞，还是平坦，我愿意义无反顾，风雨兼程。

初为人师，我踌躇满志，把教学的一腔热情洒在了教室，把事业的满腔豪情留在了讲台，也把一颗年轻的心献给了我的学生。我敬重我的职业，热爱我的学生，更钟情“百年树人”

的长远。于是，我精心钻研教材，认真研究教法，积极探索课堂教学，虚心向老教师学习，在别人休息的时间我用心备课，在别人娱乐的时间我坚持写作。记得刚参加工作的那几年，我的每个夜晚几乎都在学校办公室度过，为一份满意的教学设计，为一份精美的板书设计，为一节精彩纷呈的课堂，也为了自己心中那盏不灭的明灯。然而，理想很丰满，现实很骨感，我的一腔热情，没有为我换来期望的成绩，接踵而至的是一个又一个打击，一次又一次不如意：考试成绩年级垫底，课堂竞赛屡屡受挫，不被领导理解，家长无理取闹，同事嫉妒猜忌……幽幽暗暗中，我对自己当初的选择产生了质疑，热情在衰减，航线在动摇，一度时期，甚至想逃离教育，逃离这种在“挣扎”中的度日如年。

然而，我始终无法斩断对教育的情丝，无法割舍对孩子们的关爱。我知道，我之所以如此钟爱教育，是因为我热爱魂牵梦绕的讲台，我热爱那些求知若渴的眼神，我敬仰根植于心中的人生理想。我也知道，人生需要反思，生命需要坚守；反思是一种进步，坚守是一种美丽；在反思中改变，在坚守中求索。一切终将过去，我所遇到的工作中的困难是暂时的。我愿意拿出更多的时间去读书，用知识去武装自己的头脑，读那些经典的原著，并且做好自己的“剪贴笔记”和“摘抄记录”。那些经典的语句，点亮了我的心灯，擦拭了我的灵魂，开阔了我的视野，启迪了我的思维。直到现在，每每翻阅这些笔记，也总是引起几多感动，几多思索。同时，我对教育杂志和教育理论始终没有放松。那时候学校要求每个教师要有摘抄笔记，我总是抄得最好最多。有时，我把好的教育文章全部抄下来，那种执著和坚韧至今让我感动。